中国少数民族设计全集

The Design Collection of Chinese Ethnic Minorities

仡佬族

中国少数民族设计全集编纂委员会 编

图书在版编目（CIP）数据

中国少数民族设计全集. 仡佬族/中国少数民族设计全集编纂委员会编；吴秋林等著. —太原：山西人民出版社，2019.7
ISBN 978-7-203-10850-4

Ⅰ.①中… Ⅱ.①中… ②吴… Ⅲ.①仡佬族-民族文化-研究-中国 Ⅳ.①K28

中国版本图书馆CIP数据核字（2019）第097122号

中国少数民族设计全集. 仡佬族

编　　者：	中国少数民族设计全集编纂委员会
著　　者：	吴秋林等
责任编辑：	赵　玉
复　　审：	傅晓红
终　　审：	秦继华
装帧设计：	谢　成

出　版　者：	山西人民出版社　人民美术出版社
地　　址：	太原市建设南路21号
邮　　编：	030012
发行营销：	0351-4922220　4955996　4956039　4922127（传真）
天猫官网：	https://sxrmcbs.tmall.com　电话：0351-4922159
E—mail：	sxskcb@163.com　发行部
	sxskcb@126.com　总编室
网　　址：	www.sxskcb.com

经 销 者：	山西出版传媒集团·山西人民出版社
承 印 者：	山西出版传媒集团·山西新华印业有限公司
开　　本：	889mm×1194mm　1/16
印　　张：	19
字　　数：	230千字
印　　数：	1—1 000册
版　　次：	2019年7月　第1版
印　　次：	2019年7月　第1次印刷
书　　号：	ISBN 978-7-203-10850-4
定　　价：	280.00元

如有印装质量问题请与本社联系调换

中国少数民族设计全集编纂委员会

总 主 编 （按年龄排序）
　　　　　　张夫也　王立端　戴晋明　廖　军　王　琥　李豫闽　过伟敏　顾　平
　　　　　　王　强　李　岗
执行主编　王　琥
编务统筹　张明山

中国少数民族设计全集编辑工作委员会

主　　任　刘伟冬
编　　委　（排名不分先后）
　　　　　　王　琥　王　峰　王　强　王立端　王浩滢　白　波　过伟敏　许　星
　　　　　　许边疆　李　岗　李　丽　李豫闽　成光虎　肖　飞　余　强　汪传跃
　　　　　　罗　力　杨明朗　陈　述　陈见东　邱　珂　胡万明　顾　平　郑　静
　　　　　　郭立忠　姬　莹　张夫也　张泽国　张明山　张秋平　张耀引　梁盛平
　　　　　　樊　进　谢　玮　熊　伟　熊　微　熊建新　蔡克中　葛　芳　鞠　斐
　　　　　　魏　洁　廖　军　戴晋明

中国少数民族设计全集出版工作委员会

主　　任　胡彦威　周　伟
执行主任　姚　军　欧京海
编务统筹　阎卫斌　周小龙
编　　辑　（排名不分先后）
　　　　　　王新斐　史美珍　冯　昭　冯灵芝　吉　昊　吕绘元　刘小玲　任秀芳
　　　　　　孙　琳　孙宇欣　李广洁　李建业　李　靖　员荣亮　张小芳　张志杰
　　　　　　张书剑　何赵云　陈俞江　吴春华　武　静　周小龙　柳承旭　郝文霞
　　　　　　赵　玉　赵晓丽　席　青　秦继华　高　雷　郭向南　阎卫斌　崔人杰
　　　　　　傅晓红　蔡咏卉　翟丽娟　樊　中　薛正存　魏　红　魏美荣
整体设计　谢　成

中国少数民族设计全集·仡佬族

本册著者 吴秋林　梁宏信（土家族）　杨昌儒　王凤友
　　　　　梁盛平
参与撰写 郎丽娜　吴晓梅　李荣静　马秋晨　杨春艳
　　　　　何　飞　王文娟　陈　枚　聂宏超　苗永攀

求同存异　和合共荣

刘伟冬

中华民族，是一个由56个民族组成的大家庭。在漫长的文明发展史中，汉族和各少数民族都为中华文明的繁荣发展贡献了自己的聪明才智。纵观中华文明史，其实就是一部各族群之间"求同存异，和合共荣"的文化演进史。

从根子上讲，4000年前的"中国"，仅指北方中原地区，居住在这里的相传是上古时期黄帝部落和炎帝部落的后裔，故而自称"炎黄子孙"。其时的"中国"，不过是黄河中下游（西起陇山，东至泰山）区域。在千年发展与民族融合之后，尤其是晋末"衣冠南渡"，南过的中原汉族与南方百越民族彻底融合，来自北方的鲜卑等民族融入汉族，使汉族前所未有地壮大发展，逐渐形成后来疆域辽阔、人口众多、物产繁盛、文化昌明的中华民族的主体族群。特别值得强调的是，自从作为一个民族整体之后，中华民族就从未中断过自己的民族发展史——这在世界历史上是硕果仅存、独一无二的。

中华民族具备兼容并蓄、虚心好学的民族天性。仅以设计学范畴的事例讲：在数千年文明发展历史中，中华民族在不断向外输出优秀的文明成果（如烧造之陶瓷砖瓦、营造之榫卯斗拱、织造之丝绸刺绣、锻造之"失蜡"分模等），影响全人类的日

常生活与生产方式的同时，也不断地吸纳域外各民族的优秀文明成果，如汉魏之印度佛教和西域音乐、隋唐之西亚服饰和家具、宋元之东洋印染和漆艺、明清之西洋机器与建筑……在中华民族内部，这样的文化交流更是从未停止过，而且是风生水起、枝繁叶茂，愈发流畅、深入，中华民族各族群之间"求同存异，和合共荣"的文化大演进，共同创造了中华民族极为灿烂辉煌的造物文明历史。仍以设计学范畴为例：原本是匈奴人发明的单足绳圈，被晋代的汉族人设计成铁质双镫；最早是鲜卑人原创的毡毯卷边，被晋代的汉族人改造成"高桥马鞍"，这宗中国式马具设计案例，被誉为"13世纪中国传入欧洲的最重要文化成果"（李约瑟语）。再如，西域（今新疆地区）是全世界最早的皮靴生产地，哈尼族为主的红河地区出现了全世界最早的梯田。再如，全世界最早的"干栏式建筑"和全世界最早的稻米人工育种、栽培，均起源于长江中下游的百越地区；全世界最早的竹藤编结器物起源于闽越地区……由中华民族共同创造、发明，后来又影响了全人类文明进程的优秀造物设计案例很多，不胜枚举。几千年中华民族的文明史，就是各种文化多元融合、共同发展的最好例证。不了解中华民族内部各族群的文明交流史，就无法真正理解中国文化史，也不能理解为什么中华民族总是能在逆境中成长强大。甚至可以说，能否完整地理解中华民族的文化史，是检验每一个当代中国知识分子（特别是文史哲专业的学者）文化立场的"试金石"。

随着改革开放的逐渐深入，各民族地区的经济与社会状态已发生了天翻地覆的变化。令人遗憾和担心的是，由于各地区政策执行力度不平衡，保护措施不得力，少数民族的文化特性正在逐步衰退，有些地区的少数民族文化特征甚至已经消失殆尽，仅仅存在于徒具形式，充满口号、标语的民族文化村旅游景点中。有学者预言，再不加快整理抢救工作，中国的少数民族可能在物质形态和文化内涵的特征上，若干年后将不复存在。

从少数民族地区反映古代中国社会某些面貌的文化遗存看，这些少数民族之所以一直与汉族地区差距巨大，存在多方面的原因，其中历代汉族统治者对少数民族的歧视政策是主要原因。此外这些地区本身就处于偏僻荒地，不是沙漠就是山区，自然条件远不及汉族聚集地区，社会发展水平滞后。20世纪50年代，有相当比例的少数民族在当时仍处于原始农耕社会或奴隶制社会，不要说通电、通水、通汽车，不少人一辈子连铁器长什么样都没见过。部分少数民族聚集地的各种自然条件也较差，缺肥少水，基本生活来源，一靠老天爷恩赐的"望天收"农作物；二靠家庭手工作坊制作些竹藤编结物和土织、土陶等土特产来换取粮食；三靠养猪、兔、羊和鸡、鸭、鹅等家禽来换取日用品，如灯油、农具、衣物和油盐酱醋等；四靠为土司、头人和大户们出卖劳力（社会底层奴隶身份），年老即被抛弃。中华人民共和国成立后，党和政府在这些地区实行社会主义改造，打倒以土司、巫师和头人为首的剥削阶级，将土地和生产资料一律收归集体所有，解放了全体少数民族民众，使他们历史上第一次有了自由劳作和生活的权利。

中华人民共和国成立之初，党和政府就高度关注民族事务问题，为如何保护、关心各少数民族制定了一系列方针、政策，也为当代中国社会处理民族问题、保护民族文化树立了光辉典范。中央人民政府政务院于20世纪50年代初发布了《关于民族事务的几项决定》，为新中国民族政策奠定了最初的思想基础，其主要内容是：一、各大行政区军政委员会（人民政府）须指导各有关

省、市、行署人民政府认真推行民族区域自治及民族民主联合政府的政策和制度，并随时向政务院报告推行经验，请示者须事前向政务院请示。二、各大行政区军政委员会（人民政府）须指导各有关省、市、行署人民政府认真并有计划地实行政务院在1950年颁发的《培养少数民族干部试行方案》，并将该项工作进行情况定期加以检查，每半年向政务院报告一次。中央民族学院及西北、西南、中南各军政委员会和新疆省人民政府的民族学院，必须依计划实行，并向政务院报告。三、政务院于1951年下半年适当时间将同时召开有关少数民族的卫生、教育及贸易三个专业会议，责成政务院文教委员会、中财委指导中央卫生部、教育部、贸易部开始筹备，并责成中央民族事务委员会协助进行。有关部门如农业部、文化部也须派人参加。四、责成中央人民政府各委、部、会、院、署、行注意建立有关民族事务的业务。五、在政务院文教委员会内设民族语言文字研究指导委员会，指导和组织少数民族语言文字的研究工作，帮助尚无文字的民族创立文字，帮助文字不完备的民族逐渐充实其文字。六、扩大中央民族事务委员会委员名额，责成中央民族事务委员会提出补充名单的建议，并于1951年下半年召开中央民族事务委员会扩大会议，检查与总结关于推行民族区域自治及民族民主联合政府的经验。

20世纪50年代，中央人民政府和政务院，曾多次组织"中央慰问团""土改工作队"和"普查工作队"等，花费大量人力和物力，深入各少数民族地区，进行了大量较为翔实的社会历史调查。50年代这轮由政府统筹、由中央民委组织行政领导和人类学、社会学专家学者以及民族同志组成工作队与考察队的少数民族大考察活动，1953年正式启动，1956年结束（个别地区延期至1958年才结束）。直接成果之一，就是为1956年国务院公布的55

个少数民族的正式定名和划分，提供了可靠的依据。

从当时考察的资料看，各少数民族的社会发展水平参差不齐，不少民族呈现类似汉族曾经历过的各种历史发展状况，为我们今天考察、了解并研究过去的历史以及各学术分支问题，提供了绝好的活体范本。比如以"设计发生学"研究为例，以山寨（村落）为主的初级社会组织形态，原始手工业在农耕环境中的地位，原始造物的手工技艺与设备、工具等，都是我们极感兴趣的研究对象。

在西北、西南和东北各少数民族聚集地区，有些古时流传下来的本民族手工造物技术，迄今仍保存良好。其吸收了汉族和其他兄弟民族的技术长处之后演变出来的各时段手工造物技术，则印证了各民族互相融合、取长补短的史实。更有些原始手工艺，特别具有艺术和历史研究价值。以维吾尔族人为例，本世纪初，笔者在新疆喀什城艾格孜艾日克老街看到几样手工艺绝活：其一是整条街的维吾尔族乐器店，除了热瓦普、曼陀林和冬不拉等少数维吾尔族知名乐器外，全是些笔者叫不上名来却似曾相识的弹拨乐器和拉弦乐器，于是从心里认可了"西域古乐成就了中国传统民乐"这句话所言不谬。其二是亲眼所见一个拖着鼻涕的不到10岁的维吾尔族小男孩，拿着电砂轮在铜壶上信手飞快地刻着精美细腻的图案，一不要底稿，二没有图纸，真是佩服得五体投地，也相信了"汉族人长于热铸，西域人长于冷锻"这个说法。其三是在喀什近郊著名的大巴扎"金器一条街"上看见近百家金店生意红火，家家门前毡毯上都围坐着一群金店伙计和顾客，正在热烈讨论、共同设计着花样繁多的未来金饰嫁妆，感受到了"中国传统样式的金银首饰工艺，最富有创意的设计和最先进的工艺制作，原来在维吾尔族人手里"这句大实话。还有，笔者

在云南景洪县城集市上，曾亲眼见过景颇族老乡用古老的"焖烧法"烧出的红彤彤的土陶——跟笔者一知半解的仰韶彩陶的烧制工艺几乎一模一样。还有，笔者在大西北甘陕宁各省亲眼所见的回族、保安族、裕固族和东乡族老乡巧手做出的那些花样繁多、样式复杂的面塑造型，真是个个精妙绝伦。这方面的事例实在太多了。

50年代的少数民族地区社会大普查，以及半个多世纪以来社会各界对其丰富而珍贵的考察、研究，意义深远，价值极为重大。这些地区客观上保存的较为完整的、与数千年前中国原始社会最初形态近似的许多社会特征，为我们研究社会的最初形态形成和当时的经济、文化、政治的基本状况以及"设计发生学"的相关课题，提供了珍贵的类型学"活化石"范本，价值非凡。改革开放以来，这些少数民族地区也获得了前所未有的巨大发展，人民生活日新月异；但与此同时，少数民族地区的民族性在不可避免地愈发衰减、退化，甚至消失。如果我们再不采取保护措施，若干年后，各少数民族的许多宝贵民族文化遗产将无法挽救地彻底消亡，这部分同属于全人类精神财富和中华民族集体智慧的宝藏，我们将再也看不到了。

在"设计发生学"问题上，我们一向秉持文化多元论的观点，认为人类文明是全世界人民共同创造的，各国家、地区、民族均做出过大小不一、形态各异的贡献；同理，中华民族的灿烂文明是中国的各族人民共同创造的，每个民族都对中华传统文化做出过贡献，也都应当得到尊敬和肯定。中国的各少数民族在中华文明漫长的演化过程中，都曾经以自己独特而充满智慧的文明成果，补充、完善甚至改良着中华文明。比如，古代西域的龟兹古国各民族创造或引自西亚的弹拨乐器和拉弦乐器以及音律、曲

式，彻底改造了中国古代音乐，新创作出代表中国古乐精髓的江南丝竹；南疆的维吾尔族和北疆的哈萨克、塔塔尔、塔吉克等族首创了制革术，并引进古波斯革皮书籍装帧术和制靴术、制毡术、毛衣编结术；海南岛的黎族率先种植棉花并纺织棉布，传入内地后棉织业逐渐形成中国古代手工行业的"天下第一营生"……保护少数民族的民族文化特性，就是保护我们的历史遗产，就是传承我们的文明。我们应进一步发扬文化兼容的优良传统，把振兴中华的百年民族复兴梦，逐步落实为将大中华建设成为中国各民族共同拥有的美好家园。

由上千名来自全国各高等艺术院校的教授、研究生组成的55支团队参与编撰的《中国少数民族设计全集》（55卷），正是有识之士基于对各少数民族的民族文化特性正在快速衰减、消亡的严重现实问题的深切忧虑而进行的抢救、发掘、整理中国少数民族文化遗产的重要文化工程。经过两年精心筹划，六年努力写作，在国家出版基金管理部门的支持下，在山西人民出版社和人民美术出版社的策划和组织下，目前《中国少数民族设计全集》的书稿编撰工作已基本完成，即将付梓。在长达八年的漫长过程中，全国兄弟院校各团队涌现出的各种可歌可泣的事迹经常感动着笔者，并不时鞭策着全体作者克服千难万险，一路向前。有的分卷作者身患绝症仍不眠不休地忘我工作，有的分卷作者遭遇各种意外仍坚持工作。特别是，很多民族同志公而忘私、不计较个人得失，有人不惜将自己赚钱的企业关张歇业，全身心地投入各自所负责分卷的繁重编撰工作中；有人义无反顾地将自己珍藏多年的本民族实物、资料和研究成果无偿提供给相关分卷作者。大家万众一心，克服各种复杂得难以想象的困难，以确保这部凝聚了众人八年心血的巨著，能按计划如期完成。借此机会，笔者谨

代表本丛书编委会全体成员，向领导、编辑和作者们表示衷心的感谢！

作为一项文化创举，笔者深信《中国少数民族设计全集》必将在未来岁月的长期检验中，愈发显现其非凡的、独特的文化价值。

2017年夏季于南京

前言

仡佬族是我国55个少数民族之一,也是一个具有悠久历史的古老民族。2010年全国人口普查数据显示,仡佬族人口为55万余人,主要分布在以贵州为中心的广大西南地区,其中包括有黔、鄂、湘、渝、川、桂、滇等几个省份。

仡佬族古代先民较早地活动在江汉流域至川滇黔一带,是我国古代人口众多、支系纷繁、分布辽阔的庞大族群,被称为"卜"或"百濮"。早在殷商时期就与王朝发生了交往贡纳的关系。[①]《史记》中载,春秋时期"濮在楚西南",至战国时濮人势力一度衰落,其南部被南越国所占,北部属地分裂而建立起夜郎、且兰、母敛等众多的地方邦国。东汉以后,濮人称谓逐步向"僚"过渡,特别是魏晋南北朝时期,将其与古越人统称为"僚"。隋唐时期,僚人经过长期的发展逐步形成"仡僚",而"仡佬"的谐音异写也开始见诸这个时期的史籍,但"仡佬"一词的大量出现则在宋代史籍之中。宋后,仡佬的称谓一直被后人所沿用,但在较长的一段时期内,仡佬族人民为了躲避灾祸,大多隐藏了自己的民族成分,与其他民族杂居,散布在苗族、彝族、土家族、布依族和汉族之中,一直到中华人民共和国成立及有关民族政策的逐步落实,才正式统一使用"仡佬"作为该民族的族称。

在诸多原因的影响下,仡佬族在历史上经历了重重磨难,她用自己的分离、迁徙和融合叙写了一部绚丽多彩的民族史诗,在长期的历史发展中创造了独特而丰富的文化和艺术。

---

① 《贵州通史》编委会:《贵州通史(第1卷)》,当代中国出版社,2002。

一、仡佬族的来源：濮人—僚人—仡佬

仡佬族是贵州这片土地上最早的开拓者，至今全省各地都还流传着"仡佬仡佬，开荒辟草"的民谣。尽管"仡佬"的民族称谓在宋代才大量出现于史籍，但该民族的历史可以追溯至之前的僚人乃至更早时期的濮人。北宋时，陈彭年等修撰《广韵》解："僚"作为部落称谓当读作"佬"。说明了仡佬即为僚人的历史渊源。在《行边纪闻》一书中也有"仡佬一曰僚"的说法。而僚与濮人又有着极深的历史渊源，因此，追溯仡佬族的历史当从濮人说起。

濮人是我国古代人口众多，支系纷繁，分布在东起湘鄂川交接一带、西迄今川滇黔西南地区的主体民族。《逸周书·王会》和《尚书·牧誓》中载，早在殷商初期，今鄂西一带的濮人就以犀象、翠羽、短狗等物作为贡品与王朝发生贡纳关系；商周之际周武王讨纣，濮人与庸、蜀、羌、髳等部落参加盟誓，参与讨纣之役，之后成为周王朝的属民，以丹砂向周王朝进贡。春秋时期，楚国强盛时向濮人发动多次征战，两国势均力敌。楚庄王三年（前611），"麇人率百濮聚于选，将伐楚"（《春秋左传》），楚联合秦国和巴国将其战败；公元前523年，楚人伐濮，濮人再次战败后势力衰落，由此一蹶不振，少部分被迫西迁至今湘西、黔东北一带，而大部分在当地被周围的其他民族融合。①

战国时期，濮人势力衰微，其南部被北上的南越国所占，而北部属地四分五裂，建立起了莫、夜郎、且兰、母敛、漏卧等诸多的地方邦邑。公元前221年秦一统天下，之后把上述濮人地区纳入象郡、蜀郡、巴郡管辖。西汉时期，汉武帝大力经营西南地区，先后设置犍为、

---

① 侯绍庄、史继中、翁家烈：《贵州古代民族关系史》，贵州民族出版社，1991。

牂牁、益州等郡加强治理，但并未能完全统治这些濮人，形成"郡国并存"的政治局面。至成帝河平年间，夜郎、句町、漏卧相攻击，夜郎王兴恃强跋扈，不听汉使调解，被牂牁太守陈立诛杀。兴岳父翁指拥兴子邪务"挟旁二十二邑反"，不久被镇压，濮人势力遭到了重创，公元前 27 年夜郎亡，以各邦国归附汉王朝结束这种割据的局面。

东汉时期的史籍将濮人以"濮""僚"或"濮僚"称。魏晋以后，民族大迁徙、大融合，濮人与溯江北上然后西进的古越人杂居，而合以"僚"称，"濮"称随之消失，"僚"逐渐成为濮人的称谓。

僚人分布广泛，据北魏郦道元《水经注》中载："僚自牂牁北入，所在诸郡，布满山谷。"晋张华《博物志》中载："荆州极西南界至蜀，诸民曰僚子。"又郭又恭《广志》书中载："僚在牂牁、兴古、郁林、苍梧、交趾"。可见当时的僚人分布遍及今湖北、四川、贵州、云南、广西、湖南等地。[①]而这些地区也正是现今仡佬族的主要居住地。

隋唐时期，僚人经过长期的发展，一部分逐步分化而发展为仡佬族。仡佬之称虽始见于宋代朱辅《溪蛮丛笑》一书，但据学者考证，从隋唐起出现于史籍中的"仡僚""葛僚""佶僚"等，都是"仡佬"的谐音异写。南齐黄闵的《武陵记》中有载"仡僚"，唐李吉甫《元和郡县志》中不乏这类别称，而直至宋时期，以"仡佬"称谓记述才常常出现在史籍之中，而以朱辅《溪蛮丛笑》为始。

仡佬在从僚分化形成单一民族后，不久即进行了东西双向的迁徙，一部分迁居五溪地区，大部分则留在贵州境内。明清以来，由于统治者施行民族歧视和阶级压迫政策，各地土司凭借王朝统治者的支持对仡佬族施行残酷统治和压榨。从明清至现代，仡佬族人民

---

① 陈天俊：《仡佬族文化研究》，贵州人民出版社，1999。

掀起了无数次的反抗斗争，斗争的失败使得大批的仡佬族同胞惨遭屠杀，幸存者流徙他乡，隐埋自己的族属成分，以致到了解放初期，自报仡佬族者仅三万余人。①在新中国成立以后，随着党的民族政策得到进一步落实，大批仡佬族人民才得以"正本清源"，恢复了自己的民族身份。

二、仡佬族的人口及分布特征

仡佬族人口主要分布于贵州省的西北、西南和北部。在贵州省境内，除务川和道真两个仡佬族苗族自治县外，石阡、思南、正安、凤冈、遵义、六枝、金沙、织金、仁怀、江口、松桃、瓮安、贞丰、晴隆、关岭、镇宁、安顺、紫云、平坝、清镇、普定、水城、纳雍、大方、黔西、岑巩等70多个县市和地区也有仡佬族人口分布；此外，在云南省麻栗坡、砚山、广南、富宁和马关等地，广西壮族自治区的隆林、西林和四川的古蔺、叙永等地也均有仡佬族居住；不仅如此，东南亚地区越南境内的同文、黄树腓等县也分布有少量的仡佬族同胞。其分布区域大致在东经130°–109°、北纬23°–28°之间，以贵州为中心，呈东北向西南倾斜的一个狭长地带。除黔东北、黔北外，其他地区境内的仡佬族聚居村寨分布较少，主要是以散居的形式分散在汉、苗、布依、彝、土家等民族之间，呈点状分布。②

仡佬族"以贵州为中心，呈东北向西南倾斜的一个狭长分布带"特征与上述的该民族历史形成过程有着密切关联性。在民族历史渊源的梳理中我们知道，早在殷商时期的濮人分布是"东起湘鄂川交接一带的江汉流域、西迄今川滇黔的西南地区"，这一基础其实奠定了该民族后来的人口分布情况。在此基础上，出现的多次仡佬族

---

① 熊大宽主编：《仡佬族传统文化全书》，贵州民族出版社，2002。
② 熊大宽主编：《仡佬族传统文化全书》，贵州民族出版社，2002。

先民大迁徙、大融合，逐步形成该民族现今的人口分布状况。

由于仡佬族居住零散，加上与彝、苗、汉、布依等民族错居杂处，在其所处环境与社会环境不同的条件下，逐步形成了若干的仡佬族支系，外人通常对每个支系冠以其表象性的特征以示区别。具体来说，在《炎徼纪闻》及嘉靖《贵州通志》《黔南职方识略》《永宁州志》等文献中都有不同的表述，其中以民国时期的《贵州通志·土民志》最为详细，对各个支系名称来源及其分布范围做了详细的记载：[①]

花仡佬：穿"花布者为花仡佬"，在贵州前卫、平伐司、永宁州、施秉、龙泉、黄平等地；

红仡佬：穿"红布者为红仡佬"，在青山司、安平县、仁怀县、黎平府；

剪头仡佬："女未嫁，则剪头为记"，在贵定、施秉、黄平、永宁等地；

打牙仡佬："将嫁必先折其二齿"，在平越、黔西、安平、永宁、平远、黄平、清镇等地；

锅圈仡佬："女人以青布束发如锅圈状"，在平远、安平、大定等地；

打铁仡佬：在平远州；

皮袍仡佬："男女衣服仅尺余，外披以袍，方而阔，洞其中，从头笼下，前短后长，左右无袖"，在平远、安平、大定等地；

水仡佬："善捕鱼，虽隆冬亦能入渊"，在余庆、镇远、施秉、永宁等地；

土仡佬："披草衣"，在威宁；

雅意仡佬：在永宁州。

---

① 贵州省地方志编纂委员会编：《贵州省志·民族志》，贵州民族出版社，2002。

由于社会、历史的变迁，许多地区仡佬族的民族语言、服饰和习俗等多已消失，仡佬族若干支系的称谓亦不复存在，各个支系的分布区域也发生了改变。属汉藏语系的仡佬族也在这些原因的影响下，彼此很少联系，方言差距极大，一些语言学者总结归纳为稿、阿欧、哈给、多罗等四个方言。①

改革开放后，为了进一步加强民族团结共同发展，1986年经国务院批准，相继在仡佬族聚居的黔东北地区建立了务川仡佬族苗族自治县和道真仡佬族苗族自治县。并在六枝特区、石阡县、遵义县、正安县、平坝县、普定县、大方县、黔西县等县境内建立仡佬族或与其他民族共同署名的12个民族乡，积极落实民族政策，支持仡佬族地区社会、经济、政治、文化的全面推进、繁荣发展。

三、仡佬物质文化及其基本特征

仡佬族主要分布于贵州北部、东北和西南部地区，储藏有丰富的煤、铁、汞及其他20多种矿藏资源。这些地区的地形以山地为主，耕地有山坡地、丘陵地、河谷坝子等，土质较差、土层薄，多为酸性土壤，缺少肥力，从客观上限制了仡佬族的农业生产。②但是，仡佬族分布的地区又多处于1000mm~1500mm等降水量线之间，雨量和气温却较为适合各种农、林作物的生长。因此，在这些地区，以玉米生产为主，稻谷生产也占有较大的比重，部分山区还种植有高粱、小米、小麦、荞子、红薯、马铃薯及豇豆、绿豆等粮食作物；有油菜、花生、苏麻、芝麻、葵花、黄豆等油料作物和白菜、青菜、韭菜、芹菜、萝卜、冬瓜、南瓜、苦瓜、丝瓜、生姜、葱、蒜、辣椒、西红柿等蔬菜作物。当然，受各地不同土质、气候条件及生产习惯的影响，

---

① 熊大宽主编：《仡佬族传统文化全书》，贵州民族出版社，2002。
② 陈天俊：《仡佬族文化研究》，贵州人民出版社，1999。

在这一东北向西南走向的仡佬族民族分布带上，农业生产、经济发展和社会生活方式等存在着地域性的差异。

仡佬族拥有悠久的历史，在长期的历史发展过程中，仡佬族人民及其先民们共同创造了这个民族丰富多彩的物质文化，是该民族区别于其他民族的文化标识，同时也是其民族性的载体，具体地存在仡佬族人民的社会生活当中。以下从物质文化的角度对仡佬族的文化艺术进行概括性的分析：

（一）仡佬族民居

仡佬族传统民居具有独特的民族特色及地域特征，基本为石基、瓦盖、木架、木壁，一幢三间或一幢五间最为普遍。这种"一字式"的房屋建筑风格在现今的仡佬族分布区仍然普遍可见，房屋以单间数为主，是仡佬族传统的"一字三立房"或"一字五立房"样式。

在住房布局上，房屋的正中间房屋称之为堂屋，堂屋比左右房间要凹进一些，留出一个厅口，民间称为"吞口"。吞口中间开两叶大门，门槛通常极高，多为一米左右，按其民族习俗，门槛上不能坐人。

堂屋之中仅设神龛（俗称"香火"），没有天花板，有些人家还将神龛上的瓦片去掉一块，喻示着家神可以由此通向天界，也可由此回到家中。

仡佬族人的神龛前常年放置一张大方桌，家中重大事务或年节、庆典时祭祀使用，是家神的"专案"。

堂屋的两侧分别是家庭的火铺房和卧室，一般设内间为卧室，一分为二，有两间不大的房间，容得下一张床即可；而外间设有火塘，是家庭生活的主要场所。除堂屋外，其他房间均设有楼，楼上相对较矮，计较起来也不能按层来计算。楼上用木板铺好，放置一些杂物或大件的东西，而火铺上的楼垫则用竹子编织，既方便烟雾外散，

还可以放一些食物在上面烘烤。

仡佬族地区除"一字式"的民居建筑之外,"三合院式"、"四合院式"及"围合院式"等也都是仡佬传统民居的典型样式。

三合院是在一字式房屋建筑风格基础之上外加两侧厢房的一种组合性建筑。由三合院围起来的地方俗称"院坝",院坝大多由当地易取的平板石铺成,其四个角落各设有一个下水道口,解决院坝雨季泄洪的问题。

三合院以木料为主要的建筑原材料,由当地仡佬族工匠自己设计和修建。院落中以正屋为中心,正屋即为一字排开的三立或五立房的居中一间房屋,与"一字式"房屋一样也称之为堂屋。堂屋的两侧一般要设立火铺和房间,火铺设在外间,直接取地面挖坑架"三脚架"做成;内间的卧室则一般要立地一米左右,架板作底。

正屋两侧的厢房大多设成卧室,分配给一个家庭中辈分较小的家人使用。早些时候一些书香门第还在侧厢房中留出一间作为书房,专供子女读书识字使用。在建筑整体的设计上,厢房的高度不能高过正屋,但其屋檐却要与正屋相齐,追求整体美的同时,也寓意着家庭成员之间彼此平等,和睦相处。

在传统的民居建筑中,仡佬人格外看重"八"字,木料和房舍的长高尺寸一般都要与"八"有关,"二丈八""一丈八尺八"等,这也都是为了讨一个吉利的说法,有着人丁发、家财发等寓意。

仡佬族传统三合院建筑都讲究层次感,屋基和院坝都是由极为平整的石料堆垒而成,整齐、稳固,这也正是牢固一屋之"基"的必要。二者之间有一米左右的落差,因此由院坝至正门需拾三级台阶而上,跨过一米多高的大门门槛,才顺利进入一个家庭的堂屋,而在火铺至卧室间又需经过一米左右的台阶,这样就有很明显的层次感了,一级级向上,步步高升。

在黔北一带，当地的仡佬族人对于这种卧室离地设置有着自己独特的解释，他们认为仡佬族传统住房是依山势而建，且生存的气候颇为潮湿，离地设置卧室一是为了防潮，二是为了防蛇虫鼠蚁之类的东西。这样的说法体现了仡佬族先民的生存智慧和安全理念。

传统仡佬族三合院以一层建筑为主，其除了正屋和厢房之外，在正屋的一端通常还会设有家畜圈和厕所，这些建筑与主体建筑不一样的地方是，采取单侧斜顶建筑样式，顶部与正屋保持一定的距离，且不可高过正屋顶部，其底部则会挖出一道深坑作为排泄物的"储存仓"。当然，制造圈房的木料尺寸也很讲究，一般要与"六"有关，有着"六畜兴旺""六六大顺"等之类的寓意。

无论是一字式还是三合院式、四合院式乃至围合院式的民居建筑，仡佬族传统民居都在追求一种对称性，从正屋、厢房的设置到建筑上的门窗设置都严格按照对称的要求来设计，堂屋两侧的风格、规格和样式都追求一致性。这是仡佬族传统民居最为突出的特征，这样无疑使得其院落更加整洁、美观，同时也蕴含了仡佬族讲究秩序生活的民俗深意。

随着新式建筑材料的进入和人民生活水平的提高，仡佬族地区的房屋建筑开始转向钢筋混凝土的结构建筑。但这些建筑样式在审美上仍保持着其建筑的传统风格，除严格按照"起单不起双"的传统习俗外，在房舍的设计上也都还会在房屋的中间部位留出一个"吞口"，使其与传统建筑保持相似的样式，这种民族的审美意识在此仍得到体现。

在传统民居建筑中还应该包括仡佬族院落的朝门，它也能展现该民族的建筑艺术和文化内涵。在仡佬族村落之中，一般每户都会用石头将自己的房屋筑墙围起来，形成一个宽敞的院落，院落设有门，这个"门"即统称"朝门"或"大朝门"。朝门的主体部分是木质结构，

门板通常厚实，具有防匪防盗的功能。

仡佬族的院落朝门设计都是外开八字形，开口朝外，有着一定的寓意。他们认为，朝门是出入必经的口，向外走为"出"，道路应该是越走越宽敞，外开"八"字正是逐步扩展的状态；而回家为"入"，进家即是回归，因此内收"八"字，也是表达了这样的一层意思。

（二）木雕技艺

木雕是仡佬族展现民族文化的另一个窗口，在木雕技艺中以木雕窗花和木雕门、木雕梁挑等尤为突出，是传统民居建筑艺术上的奇葩。

木雕窗花在仡佬族传统民居中多为常见，样式及规格多样，各具特色，它以整体空雕、局部浮雕花纹图案构成。空雕或称透雕是在浮雕的基础上锉空背景，存留表达对象的一种雕刻手法，在黔东北仡佬族传统民居的木雕窗花中体现最为完整。木雕窗花是单层的镂空雕，展现了花纹图案的立体美感，整体感觉，讲究左右对称，造型轻巧纤美，刀法细腻，线条之间衔接手法柔和。木雕窗花的花纹样式丰富多彩，而且大多来自日常生活、生产中的事物，具有地方特色，展现了地方丰富的物质生活文化。如务川一带的木雕窗花图案以百合花、丹砂壶、梅花、酥饼等为主，这些都是务川一带仡佬族人们生活、生产中常见的实物，是源自生活的最真实一面。

木雕窗花是实用之上的一种艺术表现形式，以雕刻的花纹装饰建筑，集中体现了仡佬族人民对生活的热爱及其独有的民族审美情趣。窗子在仡佬族传统民居中占有较大的部分，一般民居的房屋建筑都是一层建筑，为了增加房屋内的明亮程度，房屋门墙上都会开窗，而窗花就会使得窗户不至于太过空洞，且又不影响光线的进入。在此实用基础上完成的传统木雕窗花，其整体空雕，但在局部细节上是做工精细的浮雕，这类浮雕花纹饱满大方，线条柔美和谐，绝无做作的姿态，这与仡佬族人民传统的"和合"思想无不具有必然的关联性。

木雕门也是空雕与浮雕的完美结合物。在仡佬族的传统民居中，正屋在建筑习惯上要比左右两侧房屋向内推进70cm左右，形成一个内凹口，加之传统民居的房舍较矮，为了增加堂屋的亮度，仡佬族人民都会在正门的上半部分也作空雕的花纹，这样既美观又实用。

木雕门花在做工上的表现力相对于木雕窗花更加精致，可分为"两空雕、三浮雕，四大块、五个部分"。两空雕是指门上雕花较大的部分，为了增加房屋亮度，这部分采取空雕形式，在制作手法上与木雕窗花相似，讲究左右甚至上下的对称，线条衔接柔和，过渡手法精妙，而在这整块空雕的中间部分留有一处四方形双层浮、空雕结合的图案，做工精湛，手工技艺达到很高水平，合此二者即称之为"两空雕"。而三浮雕则是在门板的上中下三个部分都各有一小块浮雕花纹图案，花纹线条柔美灵动，花草栩栩如生，且三个部分的花纹图案各异，合称"三浮雕"。"两空雕"和"三浮雕"分属四大块且由五个部分组成。

空雕之上结合浮雕，在透雕装饰中，几何形的棂子空雕围绕花卉图案并增添祥云和如意的装饰图案，整体形成线面块的有机组合，刀法刚柔结合，构图饱满大方，整个木雕门在艺术上融合了中国传统艺术与传统文化的丰富内涵。

除了木雕窗花和门花之外，木雕梁挑也是仡佬族传统木雕技艺的一块瑰宝。梁挑上的雕刻手法为传统的浮雕，但会夸张地突出需要表现的主体部分，如在一些人物雕刻画面中，以鸟瞰式的视觉表现手法，将人物的头和脸放大，而占据整个画面的绝大部分，身体及环境被描画得很简略。这也是仡佬族木雕中的另一大亮点。

在仡佬族的木雕工艺中，不得不提及仡佬族的傩面具。黔北、黔东北地区许多仡佬族村寨盛行"冲傩"，也叫"跳神"。傩产生于原始社会图腾、鬼魂、祖先崇拜，在殷商时期形成一种固定的用

以驱逐疫鬼的祭祀仪式，始称傩或大傩。傩仪、民俗、面具的结合，是傩祭、傩舞、傩戏的基本特点，面具的使用，则是它们区别于其他祭祀活动、祭祀舞蹈、面具戏的特征。在黔北、黔东北仡佬族地区傩戏分布较广，且人物面具极其丰富、样式多样，全面展现了面具代表的"神"的身份和特征。傩面具具体地体现了这一地区傩面具设计者和制作者丰富的想象力和高超的雕刻技艺。

（三）生活用具

仡佬族的生活用具丰富多彩而独具特色，可以归结为竹篾编织器具、木制物件、棕制物件和石器等几种类型。

在竹篾编织的生活用具中主要有笆篓、娃娃背篼、簸箕、斗笠、猴子篼、箩箕、筲筲、米筛、瓢篼、碳筛、提篮、帽盖等。笆篓和娃娃背篼都是携带幼儿的器具，笆篓属于道真地区仡佬族同胞独有的一种娃娃背篓，它形状犹如花瓶，上口为圆形，中部长方形，底部为正方形。它的设计主要出于其实用性考虑，上口为圆形，有效地避开了其他制造样式菱角对幼儿的磕碰；中部为长方形，拉开笆篓的中间宽度，在使用时更贴紧背部，同时增加其受力面，另一方面也符合幼儿的身体结构（躯体部分需要更宽阔的空间），且在冬季时，可塞入棉被或包裙，起到御寒作用；底部为正方形，增加笆篓的稳定性，避免孩子晃动时前后支点不一致而发生侧翻。除了笆篓的这种实用性之外，其在美观上也融入了仡佬篾匠的美学思想。整个笆篓的花纹可以分为三个主要的带状图案，由下往上我们可以很分明地看出这三块带状纹样的不同。而娃娃背篼是务川一带仡佬族同胞使用的器具，它圆口方底，上宽下窄，中间突出是婴幼儿的座位。它在制作上以粗篾为架，细篾扎牢，以经纬交织的制作手法编织而成。娃娃背篼腹胸突出，以块状竹篾交叉编织，形成整齐的正菱形花纹，同时此部分空隙稍大，图纹突出，既在夏天起到通风的作用，还起

到美观的装饰作用。在正面贴背位置，以大篾为主，增加其负重能力和耐用性；上口圆篾内收，避免竹针扎伤婴儿等，这些设计都极具人性化。娃娃背篼腹部突出，留出座位，使得婴幼儿可以在背篼里或站或坐，更有益于婴幼儿的健康成长。除了幼儿携带器具丰富多彩之外，其他竹篾编织的生活用具在设计上和工艺上也是别具一格，如猴子箦，在整体形象设计上，形如蹲着的猴子；帽盖，是一种盖锅头的器具，制作精细，盖在锅头上形如斗笠，而取名"帽盖"。这些篾编器具体现了仡佬族人民篾制编织技艺的高超和丰富的想象力，全面展现了这个民族的生活智慧。

  仡佬族传统的木制用具主要有具子、方桌、板凳、茶盘、扁桶、猪哨桶、提桶、筷笼、榛子、升子、印斗、水瓢、撮瓢等，都是用生活中易取得的木料制作而成。这些本质用具多是基本生活必需物件，也有一些是为丰富生活饮食而设计的，如印斗，它是务川一带仡佬人用来制作酥饼的模板，以梨子木为原料制作，梨子木木质坚硬，雕刻的花纹不易损坏，而且梨子木很少生虫，易于保存。梨子木本身有自然的清香味道，有热度的酥饼原料与其接触，吸收了其木质的清香，增添了酥饼的清爽味道，因此用印斗制作的民间酥饼很受人们喜爱。在黔东北一带，仡佬族的传统木制用具还与该民族的婚姻习俗有着莫大的联系。仡佬族嫁女时都会特意为女儿打造一套家具，其中就包括具子、方桌、板凳、茶盘等，是必备的陪嫁物件。具子分米具和衣具，米具一般较大且笨重，放置在堂屋两侧，衣具偏小，放置在房间的床脚位置，夜间可以将脱下来的衣物搁在上面，当衣架使用；方桌和板凳成套，分大小两种各一套，方桌按照十人为一桌的标准进行打造，上下席为客人或长者座位，一般各坐两人，两侧分别坐三人，组成十人桌；茶盘一般为杉木打造，杉木质软且轻，便于打造和使用。这一套生活用具一般都是女方家长作为陪嫁物件

前言

送给新人在生活上使用，体现了仡佬族独特的民俗生活。

棕制用具在仡佬族地区也是极其丰富的，有蓑衣、棕背、扫帚、小棕扫、饭盒子、甑钵等，棕树皮和树干是其主要的制作原料。蓑衣、棕背、扫帚、小棕扫以棕树皮为原料，采用绑扎的制作手法，先将棕皮前端粗糙部分除去，再用细小的棕绳将其绑扎。在一些部位，采用不同的绑扎方式，有双线互扣式、交织式、针扎式等，形成的花纹图案大方美观；饭盒子和甑钵取成熟的棕树干，去皮后晾到八九分干，然后用刀具深挖去肉，并精修边缘、接角。这些都是仡佬族人民善于利用棕树的可塑性进行的设计和制造。

石器也是仡佬族地区生活中常见用具。仡佬族生活的地区有着丰富的石料，质地坚硬，具有天然的耐用性能。仡佬族石匠利用这些石料制作了包括石磨、石缸、石槽、石碗、石墩在内的一些基本的生活用具，极富实用性。

（四）生产工具

仡佬族是一个传统的农业民族，自其先民"开荒劈草"起就一直对他们生活的这片土地有着极深的情感，该民族的"和合"思想也就是在与这片土地的长期"互动"中形成的。仡佬族以农业为主，其生产工具大多也是围绕农业生产而不断丰富的。

仡佬族用来翻土的工具主要有铧口和挖锄。铧口即是犁，铁铧木架，以当地柏香木为主要材料，厚重而扎实，分四个部分组成：铧口、铧口架、打脚和加担。其中铧口的铁块呈锥形状，被固定在架子的底部，在翻土时以铧口入土，向前拉动，泥土沿着铧口向外翻。铧口架结构简单，横竖两个木条结合而成，但架底宽厚，使铧口在向前运动时保持其稳定性；且重量主要集中于后部和底部，这样既便于在生产过程中铧口入土、节省力气也便于立放，具有使整个架子平稳的作用。在做工方面，铧口架除了实用之外还有美观的一面，

它外观线条柔美，方圆兼具，是劳动工具制造者在实用的基础上，加入了自己的审美意趣，将农具与美结合起来。挖锄主要材质为铁，锄面打造成两条手指粗细的铁丫。仡佬族同胞生活的地区大多石头较多，在挖地时随处可能碰到石头，使用一般成块的锄头挖地，用力过猛容易伤到劳作者。挖锄的设计正好避开了这一点，其落点仅为点，接触面较小，有效地消解了阻力，使用起来也更加放心。

耙子是仡佬族用来整地的农具，铁齿木架，耙子底部为两条长方木条与四条短方木条组合成一个矩形的耙盘，长方木条上面前后各有铁齿，前七后八、交错排列。底部的设计考虑到了底重则便于深耙的问题，柏香木质重可以加重耙盘底部的重量。在使用耙子犁田时，使用者不需要用力下压耙身，减轻了使用者的负担。耙子的铁齿采取前七后八的插空放钉方法，既满足了全面"扫荡"的功能，又避免了一排过密放钉方式带来的阻力问题，牛在犁田的这个过程中也变得轻松。耙子上半部设计的高度符合成人人体的生理特征，使用者在整个犁田过程中只需身体微曲抓住把手，身体曲度更为自然，避免长期劳作给腰部带来的压力感。同时，耙身微微后仰成弧状，设计者显然也考虑到了使用者在使用过程中的安全问题。由此看来，这种耙子的设计是全面地考虑到了农业劳作的具体问题，以实用、安全、省力、高效为目标。

秧船，船状，是在插秧时协助搬运秧苗或肥料的器具，在水田耕作的地方极为常见，现代一些地区换用大盆，即为其在当代社会的发展。

仡佬族传统的收割工具是打斗，打斗的主要材质是杉木。仡佬族生活的地区以山地为主，梯田成为当地人主要生产用地，因此用质地较轻的木料制作而成的打斗，在搬动时较为轻便、节省力气。打斗口底的形状接近正方形，是口宽底窄的四方体、船状器具，侧板以合角斗榫的方式加楔扣牢，形状稳定。而底方上的竖方则在侧

板穿过的地方留眼，加扣在楔子之内，使底部和侧板连成一体。另外，打斗底部平行套有两根略呈弧形的木条，形如雪地上的雪橇，减少打斗在移动时的底部的摩擦力，而在侧板上端两侧都留有板耳作为手拉的地方，两者结合起来就更方便人们拖拉着打斗在稻田里前进了。打斗在使用时还配合有斗架和挡布。斗架是一种辅助脱谷的弧状微拱工具，在使用时将宽的一端朝上紧贴打斗壁一侧的口部，另一端放在打斗中形成斜状，打谷者站在其后顺着下敲，谷粒落入打斗内，它的形状也正好避免使用者的手敲到打斗沿或斗架上，是一项极具人性化的设计。

在生产过程中，仡佬族以背的方式搬运所需的物质和谷物，工具以背箩和背架子（高架）为主，与该民族的生存环境紧密相关。仡佬族的背箩样式丰富，是物质文化中最为突出的部分，在仡佬族地区随处可见不下十余种背箩样式，有圆口方底的麻丝背和板栗背，有方口方底的莲子背箩，且这些背篓风格和规格都千差万别，都以实用为基础，配上与之搭配的打杵，更加显示出该民族以背为主的搬运方式。而比较突出的背架子是仡佬族人民的另一种主要的搬运工具，背架子以质地较轻且有韧性的野木为材料，两根长方前中后各锉方行小孔，插入方条加楔拴牢，组成一个梯形状的架子，在架子上绑牢两根棕绳作为背带，结构简单，但极为节省力气。

除了上述的这些工具，在生产中仡佬族人民还制造了如连枷、风簸、撮箕等工具。

（五）饮食文化

仡佬族以玉米和大米为主食，兼食小米、红薯、马铃薯等，喜酸辣之味。讲究宴席饮食，以"二幺台"和"三幺台"最具代表性。"三幺台"一般第一台是"茶席"，以糖果、酥食及地方产的果仁等配饮清茶；第二台是酒席，用盘盛香肠、盐蛋、咸菜、凉拌菜等下酒；

第三台是正席，有大菜、各类荤素炒菜等。[①]这种按一定程序进行的宴席饮食习俗，一直影响到仡佬族人民日常的用餐习惯。

在仡佬族地区，除了著名的"二幺台"和"三幺台"，人们常提到的食物有豆花、灰豆腐果和油茶，以此三者最具代表性。豆花是仡佬族人民生活中常见的一道美味佳肴。豆花的传统制作相对复杂，但现在随着打浆机的进入而变得简单了许多。取黄豆洗净浸泡四五个小时，然后经过打浆机将其打成浆状，用纱布过滤除去粗糙部分，再将过滤出来的豆浆放入大锅中煮沸，倒入酸使其凝结，然后置入"筲箕"中去剩余水分即可形成豆花。豆花在食用的过程中配上制作极好的辣椒酱，味道鲜美可口。

灰豆腐果是一道别致的美味，含有丰富的植物蛋白，其营养成分易被人体吸收，是老少咸宜的营养食品，为筵席中的一味佳肴。灰豆腐果以黄豆为原料，将磨制成的豆腐切成小块，形状正方、长条、三角、菱形不等，用草木灰沤制3—4小时，再放入桐壳灰（草木灰加白碱亦可）于锅中炒制。炒好后，筛去灰，即为豆腐果。灰豆腐果吃起来外韧而内滑，带有一股特别的韧劲，就像仡佬人的韧性；清淡中带有一丝草木灰的气息，这又是另一种来自生活的气息、泥土的气息。

与汉族丰富多彩的茶文化相比，仡佬油茶有其独到之处。制作油茶的方式很多，但其茶叶需采清明时期的鲜嫩茶，味苦而清爽。采下茶叶之后，先用烧热的铁锅入猪油炒新茶，将其焙干，以"去生味"，然后将其放入茶筐搁在火铺之上随时可以用来制作油茶。在制作油茶时，先用水将茶叶煮透，以瓢底将其捣烂；再取铁锅入油烧开，将烂茶叶用烈火煎至有香味，或放些蛋、肉，或什么都不

---

① 陈天俊：《仡佬族文化研究》，贵州人民出版社，1999。

添加，倒入清水煮开，加少许的盐、料即可食用。油茶制作出来后，其颜色暗黄、质地浑浊，但入口却带有一丝清淡的苦涩之味，下胃后，清爽的感觉由内向外渗透而出。在喝油茶时，还常配一些苞谷、酥食、花生、瓜子、红薯、糍粑等零食，别有一番享受。仡佬人认为，常喝油茶神清气爽精神好，干起活来不知疲倦，劲头十足，且油茶还有润喉养颜的功效。

仡佬族在饮食上讲究将食物的自然味道展现出来，保存食物的味道并激发自然的香味是他们乐于追求的饮食目标。

（六）服饰文化

"传统的仡佬族服饰以其简洁的式样迥异于其他民族，传承了民族的审美理念。仡佬人善纺织、刺绣、蜡染，历史上因其服饰色彩款式不同而被称为'青仡佬'、'红仡佬'、'花仡佬'、'披袍仡佬'等。近代仡佬族的传统服饰也很有特色，女子穿无领大襟长袖衣，衣上满饰层次丰富、题材各异的菱形或长条形图案，手法为蜡染和彩绣。下着百褶裙、勾尖鞋、腰系小围腰也是满饰绣染；男子穿青布对襟密绊上衣，束腰带，长裤，布鞋。男女皆以花帕包头，仡佬族成年男子多穿对襟上衣，长裤，白布或青布包头，穿元宝鞋或云勾鞋，妇女一般穿及腰短上衣，袖背上绣有鳞状花纹，下配无褶长筒裙。裙由三段组成，中间用土红色羊毛织成，上下两段是麻织条纹土布，外套圆领无袖。前短后长的贯头衣，头盘大发髻，用三条一丈多的布包之，后面露出六个头穗。少女喜欢戴一端绣有红、黄、绿、紫等彩色花边的黑色头巾，以银首饰装饰，穿翘尖绣花鞋，也有穿对襟短衣、长裤，衣袖宽短，襟及环肩以宽边装饰，裤较短，裤脚较窄。"[①]现今，这些服装样式在遵义地区的仡佬族人民的日常生活中已经被现代简单、

---

① 胡洁娜：《仡佬族审美意识研究》，贵州大学硕士研究生学位论文，2006。

批量生产的服饰取代,甚至农村地区也很难觅寻。

总的来看,仡佬族的物质文化丰富多彩,具有独特的民族性和地方性特征。尽管随着时代的变迁,许多传统的生活、生产物件逐渐"退出"人们的视野,被现代市场上可购买的工业产品所取代,但在仡佬族民众的日常生活中,仍可寻找到能表现仡佬族民族文化的物质形态,展现该民族的审美特征、生活观念及民族精神。

在仡佬族的衣、食、住、行中呈现给人们的物质文化特征总体可归结为以下几点:

一是讲究实用。前文的描述业已明确,仡佬族生活的地区大多为山地地貌,在贵州谚语中且有"高山苗、水仲家、仡佬住在山旮旯"的说法,"山旮旯"无疑正是仡佬族生存环境的形象表述。在这种特殊的生存条件下,仡佬族先民们在制作生活、生产用具时,需要考虑得更多的是自身的实用性问题。在仡佬族民众日常生活中可见,他们背上的物件极为丰富,仅背篼样式就有十余种,加上高架、背桶等搬运工具,足以展现出这个民族是一个在山间以背为主要搬运方式的民族。他们在实用性的基础上,编织背篼时加入了各种样式的花纹图案,表达了该民族对于生活的热爱和追求。另外,在所有可收集到的案例中,以生产、生活上面的工具和器具最多,这也直接地反映出该民族物件的实用特性。

二是颜色简洁。少数民族大多以浓烈的颜色来彰显自己的民族特性,而仡佬族却追求一种自然的味道和自然的颜色,以自然之色装点其丰富多彩的生活。尽管在传统服饰、民居、器具上会涂有其他的颜色,但用色也都非常简单,呈现出来的并非是一幅五彩斑斓的画面。即便是仡佬族的刺绣,也是颜色简洁明了,更贴近于生活、平实、简约。

三是追求和谐。仡佬族追求和谐的思想在物质结构和雕刻技艺上面展现得比较具体。物质结构上的和谐自然得以该民族的传统民居为例，无论是"一字形式"还是"三合院式""四合院式"及"围合院式"等都是一幅和谐的画面，它们除了在形式上面讲究对称性，在其设置上更是具有和谐的内涵，整个房屋建筑都会以堂屋为中心，围绕着堂屋展开一些设计和活动布置，因此显得不凌乱、不分散。除了在其传统建筑上将这种和谐展现得淋漓尽致外，我们还可以用道真仡佬族苗族自治县的笸篓为例。笸篓上圆口、中矩形、下正方，正是把中国传统文化中的方圆思想融入其中。而在雕刻技艺上，除了其构图上和谐美观的设计之外，在棱角之间的衔接也追求一种流线的美感，过渡之处不留任何的不和谐痕迹，既展现出仡佬族先民刀工之精妙，也展现出这个民族追求和谐的一种设计理论。

仡佬族的物质文化是仡佬族人民生活、生产的智慧结晶，是该民族在长期的历史过程中不断创造、调和、适应的最终展现，它体现的是这个民族独特的文化特征。物质文化作为人类文化的最初形态，伴随着人类社会活动而产生。因此，一个民族的物质文化彰显的正是这个民族最早、最实在的一面，犹如一面镜子呈现着这个民族生活、生产的本身，民族个性也在其中得以完整的展现。

在文化的概念里，物质是文化的客观载体，也是文化的本身存在。物质文化的特殊重要性就体现在"物质生产和生活是人类赖以生存的最重要条件，无论社会如何发展，民俗事象如何变迁，有关衣、食、住、行等的传统，总是以相对稳定的形式，一代代传承下来。"[1] 因此，对于仡佬族物质文化的考察是帮助人们了解仡佬族这个民族，了解仡佬族的生产、生活及其民族特性。在全球化的时代背景下，这种关注对当代及未来的仡佬族文化研究都具有十分重要的意义。

---

[1] 陶立璠：《民俗学》，学苑出版社，2003。

目录

第一章　仡佬族传统建筑
仡佬族"一字三开间"式民居　002
仡佬族三合院式民居　006
仡佬族围合院式民居　010
仡佬族丹堡朝门　015
仡佬族丹堡木雕猫眼　018
仡佬族木雕门花　020
仡佬族木雕窗花　023

第二章　仡佬族传统服饰
仡佬族立领斜襟绣花女上衣　028
仡佬族圆领对襟绣花男上衣　030
仡佬族裙子　032
仡佬族袍子　035
仡佬族腰带　038
仡佬族头帕　040
仡佬族翘尖绣花鞋　043
仡佬族槽筑　045
仡佬族"哭姊妹帕"　047
仡佬族手工帐檐　050

第三章　仡佬族传统餐饮
仡佬族豆花　054
仡佬族油茶　056

仡佬族灰豆腐果　058

第四章　仡佬族传统生活用具

仡佬族笆篓　062
仡佬族娃娃背箅　065
仡佬族篾编缸箩　068
仡佬族篾编囤箩　071
仡佬族篾编饭箱　074
仡佬族篾编茶叶篓　077
仡佬族柏香木柜子　080
仡佬族方台木升　083
仡佬族叠层棕饭盒　085
仡佬族棕木甑钵　088
仡佬族篾编斗笠　090
仡佬族棕皮蓑衣　093
仡佬族棕背　095
仡佬族棕刷　098
仡佬族棕扫帚　100
仡佬族杉木方形茶盘　102
仡佬族梨木酥饼印模　104
仡佬族木水瓢　106
仡佬族木撮瓢　108
仡佬族单柄猪食木桶　110
仡佬族杉木扁桶　113
仡佬族杉木提桶　115
仡佬族双管小漆桶　117
仡佬族漆罗子　119

　　仡佬族篾编大帽盖　122
　　仡佬族杉木方形筷盒　124
　　仡佬族杉木甑子　126
　　仡佬族束腰马蹄足柏香木方桌　128
　　仡佬族柏香木板凳　130
　　仡佬族草墩　133
　　仡佬族篾编米筛　136
　　仡佬族篾编瓢箆　138
　　仡佬族篾编炭筛　141

第五章　仡佬族传统生产工具

　　仡佬族篾编花箩　146
　　仡佬族斜挎单肩竹篮　149
　　仡佬族篾编方形夹背　152
　　仡佬族篾编扁背箩　155
　　仡佬族篾编提篮　158
　　仡佬族篾编箩箕　161
　　仡佬族篾编麻丝背　164
　　仡佬族篾编背篓　166
　　仡佬族篾编筲箕　168
　　仡佬族篾编小撮箕　170
　　仡佬族篾编圆形簸箕　173
　　仡佬族背架子　175
　　仡佬族打杵　178
　　仡佬族篾箩　181
　　仡佬族手提撮箕　183
　　仡佬族居都弯刀　186

仡佬族居都穿刀　189
仡佬族居都叼刀　191
仡佬族居都引瓢　193
仡佬族居都锥子　195
仡佬族丫口挖锄　197
仡佬族柏香木铧口　199
仡佬族双排钉耙子　202
仡佬族杉木秧船　205
仡佬族柏香木打斗　208
仡佬族打斗斗架　211
仡佬族连枷　213
仡佬族竹制打瓜耙　216
仡佬族一字双钩竹担　218
仡佬族木制风簸　221

第六章　仡佬族传统民俗和宗教造像

仡佬族"护蛋"用具"篾蛋"　226
仡佬族"打篾鸡蛋"用具"篾鸡蛋"　228
仡佬族"推石靶"用具"竹篾球"　230
仡佬族务川大贰纸牌　233
仡佬族泥高傩戏伏羲木雕神头　235
仡佬族泥高傩戏女娲木雕神头　237
仡佬族泥高傩戏木雕报事官面具　239
仡佬族泥高傩戏木雕炳灵面具　241
仡佬族泥高傩戏木雕勾簿判官面具　243
仡佬族泥高傩戏木雕和尚面具　245
仡佬族泥高傩戏木雕将军面具　247

仡佬族泥高傩戏木雕先锋小姐面具　249
仡佬族泥高傩戏木雕歪嘴秦童面具　251
仡佬族泥高傩戏木雕山王面具　253
仡佬族泥高傩戏木雕唐氏太婆面具　255
仡佬族泥高傩戏木雕土地婆面具　257
仡佬族泥高傩戏木雕引兵土地面具　259
仡佬族泥高傩戏木雕李龙面具　261

第一章 仡佬族传统建筑

仡佬族"一字三开间"式民居

图一　仡佬族"一字三开间"式民居主图

仡佬族传统民居具有独特的民族特色及地方特征。据北魏时期的《魏书》所载：僚人"依树积木，以居齐上，名曰'干栏'。"且唐《通典》中载："南平蛮，北与涪州接，部落四千余户。山有毒草及沙虱、蝮蛇，人并楼居，登楼而上，号为'干栏'。"离地而居以避毒气和虫蚁等的危害，足见仡佬族先民在房屋建筑设计上的智慧所在，这种传统建筑样式被保存了下来，且体现在如今的仡佬族人民的"一字式"建筑中。

"一字式"建筑主要以石为地基，以木为架构，上盖瓦片，一字排开（有"一字三立房"和"一字五立房"两种），房屋的房体下方为方形，上方为三角形，使房顶呈"人"字形，这种民居样式仍为现今黔北仡佬族人民的住房风格。本案例为贵州省务川仡佬族苗族自治县（以下简称"务川县"）龙潭村"一字三开间"或"一字三立房"式民居，它是仡佬族传统民居建筑的典型样式。

房屋的正中一间房舍称为堂屋，它比左右房间要凹进一些，形成一个厅口，使整个房舍呈"凹"字形状。在凹口位置，中间开两叶大门，且门槛极高，大多在60厘米左右，这种风俗是避免孕妇、小孩及家畜等从大门进入堂屋或坐门槛，对祖宗神灵不敬。堂屋内仅设神龛（俗称"香火"），没有天花板，直接可看到房顶的椽皮和瓦片，在神龛前面通常放置一张大方桌，作为家中重大事务或节、庆祭祀使用。而两侧的房屋称为"憩房"，又分火铺房、厨房和睡房，一般内间一分为二设有两个卧室，卧室要抬高50~60厘米铺板，防虫蚁和潮湿，是仡佬族先民"干栏"建筑形式的具体体现。除堂屋外，其他房间均设有楼，但上面的楼层相对较矮，通常不能按层计算，多以木板铺就，放置杂物或大件。在火铺之上的用竹子编织楼垫，既方便烟雾外散，同时还可以熏晒谷物、腊肉、黄豆之类的东西。

传统的仡佬族民居是一种对称性建筑样式，从正屋设置到建筑上的门窗设置都严格按照对称的要求设计，堂屋两侧的风格、规格和样式都追求一致性，包括石础及石础上的花纹也同样如此，是仡佬族传统民居最为突出的特征，这样无疑使得院落更加整洁、美观。尽管随着新式建筑材料的进入和人民生活水平的提高，仡佬族人民居住地区的房屋建筑开始转向钢筋水泥结构建筑，但这些建筑样式仍保持有传统建筑的风格，除了严格按照"起单不起双"的传统习俗建立新居外，房舍在设计上一般仍是中间部位凹进去，形成传统建筑"一字式"的"凹"字形样式，民族审美意识在此仍能得到体现。

图片来源
图一　梁宏信　摄影
图二、图三　陈玫　制图
图四、图七、图八　苗永攀　制图
图五、图六　聂红超　制图

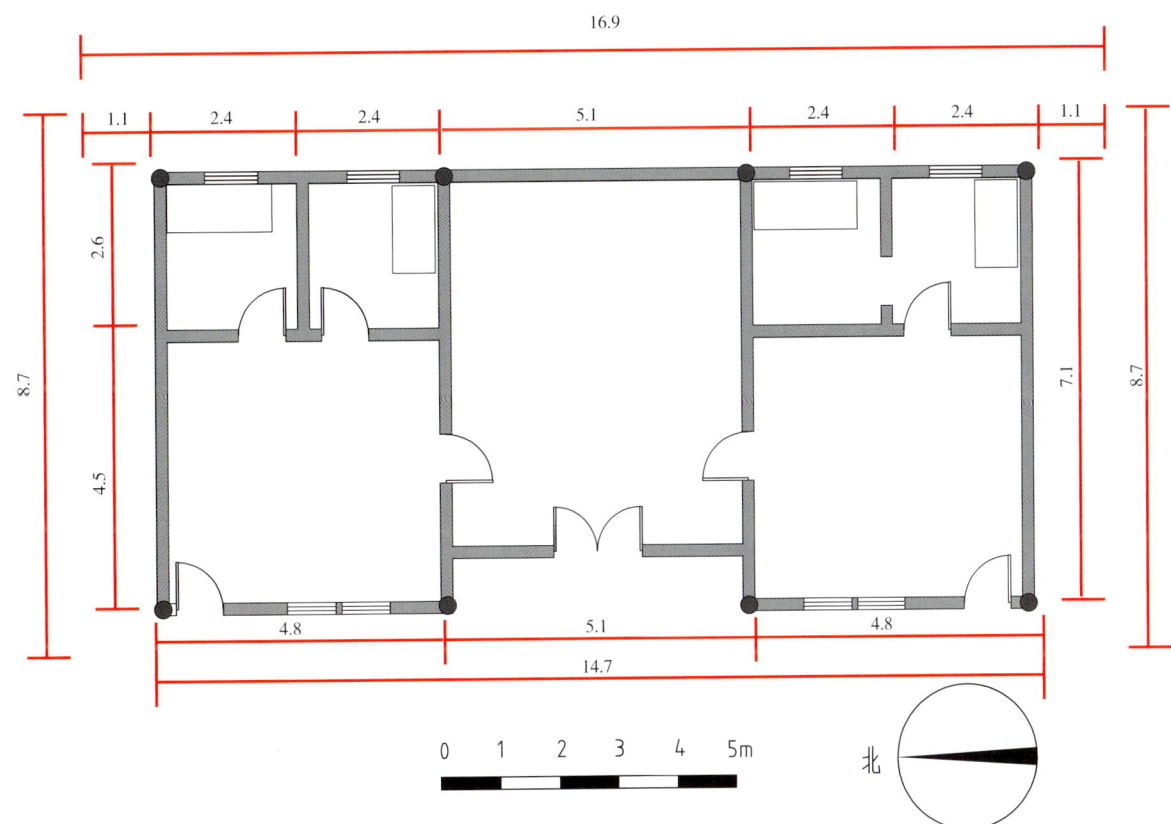

图二　仡佬族"一字三开间"式民居平面图

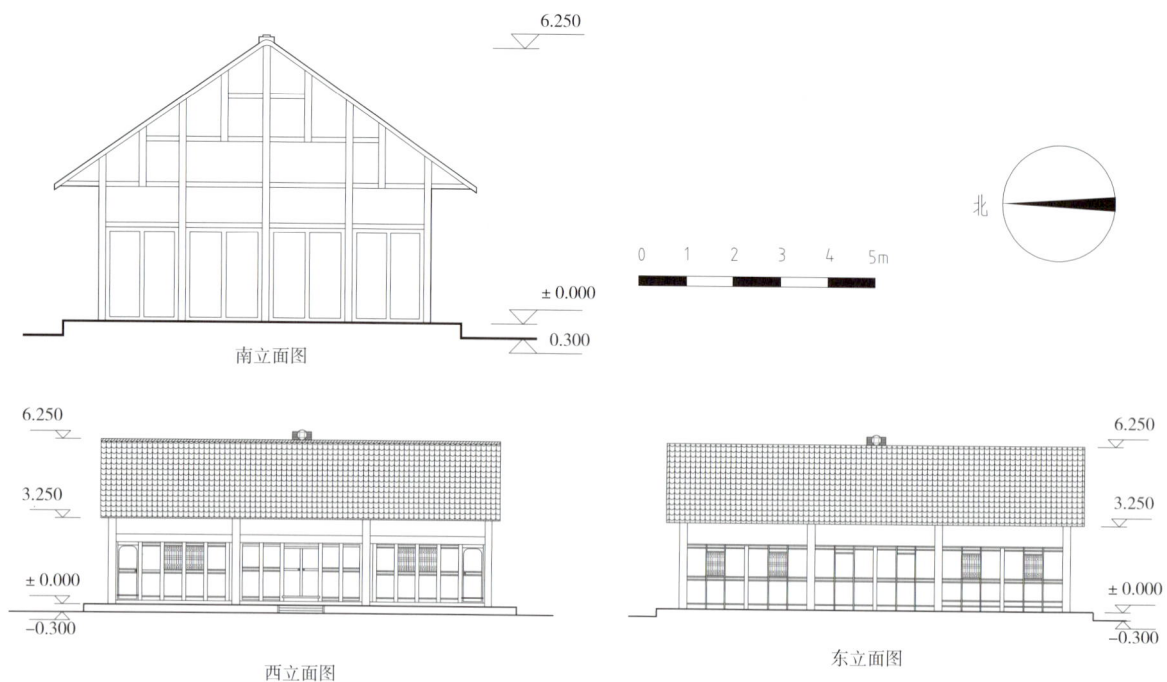

图三　仡佬族"一字三开间"式民居立面图

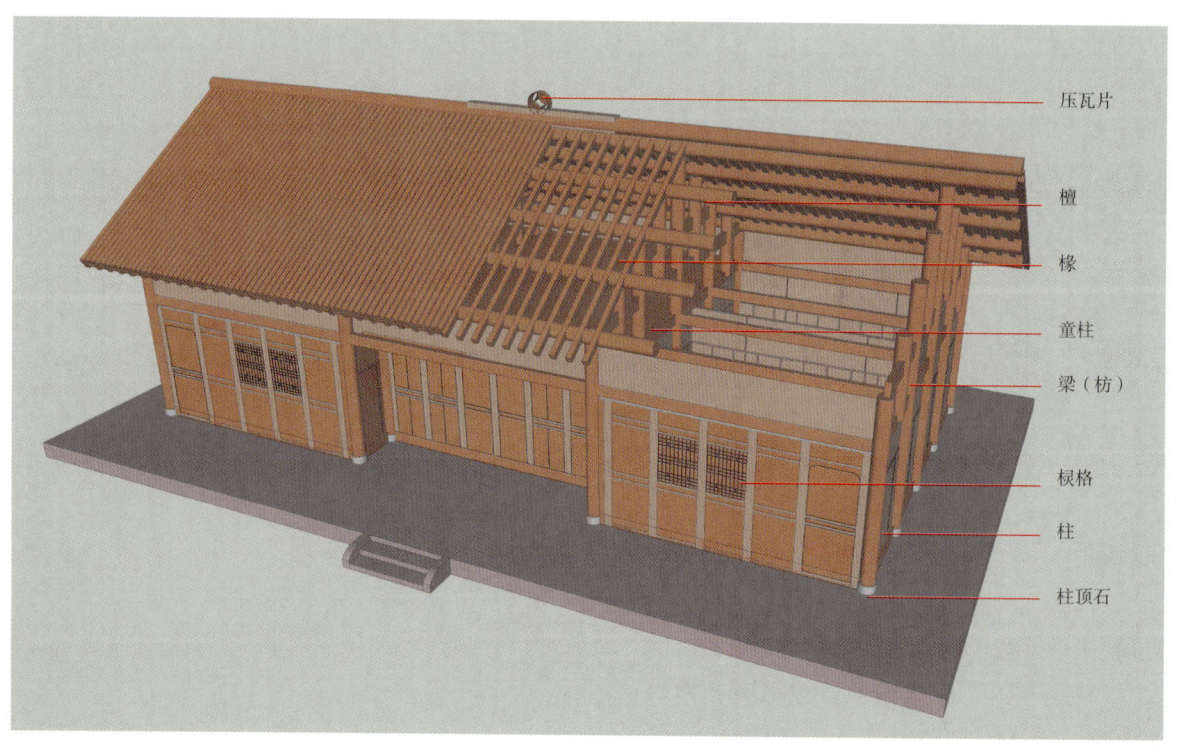

图四　仡佬族"一字三开间"式民居立面图

图五 仡佬族"一字三开间"式民居平面分析图

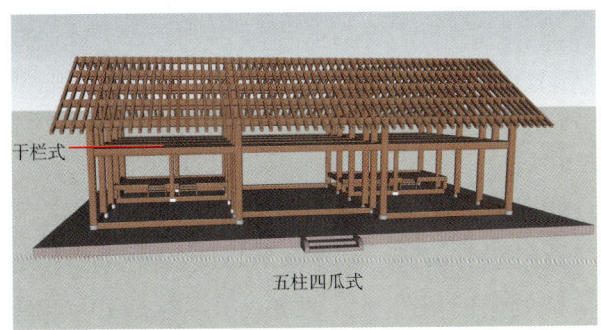

图六 仡佬族"一字三开间"式民居结构图

图七 仡佬族"一字三开间"式民居侧视图

图八 仡佬族"一字三开间"式民居鸟瞰图

仡佬族三合院式民居

图一 仡佬族三合院式民居主图

三合院是黔北仡佬族传统民居的典型样式，由一字三开间或五开间的正屋和两侧厢房组合而成。三合院以木料为主要建筑材料，由当地工匠自己打造，房屋取料较看重数字"八"，木料和房舍的长高尺寸一般与"八"有关，"二丈八""一丈八尺八"等，以讨一个吉利。三合院以正屋为中心，正屋与一字排开的三立或五立房相仿，房屋间数以单数为基本要求，中间一间称为堂屋，仅供奉祖先神龛。神龛俗称"香火"，分上下两层，香火上层一般供奉"天地君亲师"或"天地国亲师"之位，下层供奉家宅土地神之类。堂屋的两侧设立火铺和卧室，火铺设在前排，是厨房和取暖的地方；由火铺间向内是卧室，卧室一般以立地50~60厘米高的铺板作底，每一间屋子后排隔开设立两个卧室。两侧的厢房为家人卧室，书香门第还在厢房中设立有书房。厢房的整体高度不能高过正屋屋脊，但其屋檐要与正屋相齐，追求一种美观，也寓意家庭成员之间的平等。

该案例是务川是大坪镇龙潭村后寨申学伦家，主屋已有一百多年的历史，民国时期遭到局部的破坏，现今的格局也已有所改变（包括左侧厢房为后来重修），但传统建筑的风格及其韵味犹存。其院坝全部由当地易取的平板石铺成，四个角落分别设有下水道口，每个入口以石头雕刻为井盖，井盖以圆形方孔钱图案为基本构图，以锉子锉空而成。

在仡佬族的传统三合院建筑中，很讲究层次感，屋基都是用平整的石料堆垒而成，由院坝至正门需拾三级石阶而上，由火铺至卧室又需经过约半米高的阶梯。因此从院落至卧室是一个层层而上的状态。这种层级感，一是有步步高升的寓意，二是体现了依山就势的建筑艺术。

传统的仡佬族三合院除了正屋和厢房之外，在正屋的一端还会设有家畜圈和厕所，一般为单侧斜顶建筑，顶部与正屋保持一定的距离，且不可高过正屋顶部，底部挖有深坑存储排泄物。圈房制造的木材尺寸也很讲究，一般与"六"有关，有"六畜兴旺"等之类的寓意。

传统的仡佬族民间建筑都追求一种对称性，从正屋、厢房的设置到建筑上的门窗设置都严格地体现了对称性，显得整齐而美观。这是仡佬族传统民居最为突出的特征。

图片来源
图一　梁宏信　摄影
图二至图四　陈玫　制图
图五　苗永攀　制图
图六　聂红超　制图

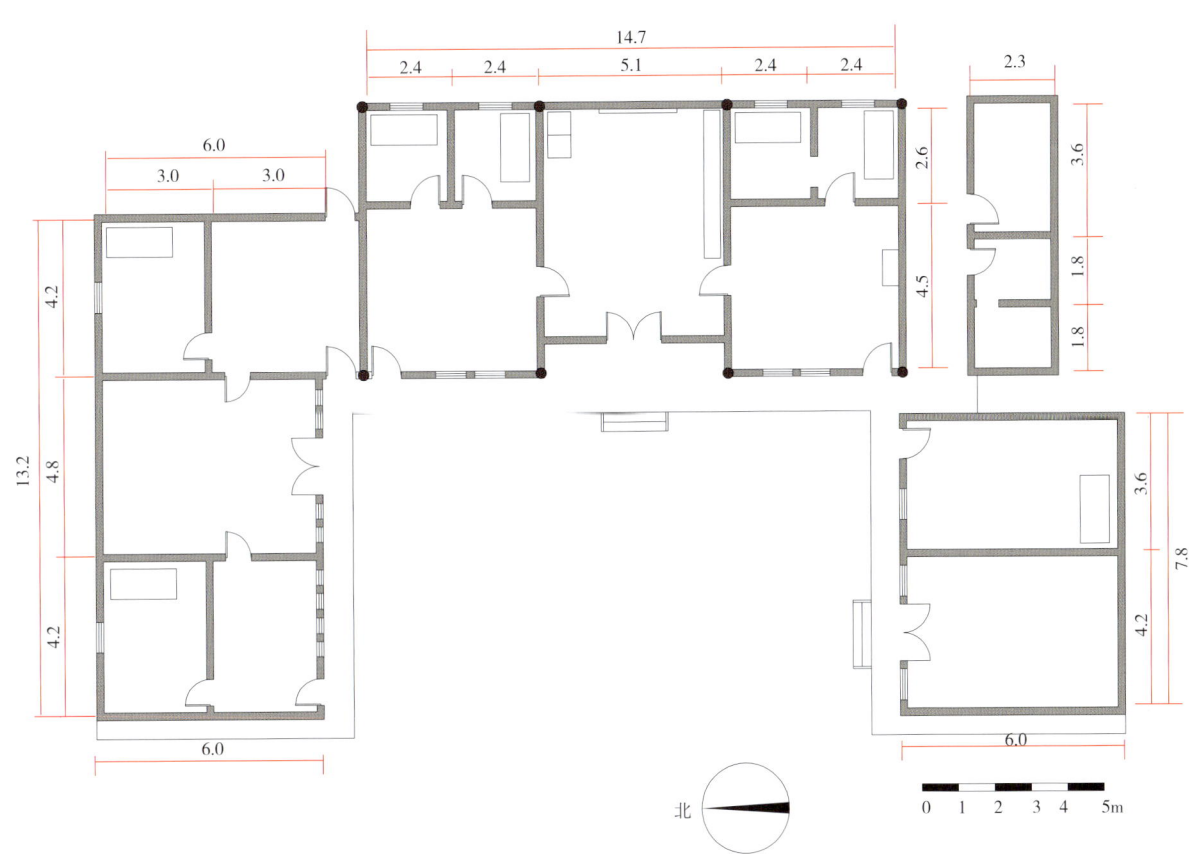

图二　仡佬族三合院式民居平面图

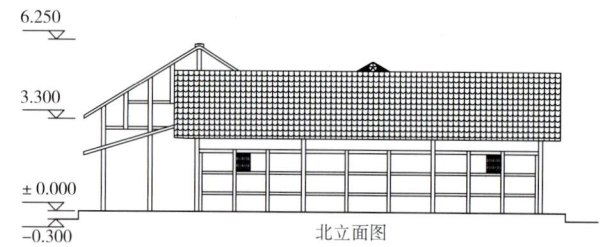

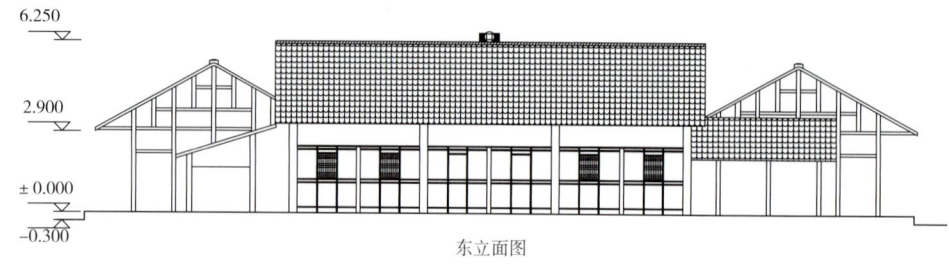

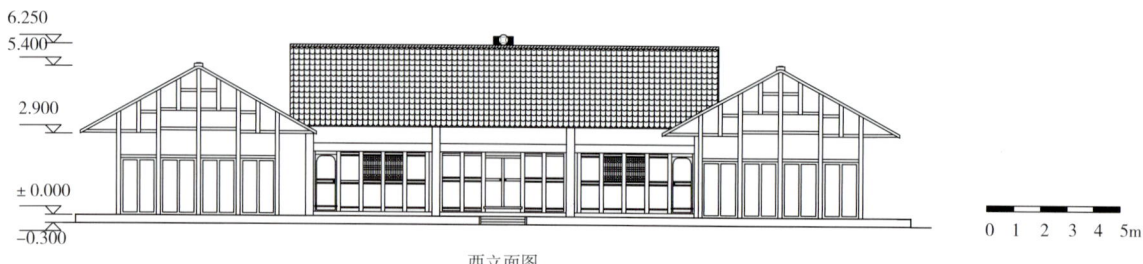

图三　仡佬族三合院式民居立面图

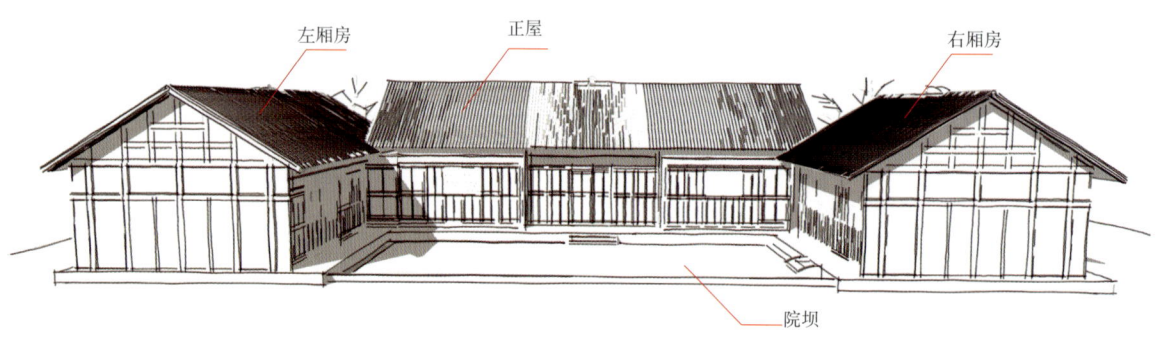

图四　仡佬族三合院式民居结构名称图

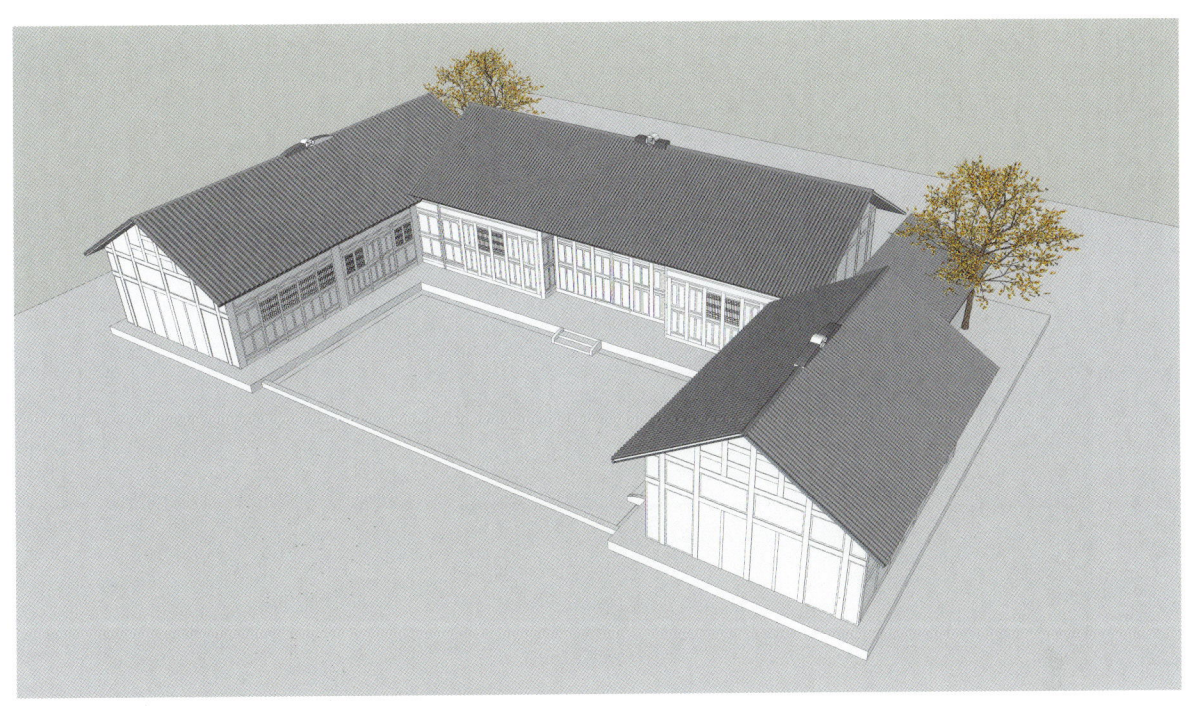

图五　仡佬族三合院式民居鸟瞰图

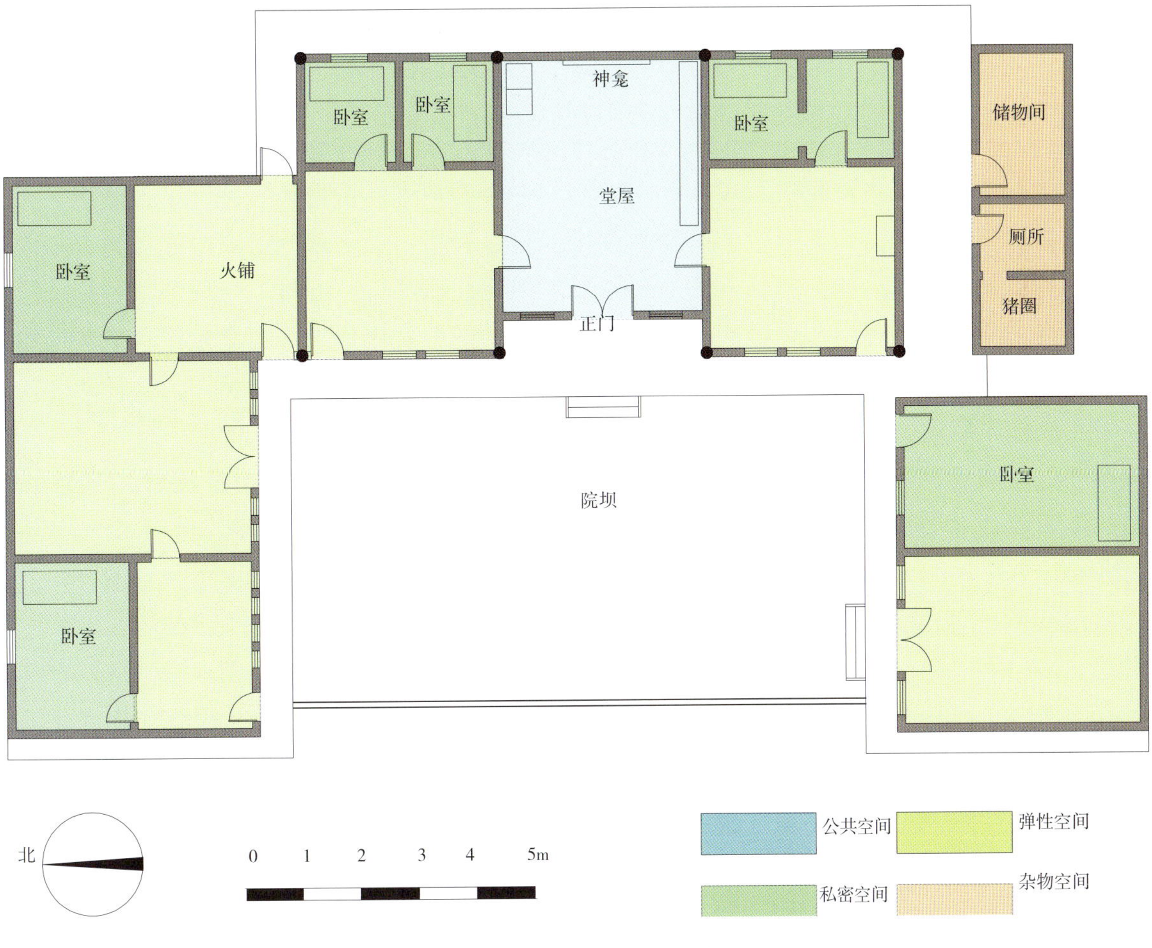

图六　仡佬族三合院式民居分析图

仡佬族围合院式民居

图一　仡佬族围合院式民居主图

仡佬族传统民居主要有一字式、三合院式和四合院式三种类型，其中四合院式中的围合院式是其一种较为特殊的亚类型。这种亚类型不完全按照传统四合院建筑规则进行布局，它打破传统四合院式的规整性、对称性和层次性，以组合多种样式建筑的方式来体现它独特的建筑风格。本案例为贵州省务川县大坪镇九天母石寨围合院，即是这种亚类型的一个样本。

传统的仡佬族四合院式在格局上多有讲究，集一字式和三合院式风格为一体，极富有层次感。在黔北地区，仡佬族四合院是在一字式正屋的两侧另建吊脚箱房，正房下方位再搭戏台或小箱房，外加毛石围墙、八字朝门等组合而成的综合性建筑体。它正门与小箱房的通门（或戏台）相对，处于院子的中心轴上，整个院落被这条中轴线对称性地分为两半，内设的堂屋、主客睡房、火铺房、厨房、上下辈的房间也都极为有序地按照尊长秩序进行安排。但现今这种传统意义上的四合院式建筑在黔北仡佬族地区已经少见，务川县龙潭村的丹堡即为这种四合院式的遗留样式。

仡佬族围合院式在建筑材质和样式上仍是传统石基、盖瓦、木架、木壁（竹编饰石灰壁）的干栏式建筑，它拥有四合院式的四套房舍、毛石围墙及八字朝门，但它们在布局和样式上与四合院式不同，从该案例中即可以看出。首先，从其房舍的样式来看。房舍样式在围合院中以单层和双层相结合的形式来体现，整个院子有单独的单层建筑、双层建筑，还有单双组合的建筑，而所有建筑，都要离地50~60厘米架板为地，表现了仡佬族传统干栏式建筑的特征。围合院式的布局所体现的正是"围""合""院"这三个字：四个建筑围方形院坝而建，彼此相依、两两相对，围成一个方形院落，即为"围"；它们之间没有正屋与厢房主次之分，且合单层建筑、双层建筑、单双组合建筑为一体，聚合在一个院落里，即为"合"；而"院"自然而然地在此基础上形成，外加毛石围墙及朝门，形成完整的独立院落。其次还可从朝门的布局上看。围合院式的朝门多有两个，前后各一且前大后小。该案例的朝门与房舍连为一体，且布置在院子的对角线上，前进后出连为一线，方便人们出入。

仡佬族围合院式建筑突破了四合院式的规整性、对称性和层次性，在建筑布局上更讲究一种自由组合的方式，但它仍保留有传统四合院式的灵魂，强调房舍、朝门等布局的合理性，并非是错乱无章的摆放，它讲究的整体的和谐、凝聚和团结精神，体现着仡佬族"和合"民族意识及建筑审美。

图片来源

图一　梁宏信　摄影
图二、图三　陈玫　制图
图四、图七　苗永攀　制图
图五、图六　聂红超　制图

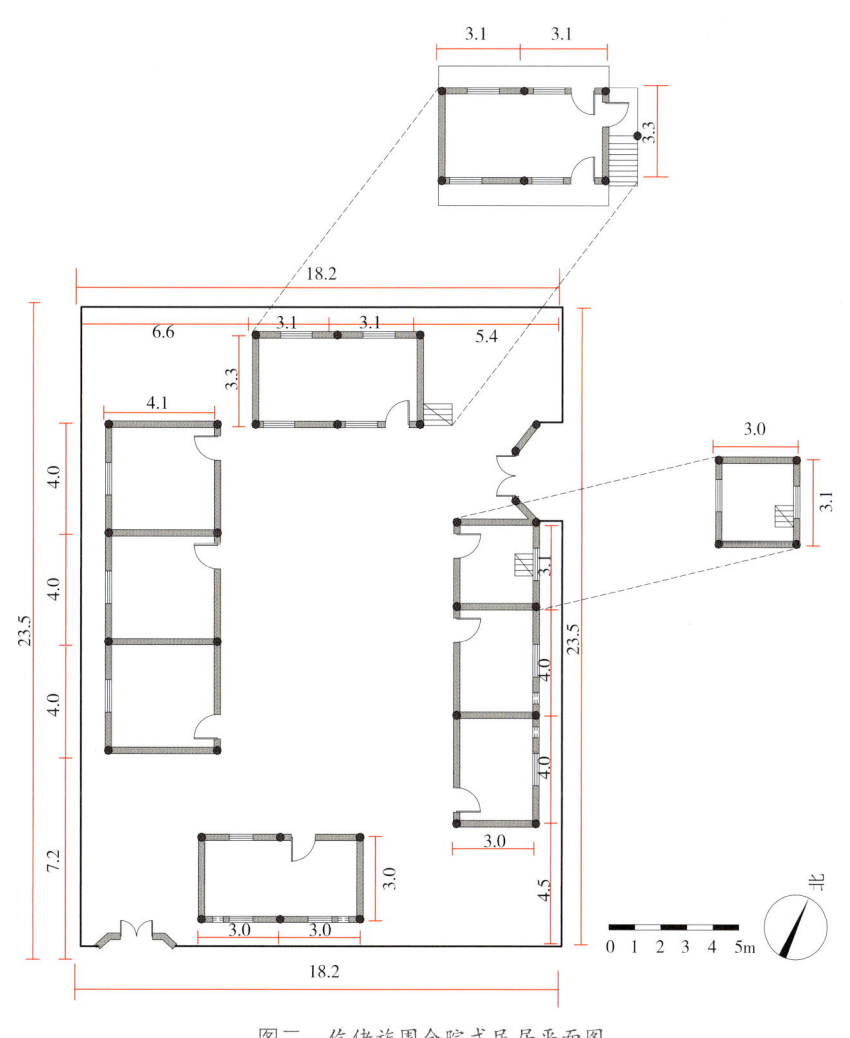

图二　仡佬族围合院式民居平面图

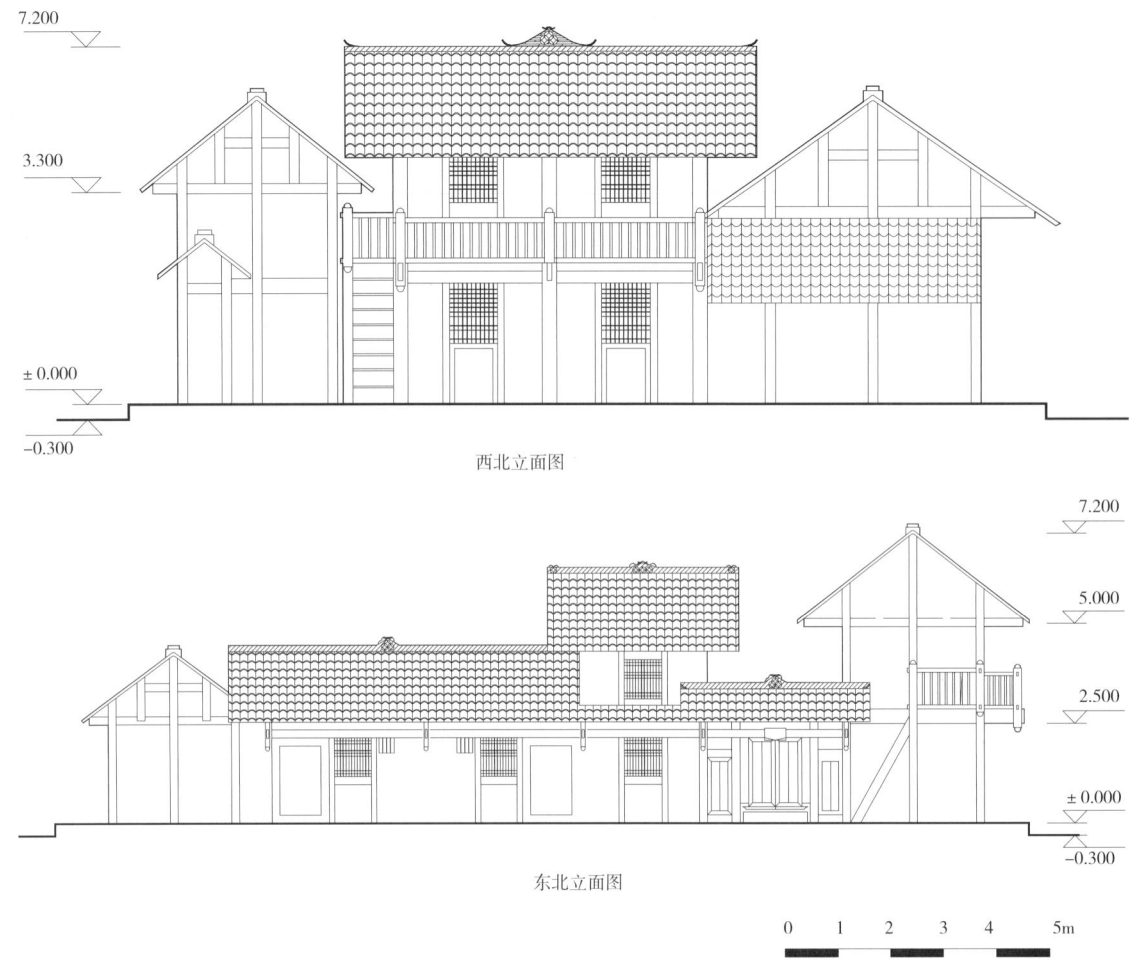

图三　仡佬族围合院式民居立面图

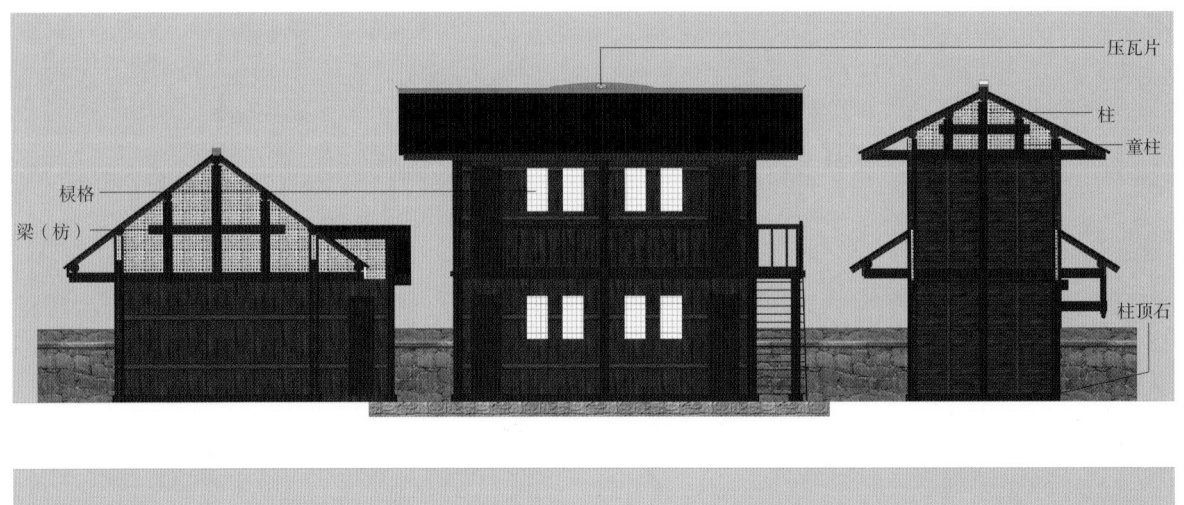

图四　仡佬族围合院式民居剖面图

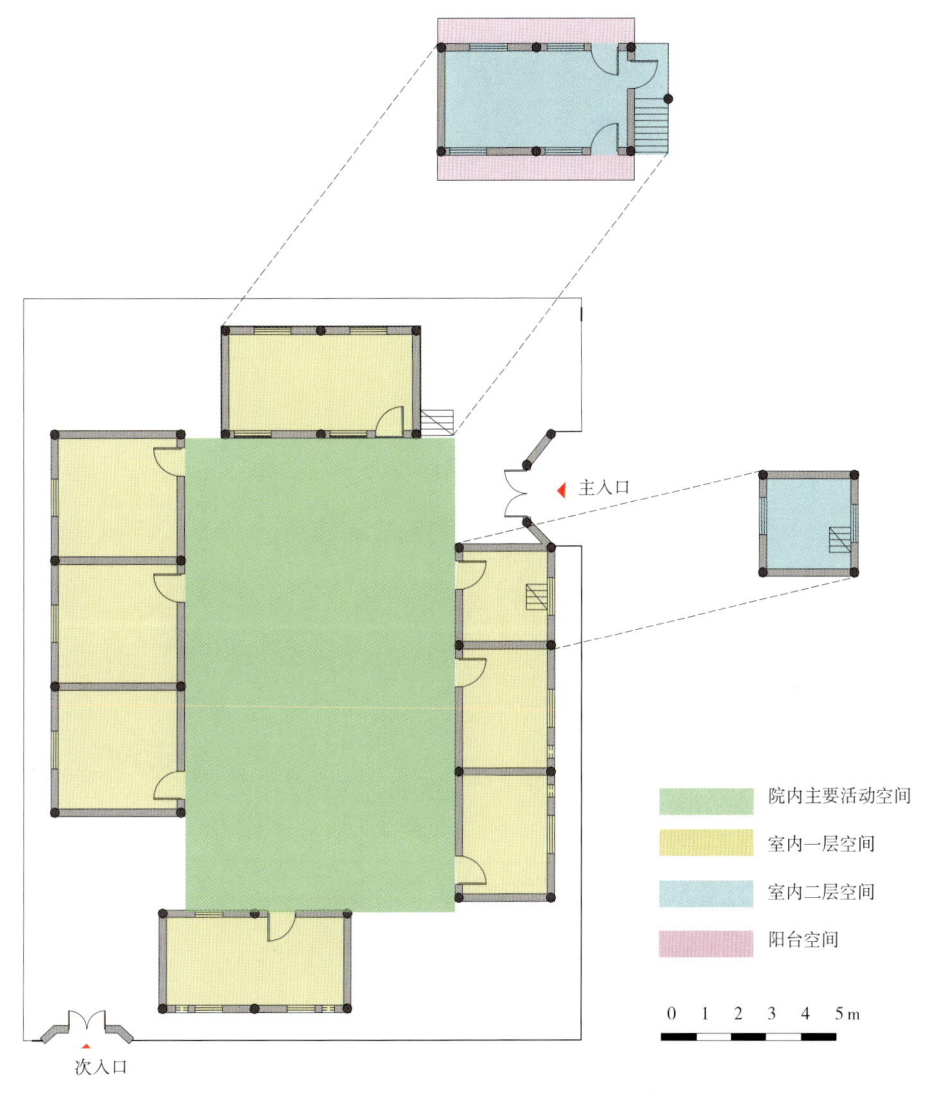

图五 仡佬族围合院式民居平面分析图

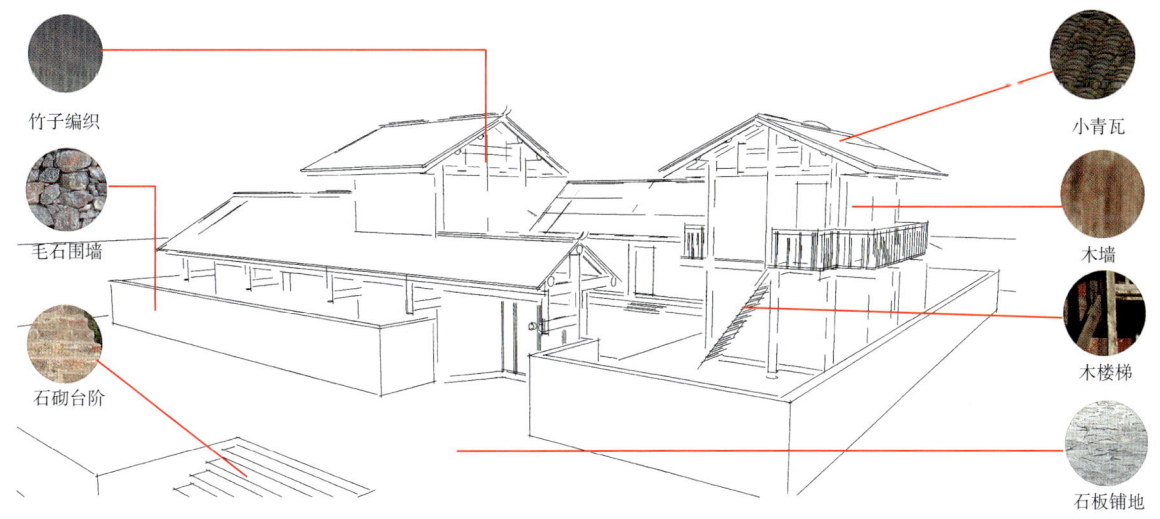

图六 仡佬族围合院式民居建筑材质分析图

图七　仡佬族围合院式民居模型图

仡佬族丹堡朝门

图一 仡佬族丹堡朝门主图

在黔北一带的仡佬族村落中，无论是三合院式建筑还是一字开间式房舍都会用石头将其围起来，形成单独的院落。院落设有门，统称朝门或大朝门。朝门两侧石头堆垒，围墙厚度大约1米。朝门的主体部分是木质结构，门板比一般的门板厚实，具有防匪防盗的功能。

该案例是务川县大坪镇龙潭村中寨的丹堡朝门，是当地较为古老的朝门之一。丹堡朝门具有悠久的历史，清代道光年间建成，期间部分曾遭破坏，2007年在原结构的基础上进行修复，成为当地著名的民俗景观。丹堡朝门构造特异，设有三层门板，格局与众不同。据丹堡主人介绍，朝门的第一道门上原先设有暗锁，技艺精湛，可惜遭到损毁后无法修复。丹堡朝门除了三道极为讲究的门外，整体建筑一气呵成，气势不凡，展示了仡佬族先民精湛的建筑艺术。

该案例三道门的功能设置反映了当时仡佬人民的社会生活状况。朝门的第一道门为栅栏式门栏，有成人腰部高，对称而开，主要防牛马羊之类的家畜随意闯进院落；第二道门相对普通，中间开两扇，是日常闭户所用的门墙；第三道门极其厚实，是用坚硬的山木打造而成，两扇门上各设有枪眼，主要起防御的作用。

在黔北仡佬族地区，朝门设计一般都是外开八字形，大口朝外，小口朝内，有一定的寓意。仡佬人认为，朝门是出入必经的门，向外走为出，道路应该是越走越宽敞，外开八字正是逐步扩展的状态；而回家为进，进家是回归，因此内收"八"字，正是表达了这层意思。仡佬人朝门建筑材料的尺寸也是极为讲究，大多都会取一些与"八"相关的尺寸，为讨一个吉利。

图片来源
图一　梁宏信　摄影
图二　陈玫　制图
图三至图五　聂红超　制图
图六　苗永攀　制图

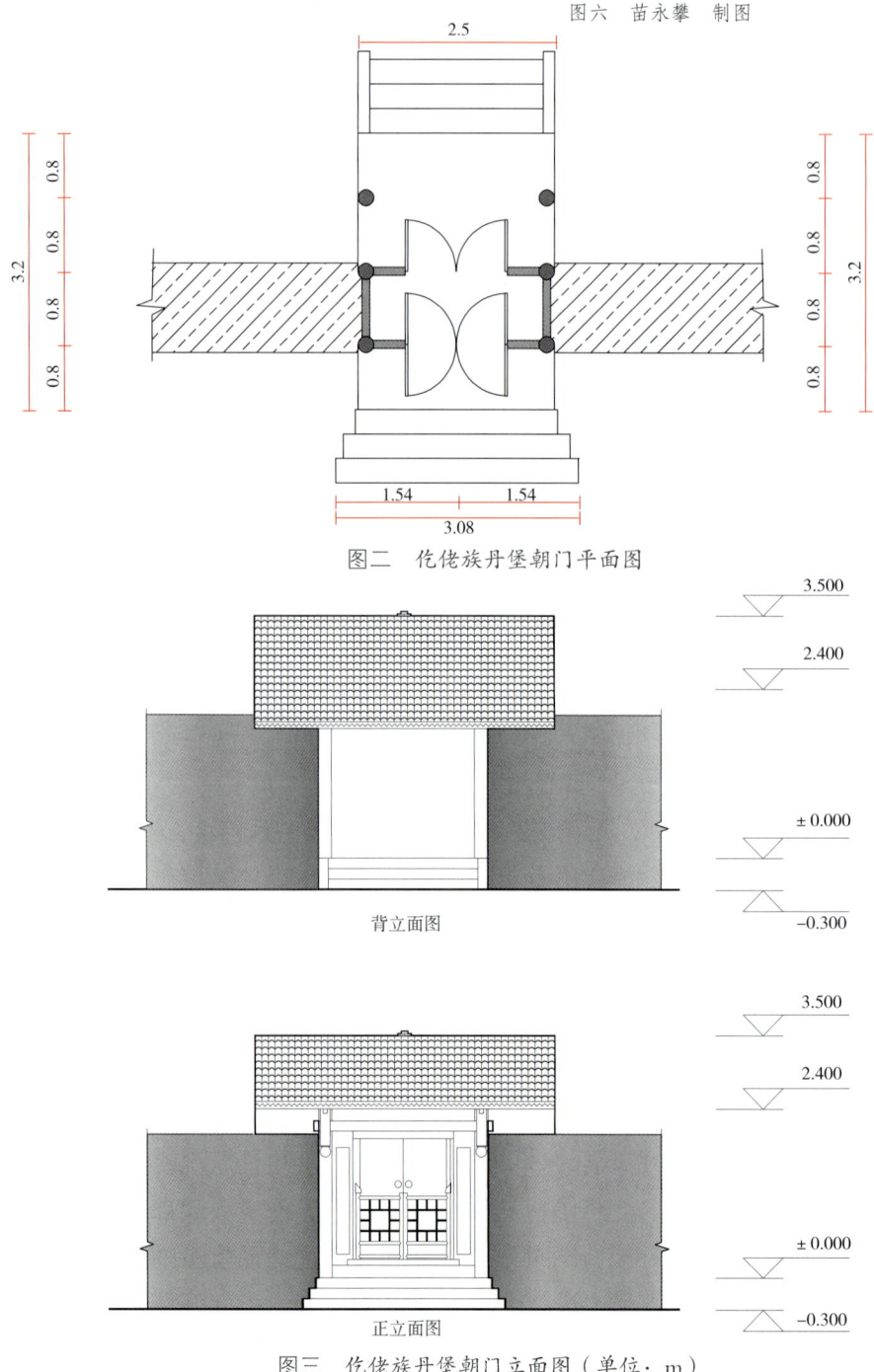

图二　仡佬族丹堡朝门平面图

图三　仡佬族丹堡朝门立面图（单位：m）

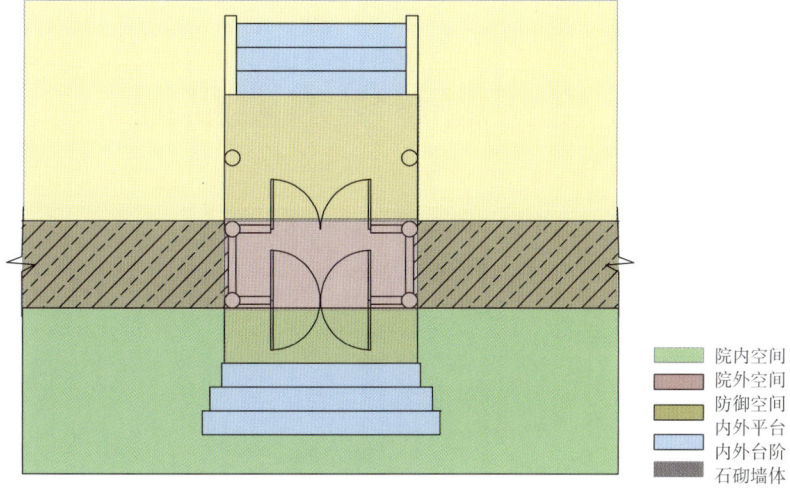

图四　仡佬族丹堡朝门平面分析图

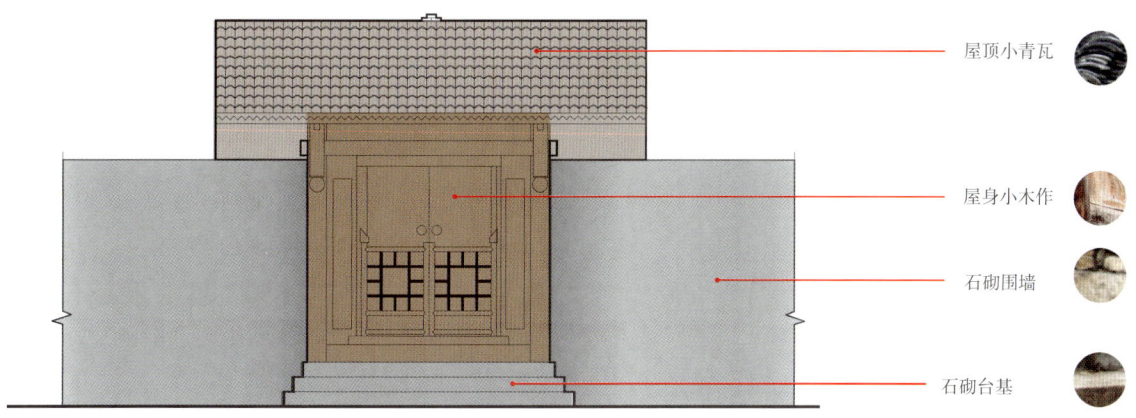

图五　仡佬族丹堡朝门立面分析图

图六　仡佬族丹堡朝门模型图

仡佬族丹堡木雕猫眼

图一 仡佬族丹堡木雕猫眼主图

丹堡木雕猫眼是当地独具特色的民居建筑木雕文物景观，为贵州省务川县龙潭村丹堡建筑体中的一个部分。木雕猫眼结构简单，但设计巧妙，眼口内窄外宽，由里向外看，一目了然，而由外向里看，视野极小，很难一探究竟。

丹堡是当地具有悠久历史的仡佬族传统民居之一，属清代建筑，至今保存相对完整。丹堡的木雕猫眼现今保存下来的有一对，分别设置在其正屋"吞口"两侧的板壁上，左右各有一只。板壁由柏香木组装而成，分为三个部分，中间部位是一小块方形木板，雕刻有装饰的花纹图案，猫眼即藏在这些花饰图案之中。

丹堡木雕猫眼雕刻在丹堡厅口建筑体的侧板之上，眼口长50毫米左右，内口宽10毫米，斜口外展宽至30毫米，外观刻成门状，巧妙地隐藏于亭子图案之中。从亭子雕刻技艺来看，雕刻师在雕工上技艺纯熟，手法细腻，线条的宽厚整体把握到位，使得整块图案稳重而不失灵气，瓦片、亭柱、横方等外观以浮雕的形式呈现出来，亭檐以流云纹案为装饰。由此可见仡佬族雕刻师传统技艺高超，思维缜密。

图片来源
图一　梁宏信　摄影
图二、图三　王文娟　制图

图二　仡佬族丹堡木雕猫眼尺寸图（单位：mm）

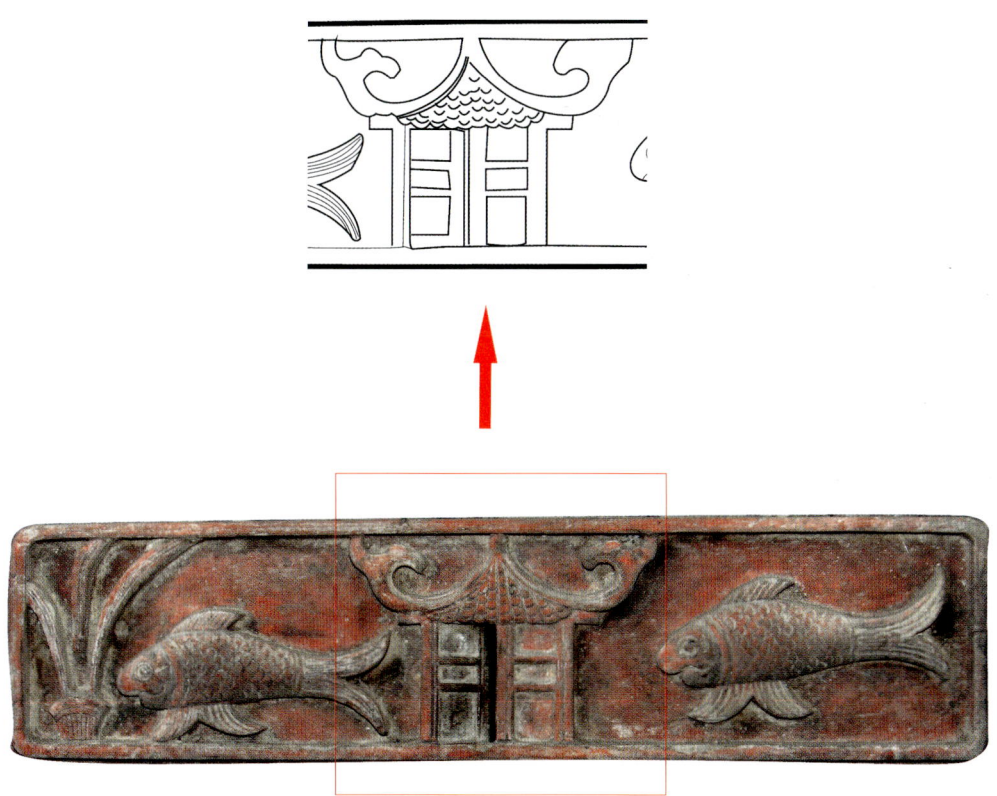

图三　仡佬族丹堡木雕猫眼结构分析图

仡佬族木雕门花

图一　仡佬族木雕门花主图

木雕门在黔东北一带仡佬族传统民居中极为常见，一般是正门部分才有这种木雕的门。门上的雕花可分为两空雕（或透雕），三浮雕，四大块，五个部分。

在仡佬族的传统民居中，一般正屋称为堂屋，是一字三开或五开间的中间一开房舍。堂屋中仅供祖先神龛，不安排其他的事务，逢年过节和一些祭祀仪式都在这里举行。正屋在建筑习惯上要设置"吞口"，一般比两侧房屋向内推进700毫米左右才设置门。传统民居的房舍较矮，光线靠正门及其两侧的四扇或两扇窗子提供，仡佬族人民为了增加堂屋的亮度，在正门的上半部分安上空雕的花纹，这样既美观又实用。

木雕门花在做工上的表现力相对于木雕窗花更加精致，可分为两空雕、三浮雕、四大块、五个部分。两空雕是指门上雕花较大的部分，采取空雕形式，在制作手法上与木雕窗花相似，讲究左右甚至上下对称，线条衔接柔和，过渡手法巧妙，而在这整块空雕的中间部分留有一处四方形双层浮空雕结合的图案，做工精湛，手工技艺达到极高的水平，合此二者即称之为"两空雕"；而三浮雕则是指在门板的上中下三个部分都各有一小块浮雕，花纹线条柔美灵动，花草栩栩如生，且三个部分的花纹图案各异，合称"三浮雕"。"两空雕"和"三浮雕"分属四大块且由五个部分组成，因此木雕门花可以分为"两空雕、三浮雕、四大块、五个部分"的雕花。

空雕之上结合浮雕，在透雕装饰中，几

何形的棂子空雕围绕花卉、祥云、如意等图案，形成抽象的点线面组合；而在艺术处理上运用线、面、块等综合艺术手法，造型简明，构图大方，刀法刚柔结合，整体具有透视效果，营造了一种悠远的意境。

图片来源

图一　梁宏信　摄影
图二　陈玫　制图
图三　聂红超　制图
图四　苗永攀　制图

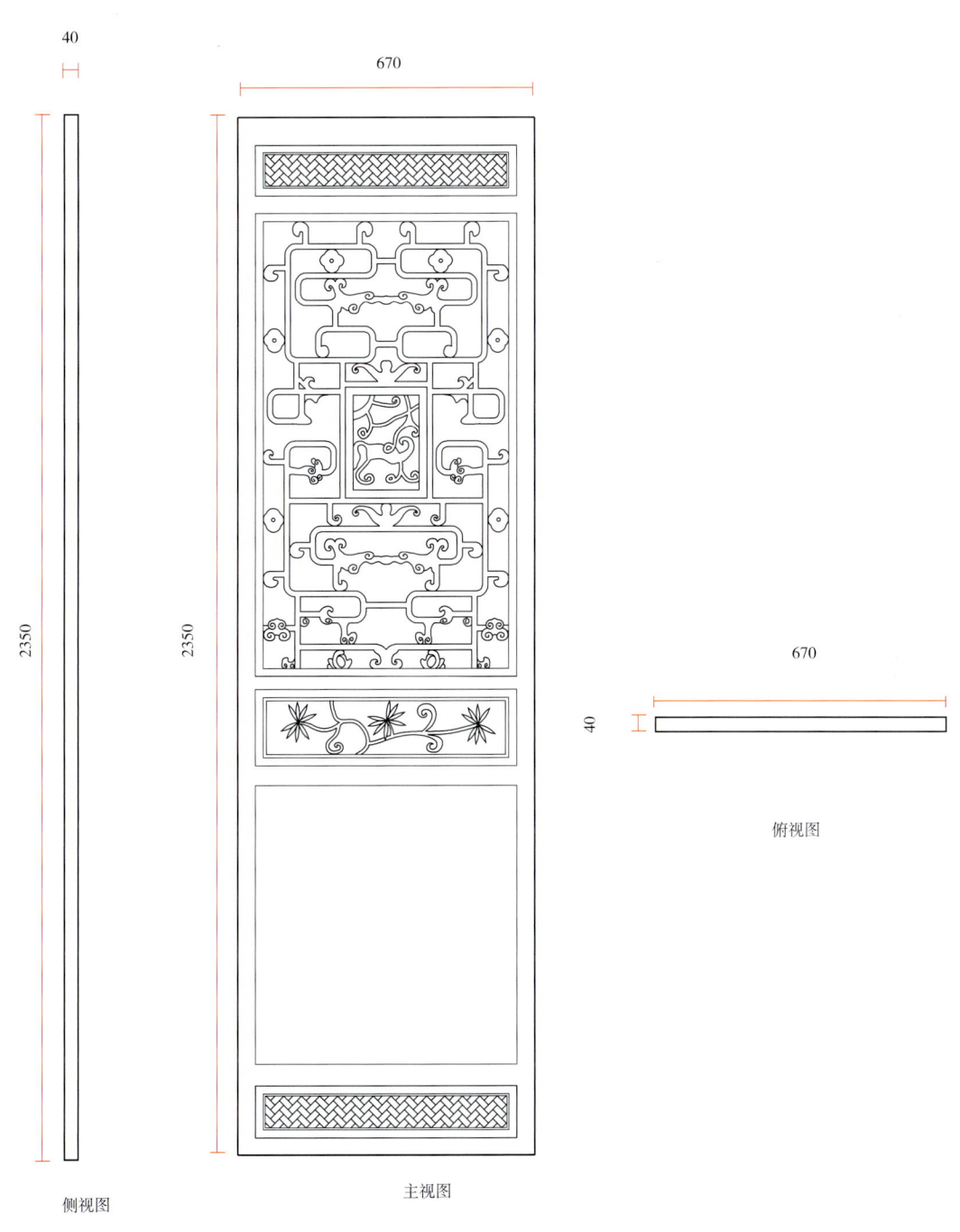

图二　仡佬族木雕门花三视、尺寸图（单位：mm）

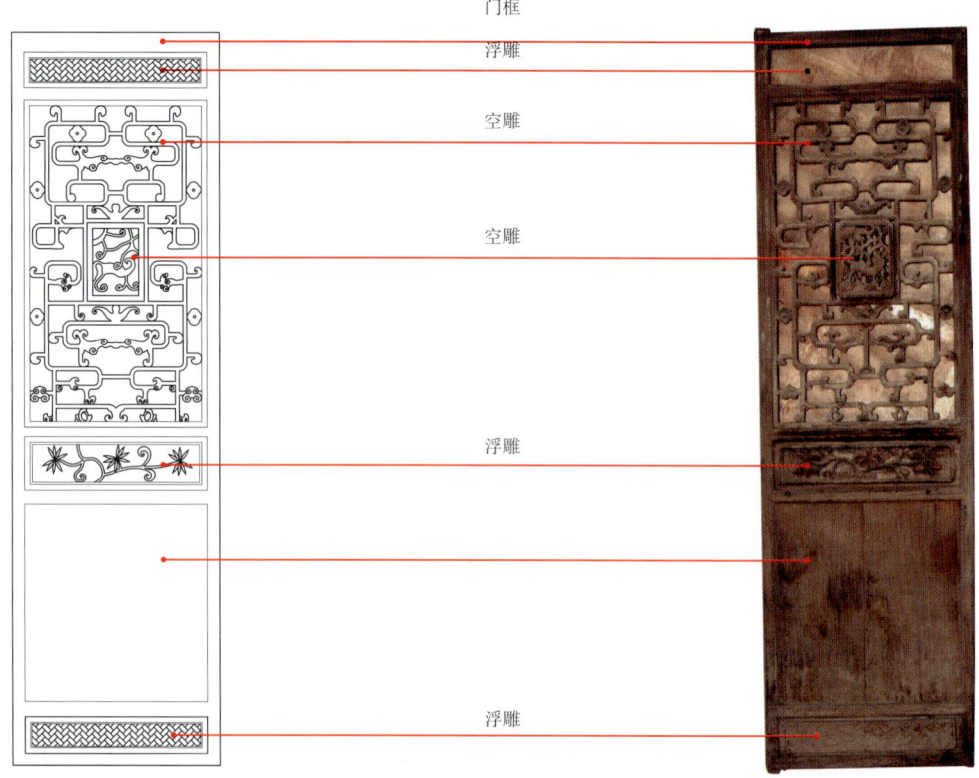

图三　仡佬族木雕门花分析图

图四　仡佬族木雕门花模型图

仡佬族木雕窗花

图一 仡佬族务川木雕窗花主图

木雕窗花在仡佬族传统民居中较为常见，样式及规格多样，各具特色，整体空雕、局部浮雕花纹图案。

空雕（或称透雕）是在浮雕的基础上锉空背景、存留形象的一种雕刻手法，在黔北仡佬族传统民居的木雕窗花中体现最为完整。本案例采自务川县龙潭村申佑祠堂博物馆。整体上为单层镂空雕，造型俊美，展现了花纹图案的立体美感。

仡佬族传统木雕窗花讲究左右对称，线条之间衔接处过渡手法柔和，条方之上有局部的浮雕纹样，起到装饰的作用。装饰花纹大多来自日常生活、生产中的事物，丰富多彩，具有地方特色。在该物件中就可以看到百合花、丹砂壶、梅花、酥饼等，这些都是务川一带仡佬族人生活、生产中常见的实物。

窗子在仡佬族传统民居中占有较大的部分。因为房舍较矮，为了增加房内的明亮程度，通常房屋门墙上都会开窗，而窗花就使得窗户不至于太过空洞，又不影响光线的进入。传统的木雕窗花整体空雕正是满足了这一实用目的。木雕窗花是实用之上的一种艺术表现形式，集中体现了仡佬这个民族对于生活的热爱，体现了该民族的审美情趣。

图片来源
图一　梁宏信　摄影
图二至图四　王文娟　制图

图二　仡佬族木雕窗花线描图

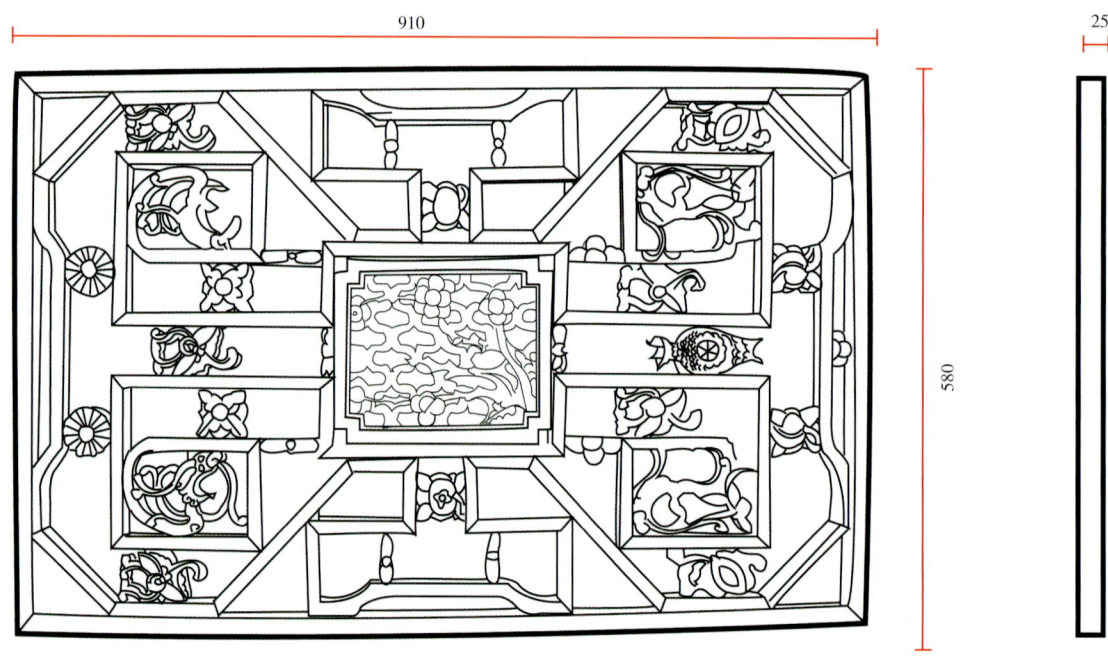

图三　仡佬族木雕窗花视角、尺寸图（单位：mm）

空雕（透雕）是在浮雕的基础上锉空背景，存留形象的一种雕刻手法

单层的镂空雕，展现了花纹图案的立体美感，整体感觉纤美秀气，造型轻巧俊美，刀法细腻，几乎不见雕刻痕迹

图四　仡佬族木雕窗花材质分析图

第二章 仡佬族传统服饰

仡佬族立领斜襟绣花女上衣

图一　仡佬族立领斜襟绣花女上衣主图

仡佬族立领斜襟绣花女上衣是一种粉色的绒布青年女性上装，其面料柔软，保温性好，为仡佬族女性春秋两季传统服饰类型。本案例取自贵州省平坝区高峰镇大狗场仡佬族村。大狗场仡佬族年轻女性每在逢年过节或地区盛会期间，都会穿上这种粉红色的绒布立领斜襟绣花上衣，下配颜色鲜艳的蜡染褶裙，腰束亲手挑花缝制的绣花腰带，头顶粉色头帕，整体造型展示出了年轻女性生机勃勃的青春气息。

该物件领口长14厘米，领口至袖长63厘米，沿袖口向内11厘米处有条带状的绣花装饰，前胸白色条块纹饰宽5厘米，衣背长73厘米，衣脚宽65厘米，衣脚底部两侧分别开设25厘米长的衣叉，方便弯腰、抬举等。

大狗场立领斜襟绣花女上衣在工艺设计上更加突出年轻女性的活力，以粉色绒布作面料，配以简单的条带状绣花图案装饰，突出女性的青春之美；在其领口及斜襟右侧腋下处分别缝有传统的盘扣，是实用基础上的一种装饰。而且，这种立领斜襟绣花女性上衣在做工和选择面料上比男性的圆领对襟绣花上衣更加讲究，体现了女性柔美、细腻的一面。

图片来源

图一　梁宏信　摄影

图二、图三　苗永攀　制图

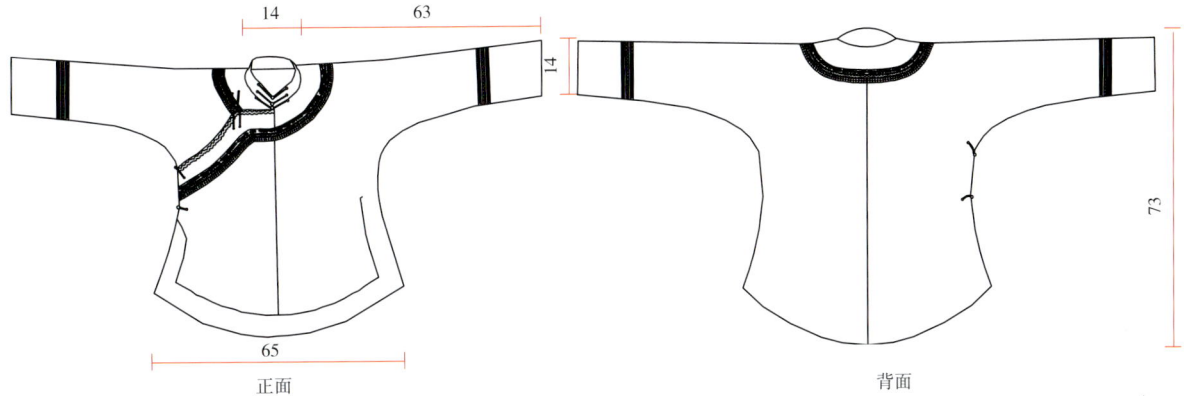

图二 仫佬族立领斜襟绣花女上衣尺寸示意图（单位：cm）

图三 仫佬族立领斜襟绣花女上衣穿着示意图

仡佬族圆领对襟绣花男上衣

图一　仡佬族圆领对襟绣花男上衣主图

　　仡佬族圆领对襟绣花男上衣是贵州平坝区大狗场仡佬族男性服装，为青布对襟上装，其面料较单薄，质料轻盈且手感舒适，适合在春秋两季穿着。

　　本案例取自贵州省平坝区高峰镇大狗场仡佬族村寨，是一件成人男士上衣，圆领对襟，有绣花装饰。这种仡佬族圆领对襟绣花男士上衣在设计上讲究对称的同时，还以传统的绣花作为装饰，但其花纹样式比较单一，花纹的色彩单调，因此服饰整体外观简约而朴实。

　　大狗场仡佬族圆领对襟绣花男上衣是一种没有年龄之分的民族服饰，无论老少，其上衣的样式、颜色统一，只是造型的大小根据个人身材而定。本物件领口长13厘米，圆领外围配有传统的条带绣花装饰，两袖长70厘米，袖口宽15厘米，距袖口20厘米处有宽3厘米的绣花装饰。衣服背长74厘米，衣脚宽58厘米，在衣脚两侧处分别开设有16厘米长的衣叉，方便活动。

　　圆领对襟绣花男上衣在工艺设计上追求简约、朴实和方便，在现今的大狗场仡佬族民众聚会场合都能看到老少男士穿着这样的服装。相比传统，当下这种男上衣在做工刺绣方面不够细腻，但这样的服饰样式仍得到大狗场仡佬族人民的认可，而安顺地区其他村寨的仡佬族人民同样把这种上衣样式作为自己的民族传统服饰看待，逢年过节、地区盛会等时候常穿。

图片来源
　　图一　梁宏信　摄影
　　图二、图三　聂红超　制图

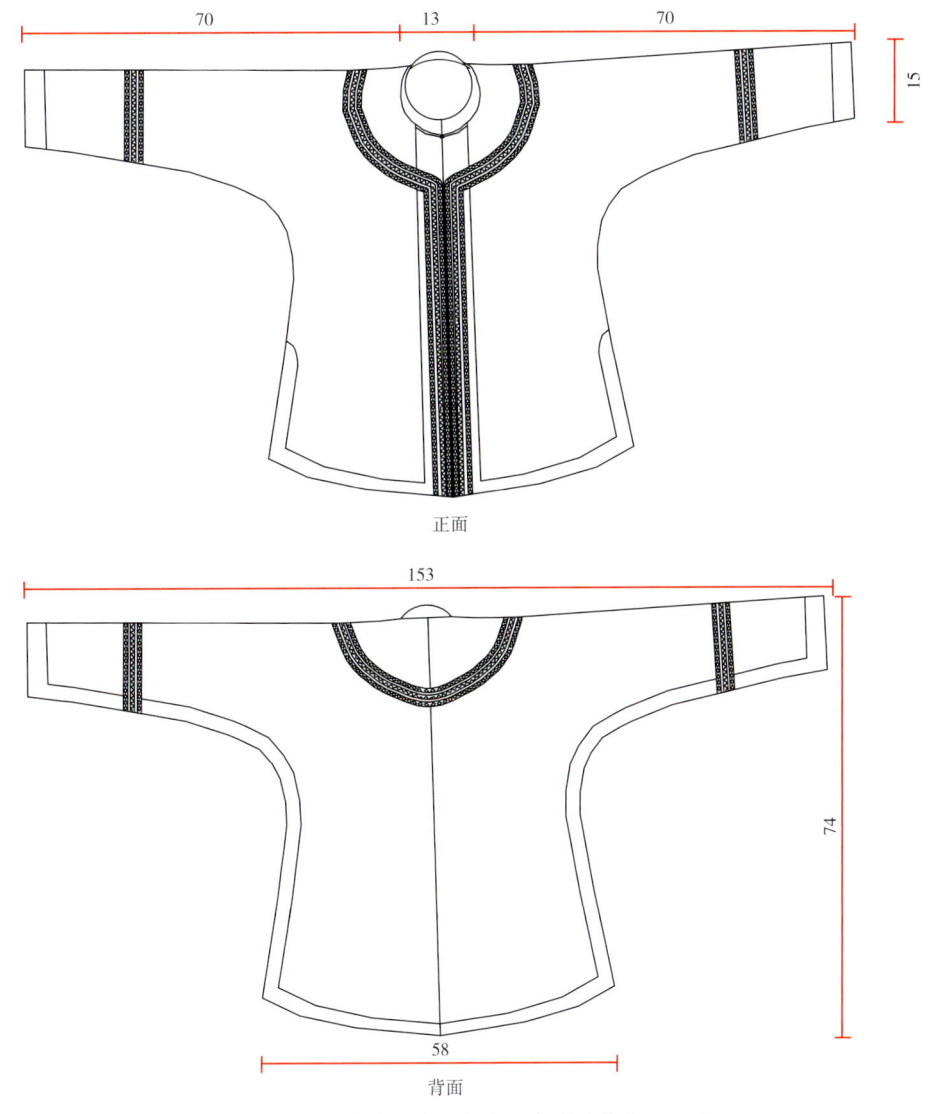

图二 仡佬族圆领对襟绣花男上衣尺寸图（单位：cm）

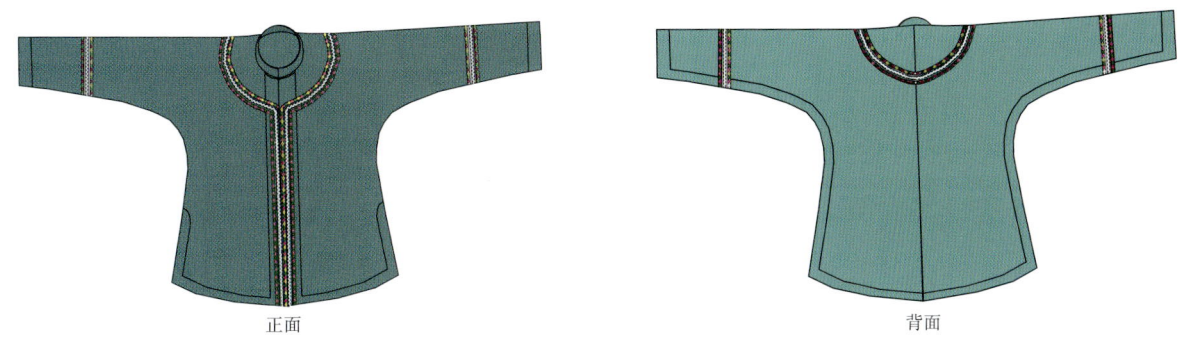

图三 仡佬族圆领对襟绣花男上衣色彩复原图

仡佬族裙子

图一　仡佬族裙子主图

　　裙子是仡佬族传统服饰中的主要部分。裙子的样式比较简单，形状如同苗族传统服饰中的百褶裙，裙面褶皱呈波浪形，展开则是一面四方形的布料，其上端两侧分别缝有腰带，穿戴时系于腰间。其地脚早期都有一些手工的刺绣，主要绣一些花草或吉祥鸟类，但如今从市场上可购买具有花纹的布料，因此现在女性裙子的裙脚多为印染花纹。这种裙子制作简单、穿戴方便，但在年龄上颜色有一些不一样，老年人多以黑色为主，底部绣花；青年人则以鲜艳色彩为主调，更显活力。

　　本案例采自贵州省平坝区高峰镇大狗场仡佬族村寨。裙子长86厘米，上端宽100厘米，下端展开可达210厘米。裙子的上端缝合在一块宽6~10厘米的布料上，使其整体褶皱而形成波纹状，可以增加裙子的整体美感。

　　仡佬族青年女性的裙子显得更加青春有活力，因此大多选择与老年女性黑色主调不同的鲜艳颜色布料，面料上多是以当地极负盛名的蜡染技艺对其进行着色，制作上也更加精细、用心，花纹图案斑驳繁杂，但层次分明，彰显了当地高超的蜡染技艺。

　　现今大狗场仡佬族平时劳作中，多穿屯堡汉人服饰或其他便装，传统的民族服饰特别是裙子不方便于劳作，所以很少看到。只有逢年过节、村落聚会或一些庄重的仪式场合，仡佬族盛装才会被穿戴出来。

图片来源
图一　梁宏信　摄影
图二至图四　王文娟　制图

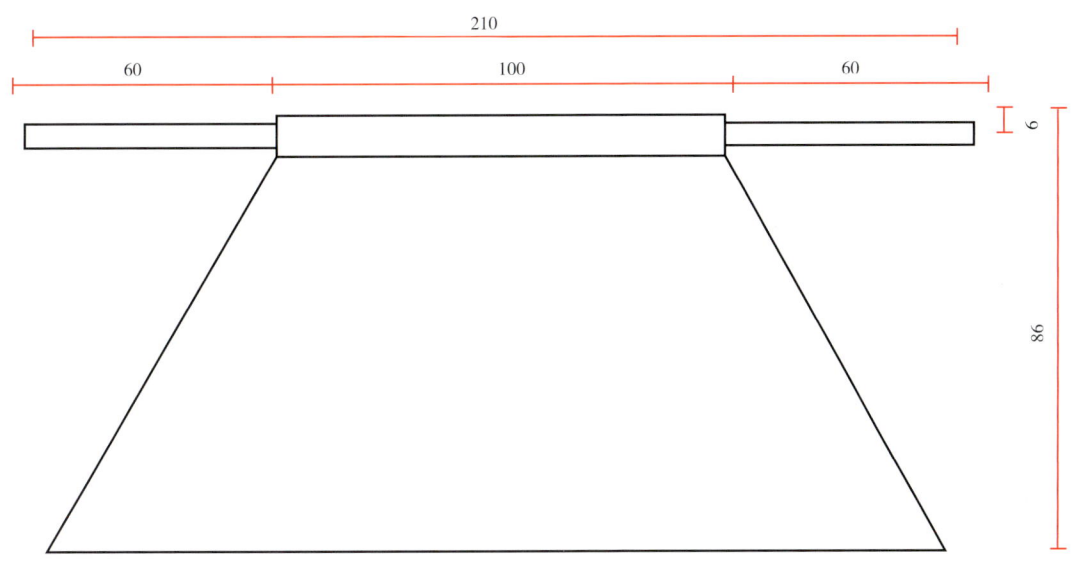

图二　仡佬族裙子尺寸图（单位：cm）

青年女性穿着

老年女性穿着

图三　仡佬族裙子对比图

图四　仡佬族裙子穿着效果图

仡佬族袍子

图　仡佬族袍子主图

袍子是贵州省平坝区高峰镇大狗场仡佬族女性服饰的一种，是当地方言对传统服饰"贯头衫"的俗称，由头套入披于长袖衣物之上，腰间系上腰带即成外服。袍子的特殊之处在于，前后由一整块的方块布料作成，无襟无领，中部略宽处设有一个小洞，穿戴时供头部套入，因此一些学者又称之为"套头衫"。袍子前短后长，以绣花修边，洞口处有一些刺绣，向外再绣两到三圈花纹作为装饰，是美观且奇特的一种仡佬族服饰样式。

袍子前后两片连在一起，长200厘米，宽55厘米；肩部略展，宽度为75厘米；套头处口径16厘米，缝上色彩鲜艳、质地柔软的布料，既是为了美观，又是为了穿着舒服；由此向外10厘米处绣上几圈颜色不同的艳色花纹作为装饰；袍子边缘都绣有2厘米宽的花纹，使穿戴起来起到一定的装饰作用；袍子穿起来前短后长，显然更加美观、大方。

当地人认为，袍子中间设计"洞"而不开衣襟与该支仡佬族祖辈的历史生活有着密切的联系。当地流传着这样的一个传说，他们这支仡佬族祖先迁徙至大狗场居住时，生活条件艰苦，居住在寨子后面一个叫"普噶"（音）的山洞里边，后来随着经济条件的转好，才建房修墙搬出山洞，因此较早时期他们被称为"钻洞仡佬"。后人为了纪念祖先的生活而设计这种袍子，让后人每天"穿洞"以不忘祖辈的历史生活。

袍子的设计在穿戴时似有一点麻烦，但大狗场仡佬族每一个妇女都有属于自己的袍子，逢年过节、村寨聚会、跳舞活动时，她们都会穿上自己的民族服饰。虽然现今的服饰所使用的布料不再是当初的粗布，刺绣也变得简单，但其样式仍然为该民族认同。有学者考证，这种服饰在当地已有很长的一段时间处于"消失"状态，直到20世纪60年代左右由该村的多位60岁以上老人回忆、复制，而获得直至现今的"再流行"。

图片来源
图一　梁宏信　摄影
图二、图三　苗永攀　制图

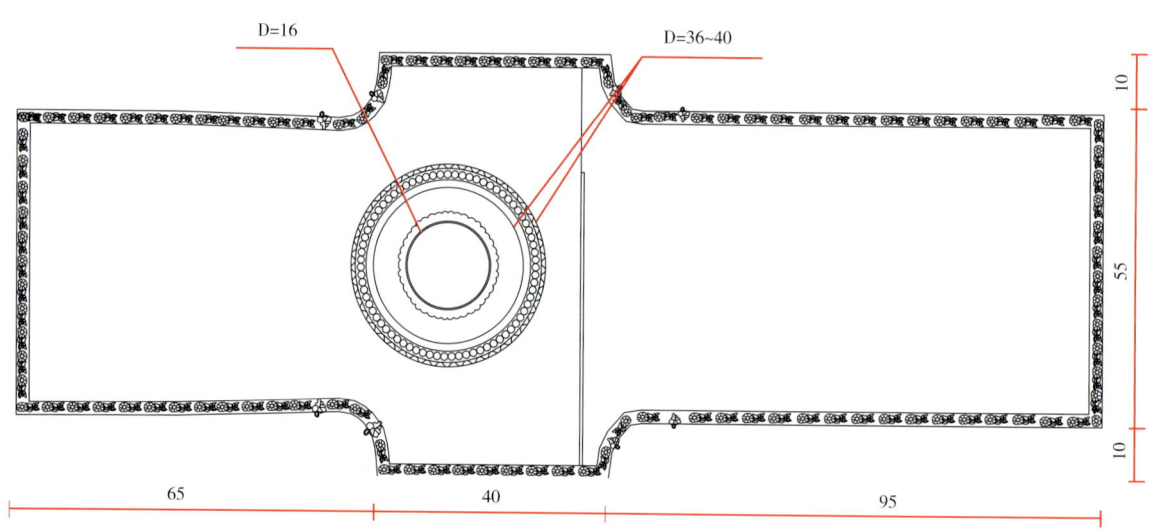

图二　仡佬族袍子尺寸示意图（单位：cm）

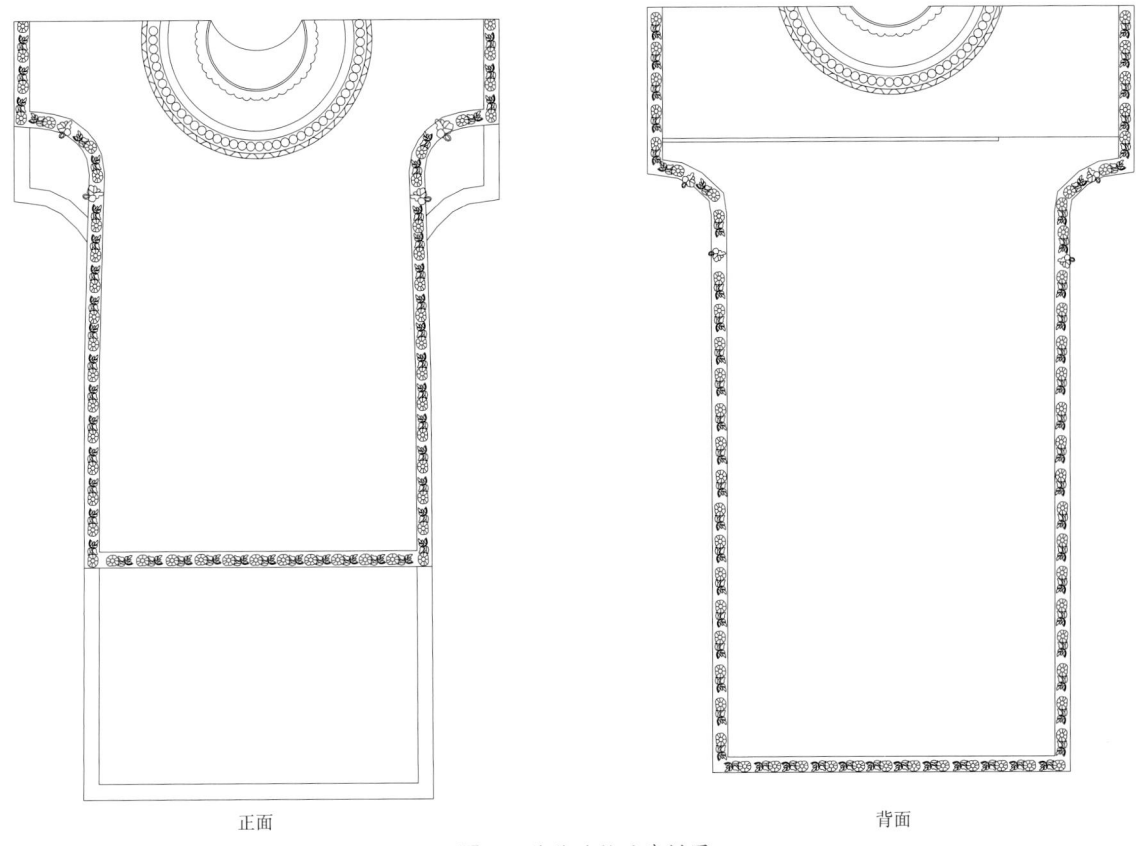

正面　　　　　　　　　　　　　背面

图三　仡佬族袍子线描图

仡佬族腰带

图一　仡佬族腰带主图

腰带是仡佬族服饰中不可缺少的部分。双层方布，有黄、白等不同颜色的面料，两端配有软须、刺绣等作为装饰，部分中间部位也配有一小块的花纹图案。仡佬族妇女穿袍子时，用其围住腰间，在略靠右侧处打结，尾部的刺绣和软须下垂，极为精美。

腰带的主要质料早些年是仡佬族妇女自己纺织的粗布料，现今都是采购于市场之中比较柔软的棉布。本案例采自贵州省平坝区高峰镇大狗场仡佬族村寨。该物件一般以一种颜色作为底色，长约200厘米，宽6厘米，两端装饰有12厘米长的软须，面料上有手工刺绣。刺绣花纹的花茎柔和有流线型的美感，叶子纤细而极富灵气；刺绣中所刺的鸟以寓意吉祥的凤凰或锦鸡等为多见，隐藏于花草之间，用不同于花草的颜色表现出来，这样使得整个画面更加和谐。鸟类图案并非细致的实物描写，而是通过抽象构图来形成，头、眼、身神韵不减，灵巧且富有生机。仡佬族腰带上的刺绣多以鲜艳色调作为主调，凸显出生机勃勃的青春气息，有一种源于自然的美感深嵌其中，其用线较细，姿态轻柔。

大狗场仡佬族村寨是仡佬族中服饰和语言保存较为完整的村落，每逢大小节日、聚会活动，村寨中的女性都会穿上自己的民族盛装，这时，腰带的制作款式及上面的刺绣都是展示她们心灵手巧、勤勉持家的一面镜子。因此，腰带的制作在大狗场仡佬族妇女心目中是很重要的。

图片来源
图一　梁宏信　摄影
图二至图四　聂红超　制图

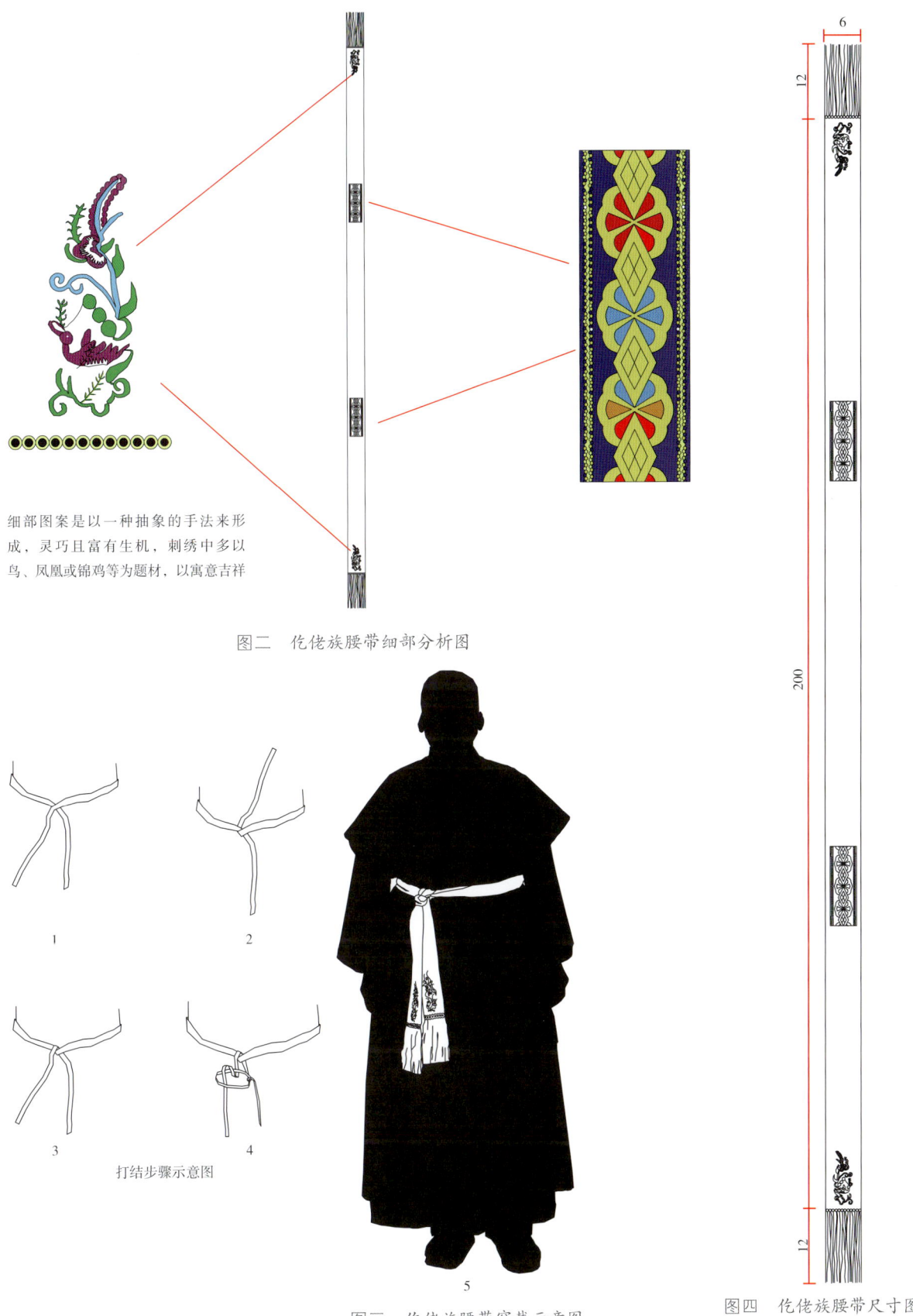

细部图案是以一种抽象的手法来形成，灵巧且富有生机，刺绣中多以鸟、凤凰或锦鸡等为题材，以寓意吉祥

图二　仡佬族腰带细部分析图

图三　仡佬族腰带穿戴示意图

打结步骤示意图

图四　仡佬族腰带尺寸图
（单位：cm）

第二章　仡佬族传统服饰

仡佬族头帕

图一　仡佬族头帕主图

头帕是仡佬族的一种传统女性服饰。一般长40厘米左右，宽30~35厘米，形状呈长方形，环四周都缝有2厘米宽的艳色花纹，整体上突出了花纹与面料的不同层次感。头帕在颜色选择上有一定的年龄之分。老年妇女的头帕以黑色作为主调，更显稳重成熟的气质，而其帕沿色泽鲜艳，一朵朵颜色鲜艳的小花串联起来，像一串精灵活跃在黑色的舞台之上，增添几分活跃的气氛；青少年女性的头帕，则以粉红色的色调为主，花纹颜色也都是青春的色调，整体显得青春洋溢、生机勃勃。在帕子的正中间空白处，心灵手巧的仡佬族女性又会用不同颜色的布料织起一朵山茶花或玫瑰花，色彩斑斓，使得原来的画面更加丰富多彩。头帕的前端两侧缝有20厘米长的布带，佩戴时用来绑扎。

本案例采自贵州省平坝区高峰镇大狗场仡佬族村寨。头帕以粉红色的棉布为底，长41厘米，宽32厘米，一面窄边缀有五彩的流苏。头帕边缘缝有2厘米宽的花纹，中间织着一朵玫瑰花。

仡佬族女性服饰中的头帕样式体现了该

民族独有的审美情趣。尽管现今仡佬人在制作自己的服饰时,融入了周边其他民族的一些花纹样式,但仍保存着仡佬族独有的服饰样式,特别是头帕上加入的元素比较丰富,而其整体的构图设计仍然保持着民族传统的、习惯的审美眼光。

图片来源

图一　梁宏信　摄影
图二至图五　聂红超　制图

青少年头帕

老年头帕

图二　仡佬族头帕对比图

图三　仡佬族头帕尺寸图（单位：cm）

第二章　仡佬族传统服饰

图四　仡佬族头帕色彩分析图

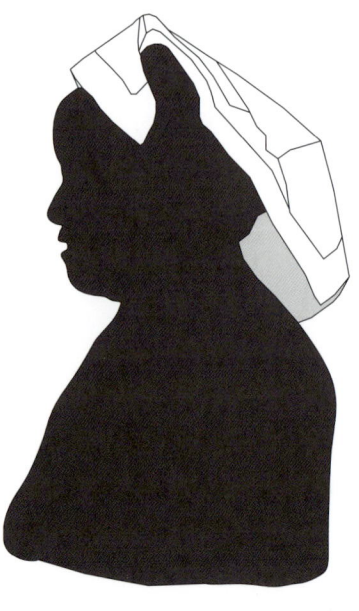

图五　仡佬族头帕佩戴效果图

仡佬族翘尖绣花鞋

图一　仡佬族翘尖绣花鞋主图

翘尖绣花鞋是仡佬族传统的女子鞋样，因鞋尖上翘、鞋面绣花而得名。本案例为贵州省务川县申佑祠堂博物馆收藏品，采自务川县龙潭村。该绣花鞋底长23厘米，上口长18厘米。整体颜色鲜艳，以粉红色作为主调，配以淡黄、嫩绿色。左右鞋面花纹整体构造相似，但制作过程中又融入了制作者即时的审美情趣，相同部分用线粗细、着色、弧度有一定的差异，这样避免了刻板、雷同的制作模式，体现了该物件的灵活性和生命感。

仡佬族翘尖绣花鞋制作过程相当复杂，单是鞋底就需要花费不少的时间和精力。务川仡佬族制作这种鞋子时，先用魔芋糊在墙上一层一层地将布料粘贴起来，而每贴一层都要等上一层糊变干，一般需要粘贴15层，使这些单薄的布料变厚以便制作鞋底。待15层布块粘贴变干后，制作者根据需要用剪刀裁剪鞋底大小，再用白线搓粗，以大针穿线将鞋底纳实，既可防止尖物戳穿，还可防止遇水后布料松散开。同样地，在制作鞋面之前也需要前后粘贴5层左右的布块，工序和制作鞋底一样，用魔芋糊来粘贴布料，然后裁剪成鞋面，再在上面绣上花纹图案，且在鞋口处包上一层布边，最后将二者缝合、修边制成。

翘尖绣花鞋鞋口较宽，便于穿着，但其保温效果就相对较差。鞋口处留有栓带，防止人们在行走过程中鞋子脱落，鞋跟处配有一块弧形小布块，是为了方便人们拉动鞋跟使脚入内，这是仡佬族先民的一项智慧之举，体现出设计者人性化的设计理念。

图片来源
图一　梁宏信　摄影
图二、图三　王文娟　制图

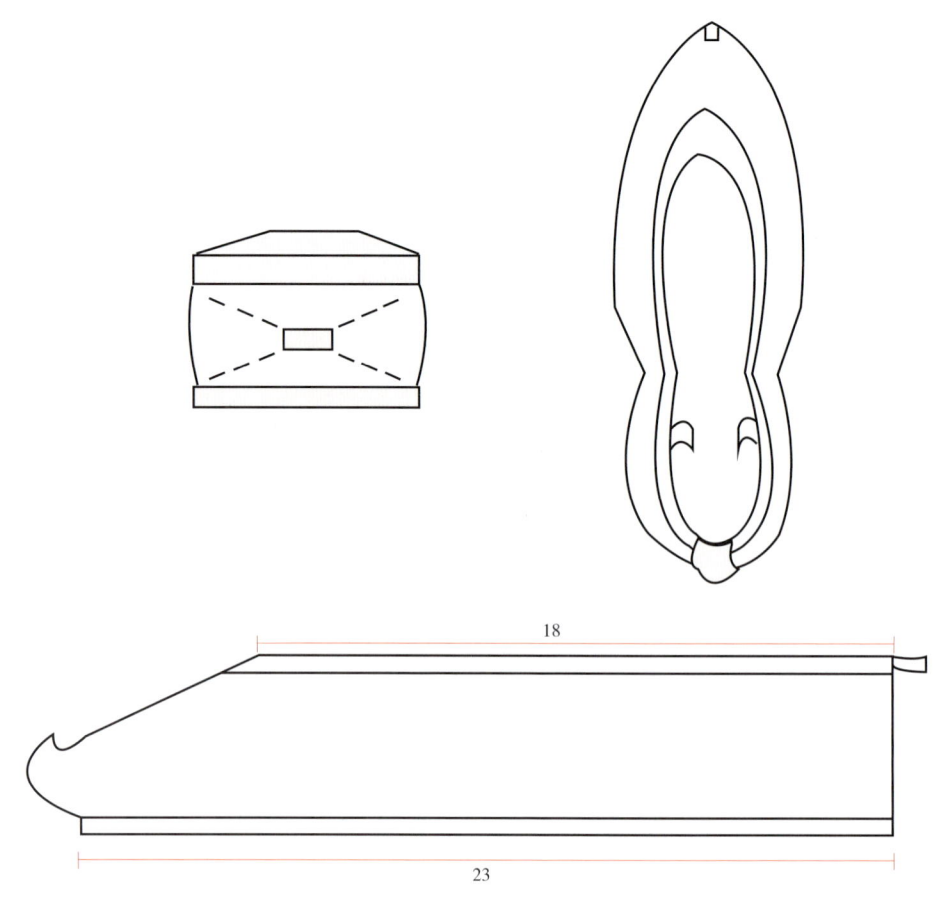

图二 仡佬族翘尖绣花鞋三视图（单位：cm）

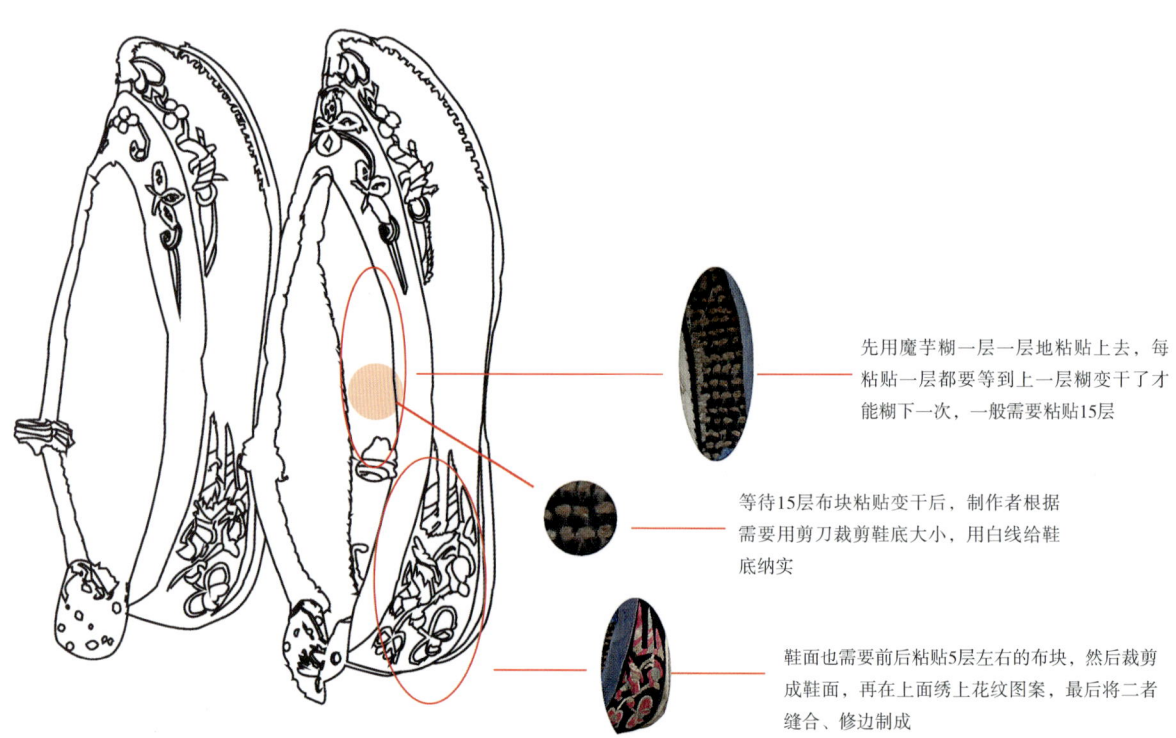

先用魔芋糊一层一层地粘贴上去，每粘贴一层都要等到上一层糊变干了才能糊下一次，一般需要粘贴15层

等待15层布块粘贴变干后，制作者根据需要用剪刀裁剪鞋底大小，用白线给鞋底纳实

鞋面也需要前后粘贴5层左右的布块，然后裁剪成鞋面，再在上面绣上花纹图案，最后将二者缝合、修边制成

图三 仡佬族翘尖绣花鞋材质分析图

仡佬族槽箢

图一　仡佬族槽箢主图

"槽箢"是黔北方言对"肚兜"的一种称呼。俗称方布中的袋子为"槽",所以有"槽箢"之称,为黔北地区务川仡佬族女性或孩子传统服饰的一种形式,围在胸腹部,既方便于遮挡污渍和取暖,同时也可以存放钱币、针线、零食之类的小东西。

本案例采自贵州省务川县龙潭村。槽箢呈五边形,为传统女性护胸腹的肚兜。上角切去所形成的缺口与中间的对角线平行,长9厘米,由此至底角直线长为33厘米,最宽处长达43厘米。两侧角端分别设有布制小耳,方便于拴绑绳子,上端设有两个小耳,以拴住绳子挂在脖子上。沿着最宽处的这条对角线为口是一个三角形的袋子,平时可以放些小东西。

槽箢制作使用的布料是当地仡佬族人自己纺织的棉布,柔软有质感,保暖且舒适。制作时一般为双层布料,上面有精致的手工刺绣,多绣鱼虫花鸟类事物,贴近自然又极具美感。从该物件的刺绣工艺来看,其样式虽然简单,但极富想象力,构图和落线干净利落,很有层次感,而且在相对明显的地方添加花色线条以增添画面的色彩感,突出表达的主题。在构图上,体现了黔北仡佬族绘画和雕刻强调画面主体、细化配角的特点。但该物件上部画面倒置,尽管构图与事物形状和谐且不留空白，却忽略了人类审美视角惯性，是制作者的一个疏忽之处。

图片来源
图一　梁宏信　摄影
图二、图三　王文娟　制图

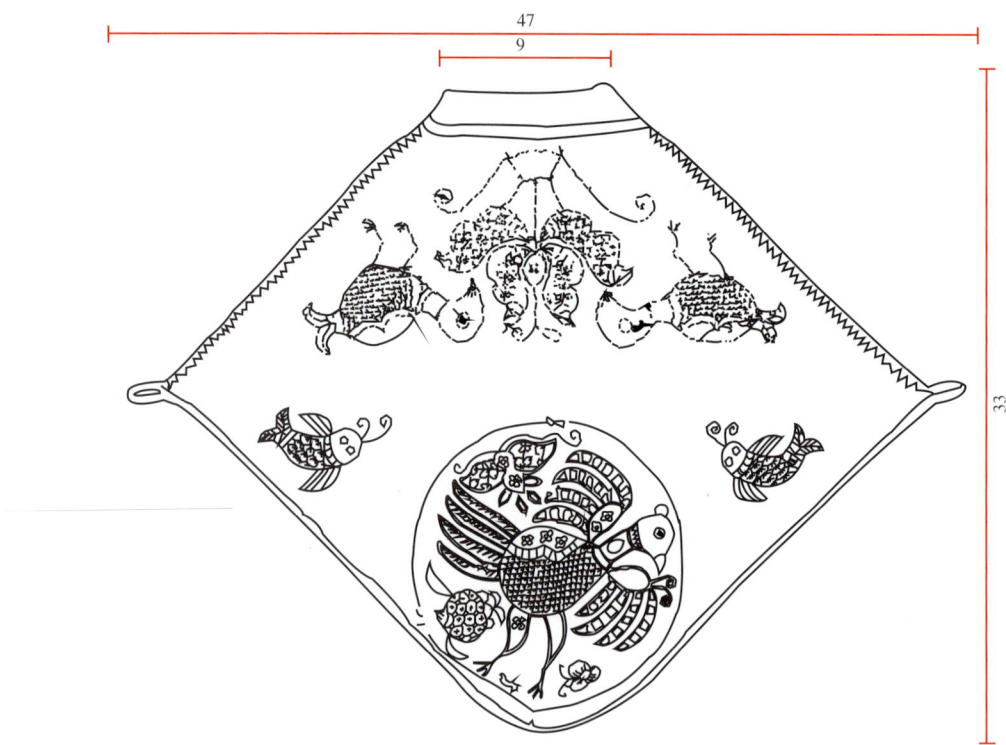

图二　仡佬族槽笼尺寸图（单位：cm）

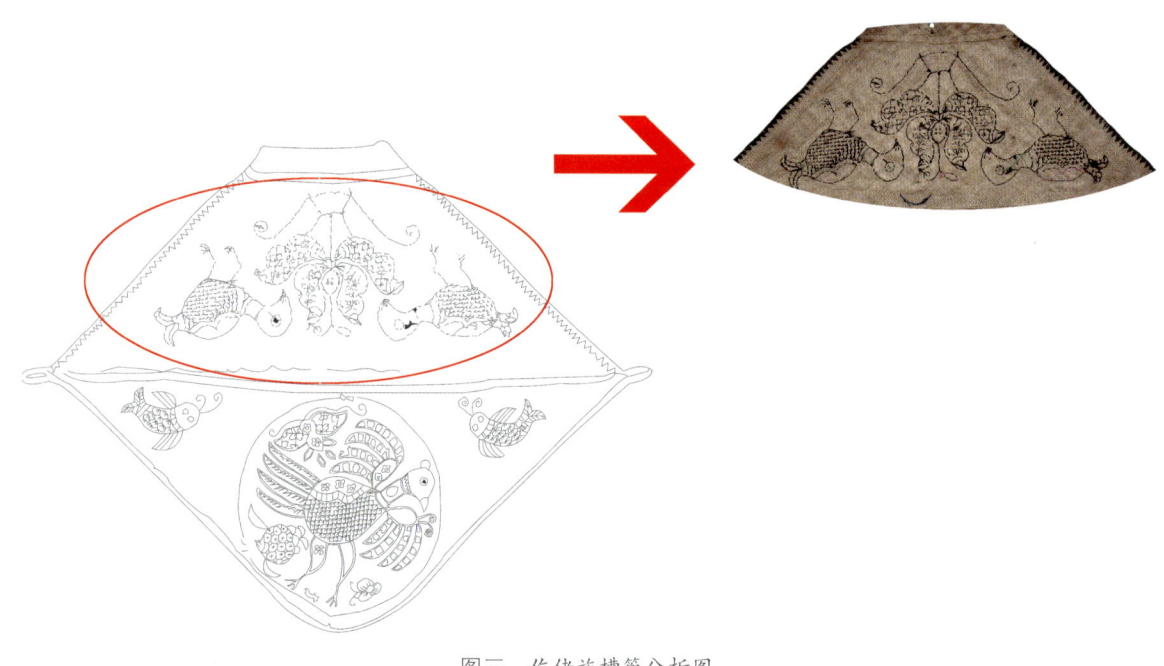

图三　仡佬族槽笼分析图

仡佬族"哭姊妹帕"

图一 仡佬族"哭姊妹帕"主图

"哭姊妹帕"是黔北一带仡佬族女子出嫁时哭嫁所用的帕子。它是仡佬族女子在待嫁时亲手绣制，方形布块，通常用线颜色简单，白底蓝色花纹，样式整洁，构图十分讲究稳重、整齐、美观。本案例为务川县大坪镇龙潭村申佑祠堂收藏物件。

黔北仡佬族的传统婚嫁仪礼十分复杂，哭嫁习俗是当地仡佬族婚俗中的一大特色。务川一带的仡佬族女子在出嫁前一晚都要进行梳妆，由家族中"有福气"的妇女帮忙打点，在经过繁复的梳妆打扮后，女子便开始哭嫁。哭嫁主要分两个地点进行。首先在自己闺房之中，一般有年龄相仿的姊妹陪伴，这个环节主要哭父母的养育之恩及离开父母的万般不愿之情；之后进入堂屋，在祖先神龛前哭诉。而另外还有一种说法是，仡佬族女子在出嫁前三五天就开始哭嫁，同样是先哭父母，尔后哭尊亲外戚。但无论怎样，在整个哭嫁仪式中，女子都需以帕掩面，而这张哭嫁的帕子仡佬族人即称之为"哭姊妹帕"。

"哭姊妹帕"有正方形与长方形两种样式，有手绢般大小。在制作工艺上构图精美，下针干净利落，针脚十分整齐，各种花纹样式丰富多彩。该物件为正方形，边长31厘米。用线十分细腻，图案设计精美整齐，显示了仡佬族女子精湛的刺绣技艺。

在现今的黔北仡佬族婚礼中，女子哭嫁的现象已经极为少见，"哭姊妹帕"随之逐渐消失，珍藏下来的哭姊妹帕已经很少，因此弥足珍贵。它们是一个时代、一个民族婚嫁习俗的"见证者"。

图片来源
图一　梁宏信　摄影
图二至图四　王文娟　制图

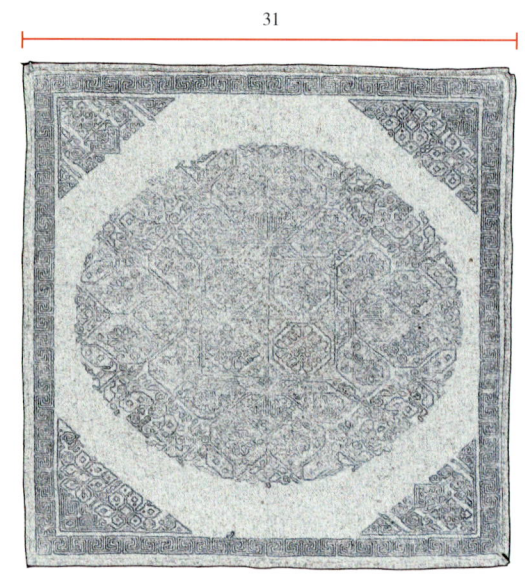

图二　仡佬族"哭姊妹帕"尺寸图（单位：cm）

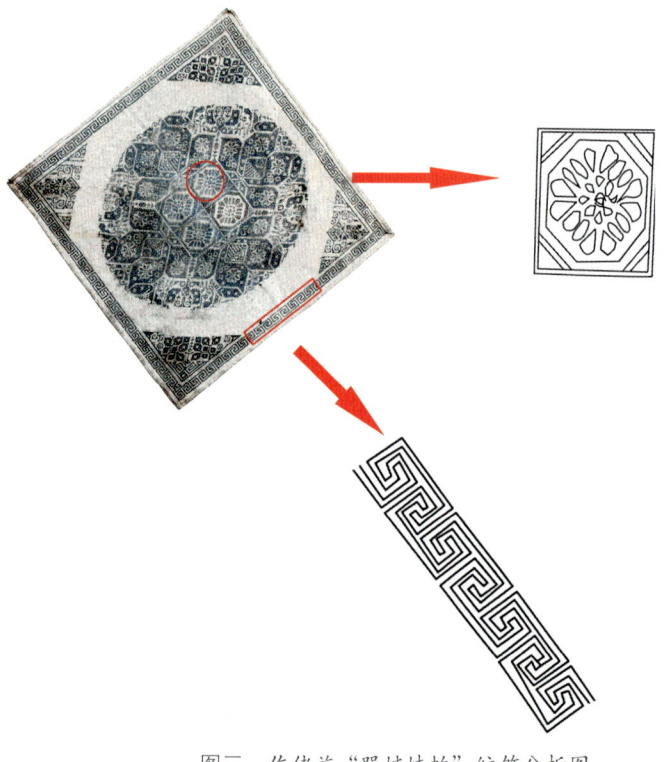

图三　仡佬族"哭姊妹帕"纹饰分析图

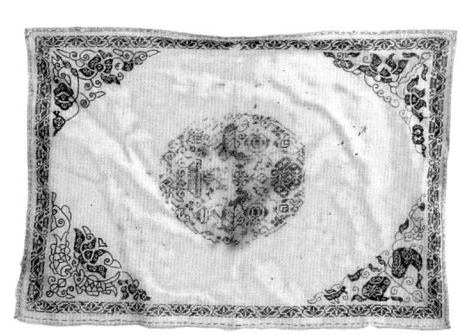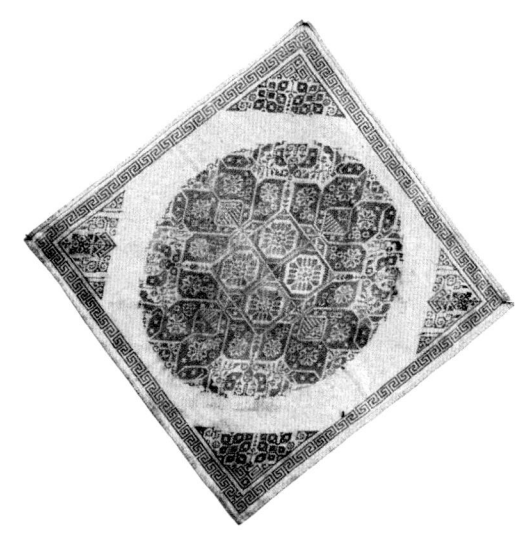

图四　仡佬族"哭姊妹帕"比较图

仡佬族手工帐檐

图一　仡佬族手工帐檐主图

帐檐是床帐的装饰物，帐子前悬挂的横幅，又称帐额。唐代卢照邻《长安古意》诗中云："生憎帐额绣孤鸾，好取门帘贴双燕。"写的正是这种床帐饰物。帐额上通常会绣有一些寓意深刻的花纹图案，既作装饰，也作一种祝愿的表达。贵州省六枝特区箐口乡关寨镇居都村仡佬族的手工帐檐同样具有悠久的历史。学者早前在居都发现的一些帐檐通常是麻布做底，以黑线缝制及绣花，花纹图案相对简单；但现今，各种花色布料的帐檐都有，绣花线也是五颜六色，样式丰富多彩。

手工帐檐多为年轻女子所缝制，根据使用对象的不同，在帐檐上的绣花及缝字也明显有别。在居都村中，现今尚能找到的帐檐主题类型主要有：给父母的祝寿帐檐，给年幼子女的健康成长帐檐，给年轻夫妻的美好祝福帐檐等，其中以表达夫妻恩爱及美好爱情主题的居多数。本案例为六枝特区居都村沙自花未出嫁时所制，长200厘米，宽38厘米，穗长20厘米，上面绣有三簇花纹图案，由"你是河中水，我是水中鱼，千年不分手，万年不分离"四列字隔开，横幅的边沿绣有一指见宽的花边，下坠青色软穗。从该物件中所绣的字样来看，此帐檐是年轻女子对忠贞爱情的表达，期望彼此相亲相爱、永结同心、不离不弃。而在花纹图案上，虽有一定的对称性，但仍显随意，用色也混杂，似为初学者所制。

图片来源
图一　梁宏信　摄影
图二至图四　王文娟　制图

图二　仡佬族手工帐檐局部线描图

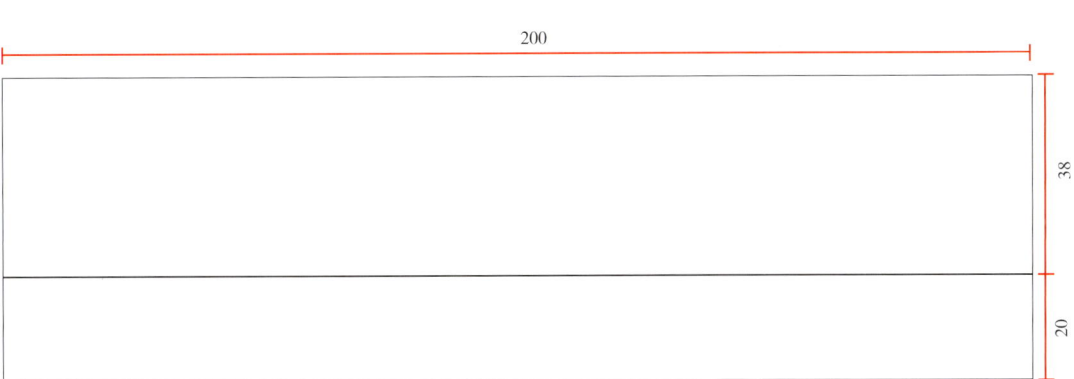

图三　仡佬族手工帐檐尺寸图（单位：cm）

图四　仡佬族手工帐檐分析图

第三章 仡佬族传统餐饮

仡佬族豆花

图一　仡佬族豆花主图

豆花即是豆腐花，是黄豆浆汁凝固后形成的食品。豆花质地酥软，入口味道鲜嫩，是黔北仡佬族人民生活中常见的一道美味菜肴，常用来招待客人。

豆花的传统制作所需原料简单，是当地仡佬族人民自己种植的黄豆、纯净的山泉水及自制的黄豆酸水，但制作程序比较复杂，也较为耗时。制作时需要将晾干的黄豆先用水洗净，再浸泡四五个小时的水，接着将泡软的豆子经石磨磨碎成豆浆汁。将磨好的豆浆汁用纱布过滤去除粗糙的豆渣再入锅，以大火煮沸。等到豆浆汁煮沸后退火，加入自制的酸水迅速搅匀使豆浆汁凝结起来。然后置入"筲筲"中去水即可形成豆花。在其食用的过程中配上制作极好的辣椒酱，味道鲜美可口。

豆花的传统制作工艺较复杂，现在随着打浆机的进入而变得简单了许多，打出的豆浆细软汁多，豆花质量也变得更好，制作起来方便快捷。但整个制作过程中的磨浆、去粗、火煮、点酸、滤水等工序都缺一不可，都是豆花制作必不可少的环节。黔北仡佬族人民在制作豆花的过程中以自制酸水作为凝固剂，不同于北方的盐卤和岭南一带的石膏，因此制作出来的豆花入口酥软、味道鲜嫩，将黄豆浆独有的质和味完整地保存下来，是黔北仡佬族人民一道极为传统的民族美食。

图片来源
图一　梁宏信　摄影
图二、图三　梁宏信　王文娟　制图

图二　仡佬族豆花原料图

图三　仡佬族豆花制作过程图

仡佬族油茶

图一　仡佬族油茶主图

油茶是黔北地区仡佬族独具特色的地方食品，它色泽灰黄、呈黏稠状，味苦而清爽，是一道具有特色风味的"饮料"。黔北仡佬族人民有每天喝油茶的生活饮食习惯，在当地常听"喝茶上瘾"的说法。本案例采自贵州省道真仡佬族苗族自治县（以下简称"道真县"）三桥镇。

与汉族丰富多彩的茶文化相比，仡佬族油茶有其独到之处。制作油茶的方式很多，而采用清明时期的鲜嫩茶叶为其共同特点。清明时期的茶叶味苦而清爽，制作出来的油茶也是一样的味道，较受欢迎。清明时采下的茶叶先用烧热的铁锅入猪油来炒，将其焙干，此环节为"去生味"；然后将其放入茶笼搁在火铺之上防止上水，可随时用来制作油茶。在制作油茶时，先用水将茶叶煮透，以瓢底将其捣烂收锅；再取铁锅入油，以大火烧开，将烂茶叶用烈火煎至有香味后，或放些蛋、肉，或什么都不添加，倒入清水煮开，再以小火慢烹，加少许的盐、料即可食用。

油茶制作出来后，呈灰黄色，质地浑浊，可谓其貌不扬，但入口则带有一丝清淡的苦涩之味。待下胃后，清爽的感觉由内向外渗透而出。在喝油茶时，还常配一些苞谷、酥食、花生、瓜子、红薯、糍粑等零食，别有一番享受。仡佬族人民认为，常喝油茶神清气爽、精神好，干起活来不知疲倦，劲头十足，而且这种原汁原味的油茶还具有润喉养颜的功效。

图片来源
图一、图二　梁宏信　摄影

图二　仫佬族油茶制作材料图

仡佬族灰豆腐果

图一　仡佬族灰豆腐果主图

灰豆腐果是黔北地区仡佬族人民世代相传的风味特色食品。多呈不规则块状或球状，外皮呈灰黄色泽，肉质海绵状，制作过程以草木灰为料，因此当地百姓称之为"灰豆腐果"。灰豆腐果含有丰富的植物蛋白，且易被人体吸收，是老少皆宜的营养食品，为筵席中的一味佳肴。本案例采集自贵州省务川县九天母石寨。

仡佬族的灰豆腐果以当地黄豆为原料，先将豆子泡软磨碎，经去粗、火煮、点酸、滤水等工序制成豆腐。然后再将制好的豆腐切块，形状多为方形、三角形、菱形等，接着用草木灰沤制吸干豆腐中的水分，再放入锅中拌草木灰炒制、焙干，再用筛去灰即成灰豆腐果。草木灰含碱性物质，通过沤、炒，使得豆腐外形鼓胀而内部膨胀呈海绵状。食前以米汤或淘米水浸泡后，换清水轻揉洗净，可煮食、炒食或凉拌等，是当地传统的一道美味菜肴。如今，道真县的灰豆腐果已成批量生产，畅销省内外。

仡佬族灰豆腐果吃起来外韧而内滑，有一股特别的韧劲。在制作过程中仡佬族人民以自制酸水作为凝固剂，使得做出的豆腐保存了黄豆的独有的味道，加之草木灰的作用使得灰豆腐果滋味特别，清淡中带有一丝来自生活的气息、泥土的气息。

图片来源

图一至图三　梁宏信　摄影

图二　仡佬族灰豆腐果原料图

图三　仡佬族灰豆腐果制作过程图

第四章 仡佬族传统生活用具

仡佬族笆篓

图一　仡佬族笆篓主图

　　笆篓是黔北道真地区仡佬族人民用来携带幼童的器具。本案例采自黔北道真县接龙村。其形如花瓶状，有50厘米高，上圆下方，在笆篓内部设有座位可供幼儿坐立，背墙处还有两根棕制的背带。使用时，由成人背着，将幼小孩子置于笆篓之中，是一种便携的器物。

　　笆篓主要以竹篾为原料，其编织的方式以经纬交织、穿插叠压为主。该物件整体构造较为复杂。上口呈圆形状，上部外径41厘米，内径28厘米，呈喇叭状；中下部是不规则的柱体，靠近背带的一面比较平直，其他面中间向外鼓出；底部是边长22厘米左右的正方形。设计者以这样的设计完成了一个独具地方特色的器具。而这种设计也是出于其实用性考虑，上口为圆形，有效地避免了其他制造样式棱角突出对幼儿可能的损伤；而中下部为不规则的柱体，拉开笆篓中间背墙的宽度，可使背墙更贴紧人体，同时也增加了它的受力面。而且从人体生理结构来看，它也符合幼儿的身体结构，躯体部分需要更宽阔的空间。夏季凉爽，而冬季时塞入棉被或包裙可以御寒。底部正方形是增加笆篓的稳定性，放在地上时，可避免孩子晃动时发生侧翻。由此可见，笆篓是一件设计合理的器具。

笆篓的设计除了体现实用性之外，也融入了仡佬族人民的美学思想。整个笆篓由竹篾编织成三部分不同的纹样。下部纹样相对要突出粗线的经篾，这部分是贴紧背部受力的主要部位，粗篾突出是增加其承受力的作用，纵向、横向、斜向交织，比较密实；而中上部位的纹样采取斜线交叉的方式编织，间隙较大，主要满足夏季时通风的功能，也使得整个物件更加美观和具有亲和力，吸引外界和孩子的眼球；上部纹样相对更加严密，其使用性功能是防止孩子将小手指伸进夹缝之中造成伤害，而这种紧密的编织所形成的纹样也与主体部分的形成对比，更能增添笆篓的整体美感。

图片来源
  图一 梁宏信 摄影
  图二至图四 王文娟 制图

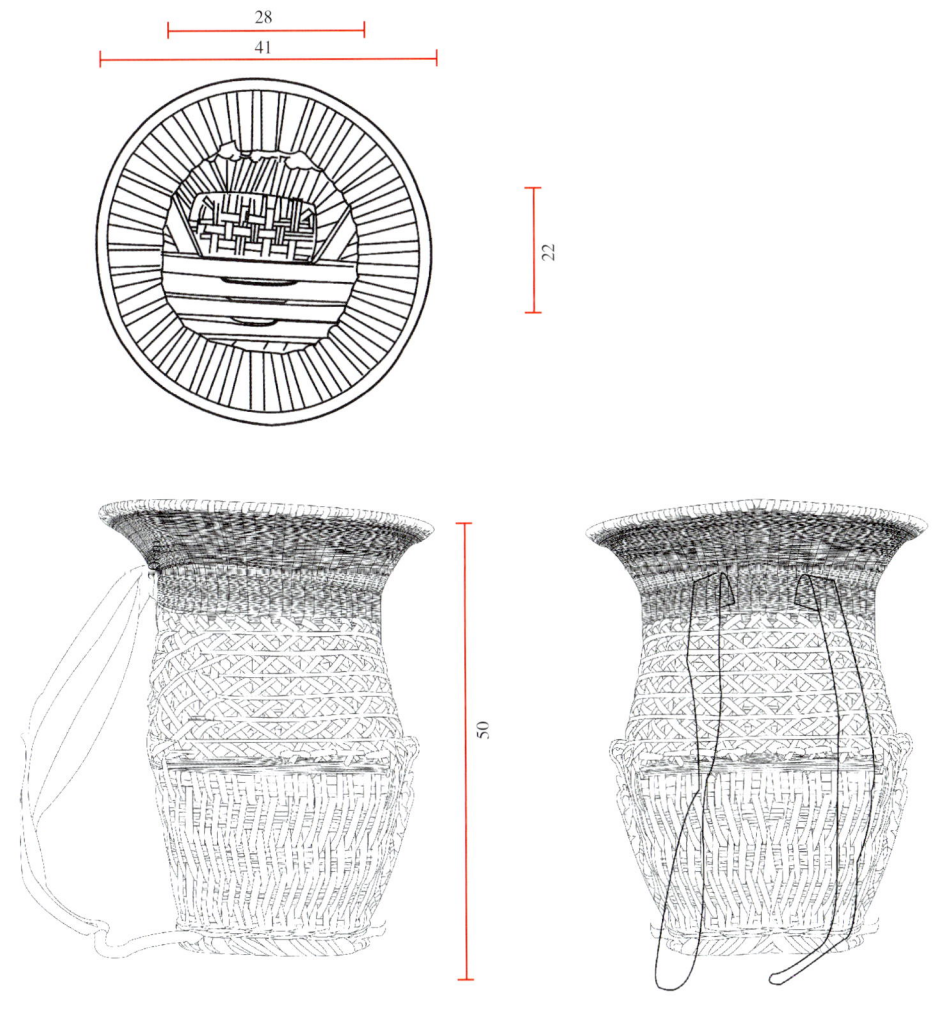

图二 仡佬族笆篓三视图、尺寸图（单位：cm）

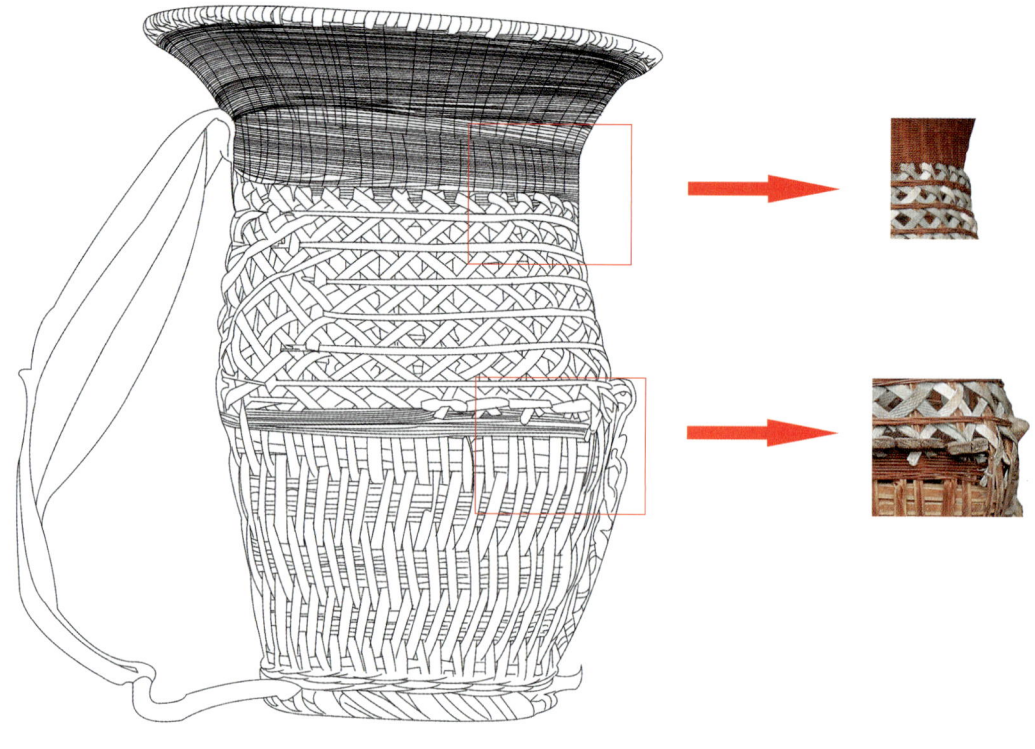

图三　仫佬族苞篓材质分析图

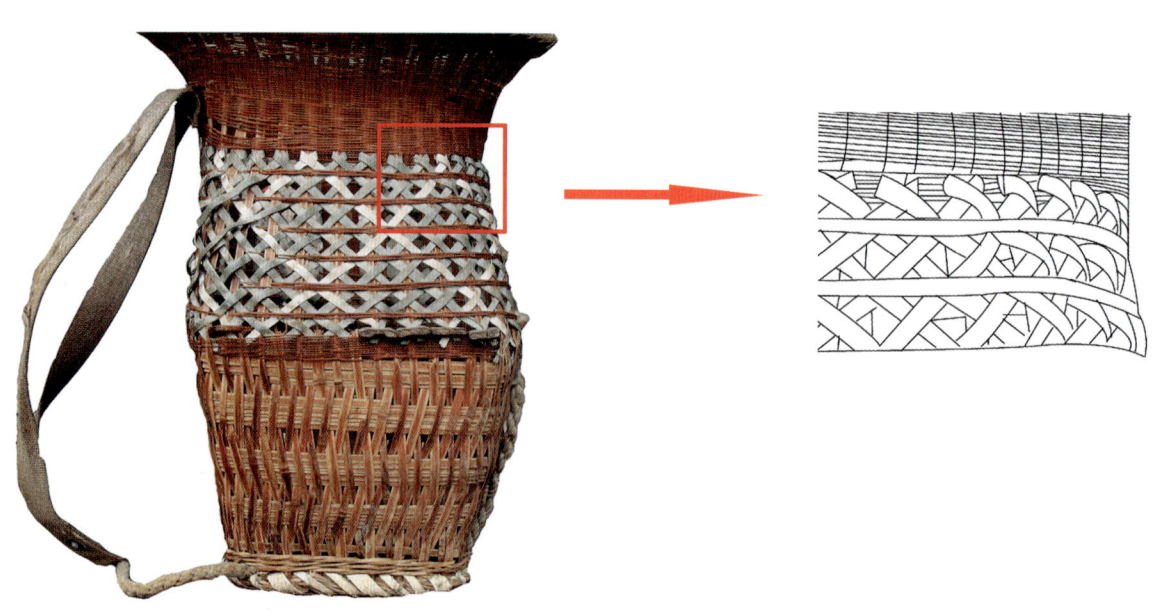

图四　仫佬族苞篓形态结构分析图

仡佬族娃娃背篼

图一　仡佬族娃娃背篼主图

仡佬族娃娃背篼又称"娃娃背"，是黔北、黔东北地区民间用以携带幼儿的传统篾编器具，其圆口方底，上宽而下窄，中部后位突出而形成一个坐垫，适合1—4岁的幼儿使用。娃娃背大小不一，根据幼儿年龄大小可以制不同规格的背篼，但样式颇为统一。本案例为务川县龙潭村申应会家在用实物，上口径26厘米，高56厘米，其中上半部分长32厘米，其底长23厘米，宽为17厘米，坐垫宽10厘米，是三四岁儿童使用的娃娃背篼类型。

务川龙潭村娃娃背篼以当地易取的竹篾为主要材料。编织时，通常以粗篾为架，细篾穿插扎牢，采用经纬交织的手法。背篼中部后位横空突出，形成一个平台可供幼儿坐靠。由此以上的部位以块状竹篾进行交叉编织，形成整齐的正菱形花纹图案，是实用基础上的一种美学设计：设计者特意将此部位的篾线间隙拉大，用篾也与其他部分不同，这样的设计使得背篼整体的外观不至于太过呆板，增加其美观的同时，更为重要的是可以增加背篼内部的通风效果。而在娃娃背篼正面贴背的位置，设计者又以大篾直立穿插在上面，可增加背篼的负重能力和耐用性，同时使用者背负起来也更加贴身。其上口则以圆篾向内收束收尾，在一定程度上可避免竹篾扎伤幼儿。背篼腹部突出，留出适当宽松的座位，幼儿在里边可以自由地选择站或坐，有效地避开了布制背带的捆绑式背负，更有益于婴幼儿的健康成长。由此可以看出，该物件的设计全面地考虑到了使用者及承载事物的性能和特征，极为人性化。

务川龙潭村娃娃背篼与道真仡佬族所使用的篾编笆篓尽管功能一致，但外观明显的不同。篾编笆篓形如花瓶状，高50厘米左右，上圆而下方，中部鼓出设有座位可供幼儿坐立，整体看起来更加平稳。而娃娃背篼底部狭窄、中部后位位置突出，使得其上部宽而重，不载幼儿时可以平放，但幼儿单独处于里边时其平稳性不够，是该物件设计不足的一面。

图片来源
图一　梁宏信　摄影
图二至图四　王文娟　制图

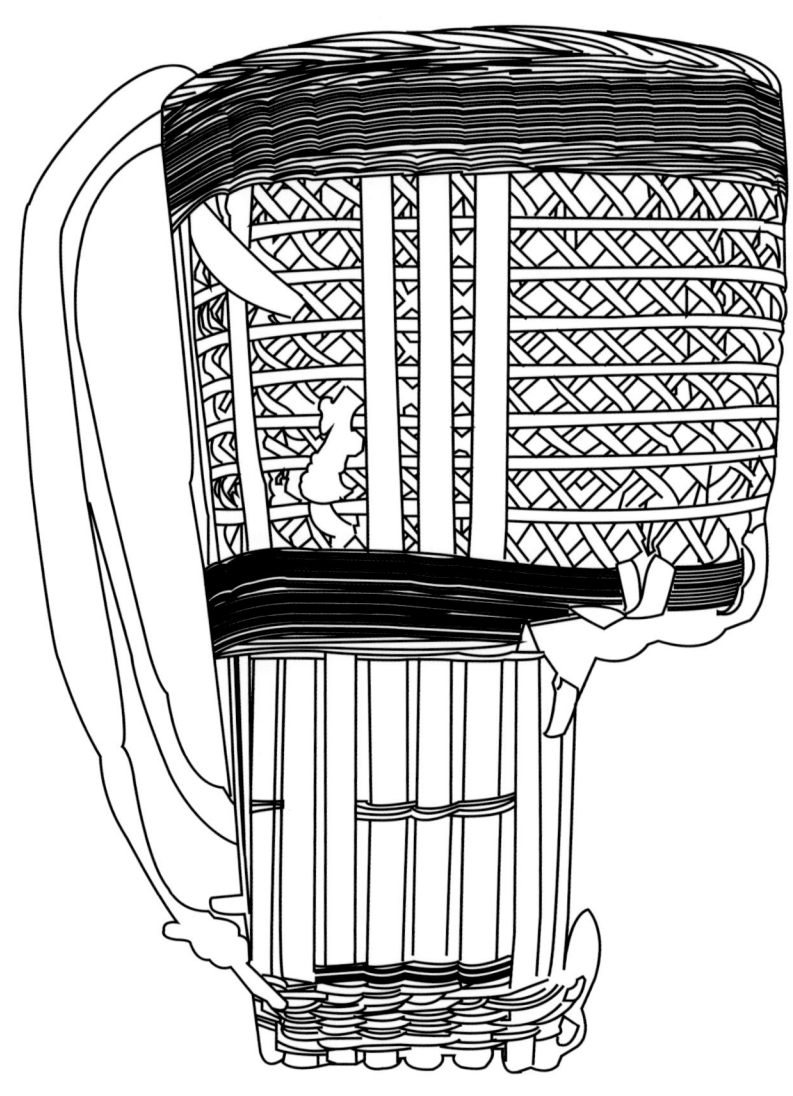

图二　仡佬族娃娃背篼线描图

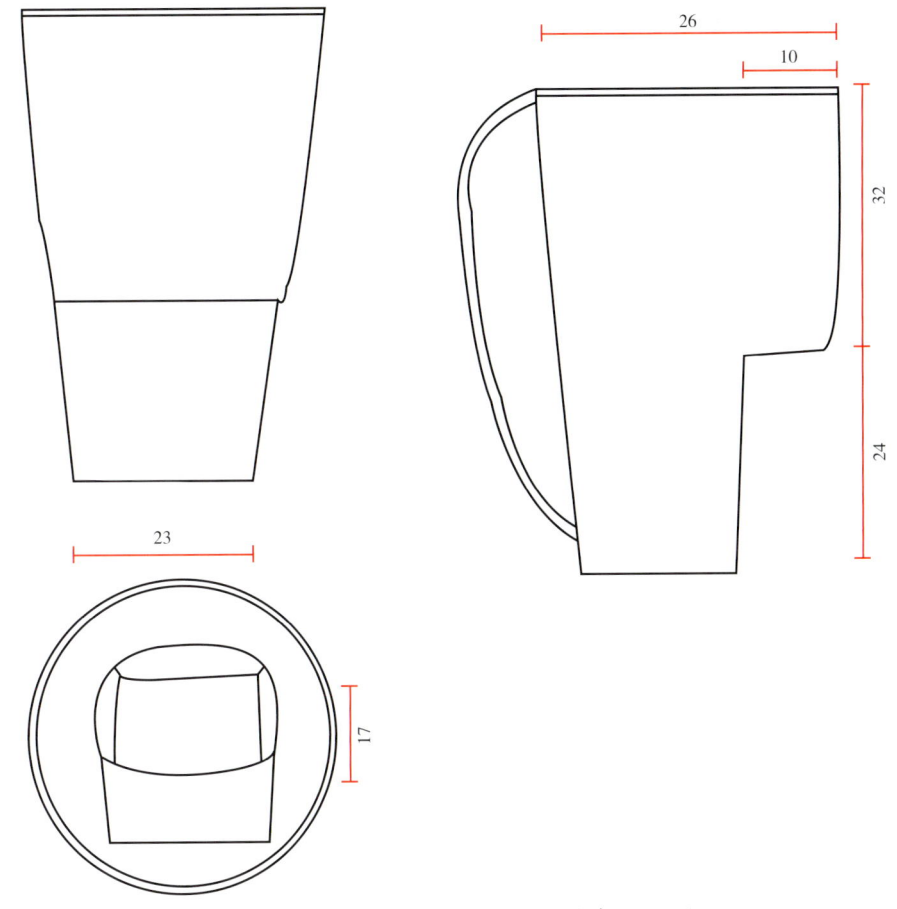

图三　仡佬族娃娃背篼三视、尺寸图（单位：cm）

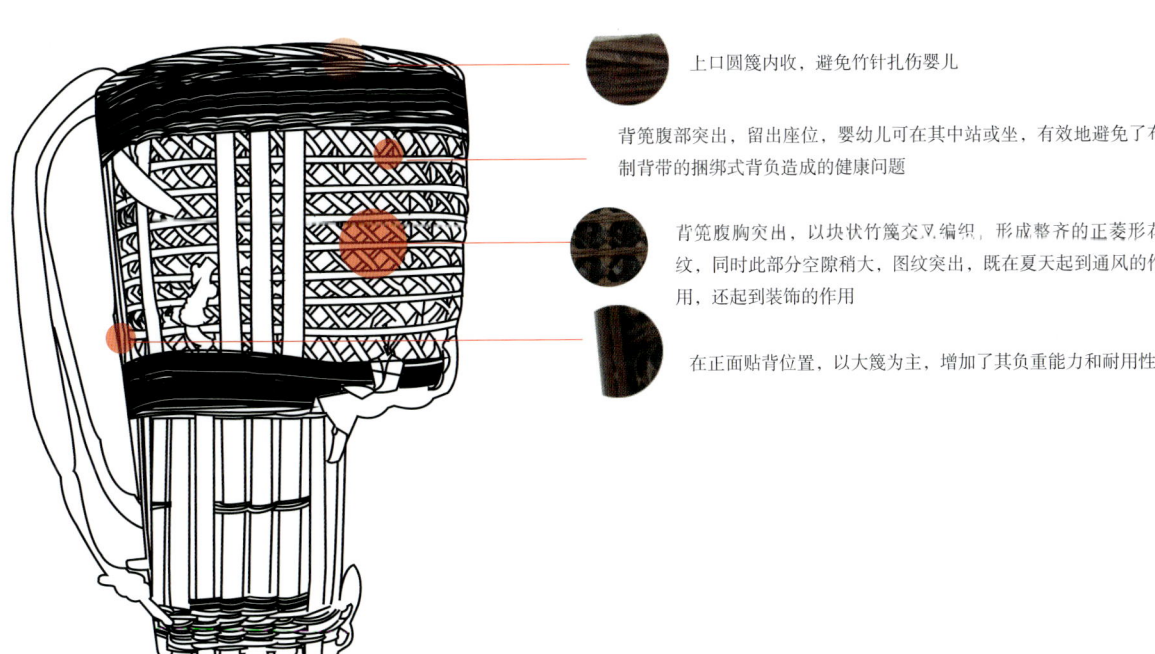

图四　仡佬族娃娃背篼材质分析图

仡佬族篾编缸箩

图一　仡佬族篾编缸箩主图

仡佬族篾编缸箩是黔北居都地区一种为保护水缸或酒坛而专门设计的器具，以竹篾为原材料、编织成箩状，与藤编缸箩及木架缸箩一起统称"缸箩"。在适用的问题上，藤编缸箩一般体积及空间偏小，适用于坛子之类的小型缸或罐；而木架的缸箩架子僵硬、笨重，灵活性不够，适用于大型的水缸或酒缸。篾编缸箩与此二者不同，其规格大小不一，既具有木架缸箩的稳重性，又具有藤编缸箩的柔和性，且轻巧易搬，为居都仡佬族人民常用的缸箩类型。

篾编缸箩的材料便于获取。在制作篾编缸箩时，主要选取当地肉质较厚的绵竹为原料，根据需要取长节部分修整成条状的篾条。以每9根篾条为一股，12股为基础，由底部向上交叉编织，至篾条长度半时反折，以股为单位穿插交织直至底部以篾条经纬交织收束将其固定下来。这样使得缸箩底部收束而腹部鼓出，为缸、坛、罐留出相应的空间。本案例采自六枝特区箐口乡居都仡佬族村寨，口径57厘米，整高86厘米，是普通的水缸缸箩形态。

篾编缸箩在造型设计上采用水纹图案来进行装饰，从其外观即可看出：12股篾条在口处回收时，彼此交叉编织形成波纹状，这样的图案装饰既增加了缸箩的美观，同时表达了一种象征意义：它所保护的器具盛装着液体。

图片来源
图一　梁宏信　摄影
图二至图四　王文娟　制图

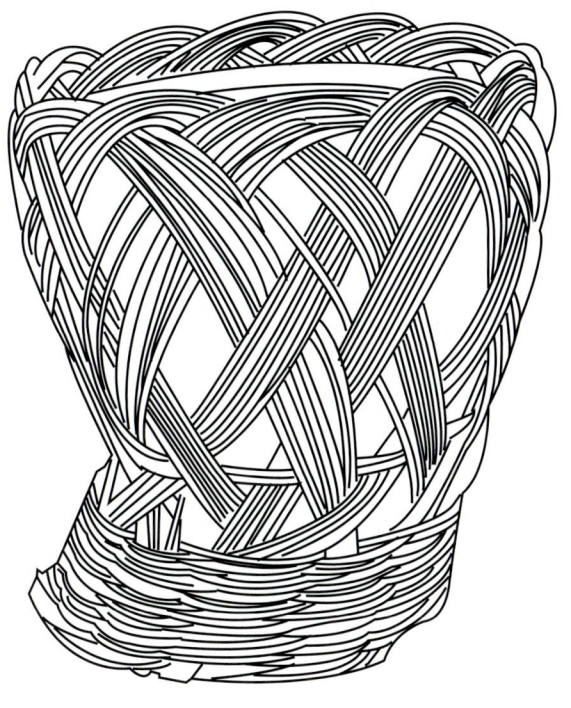

图二　仡佬族篾编缸箩线描图

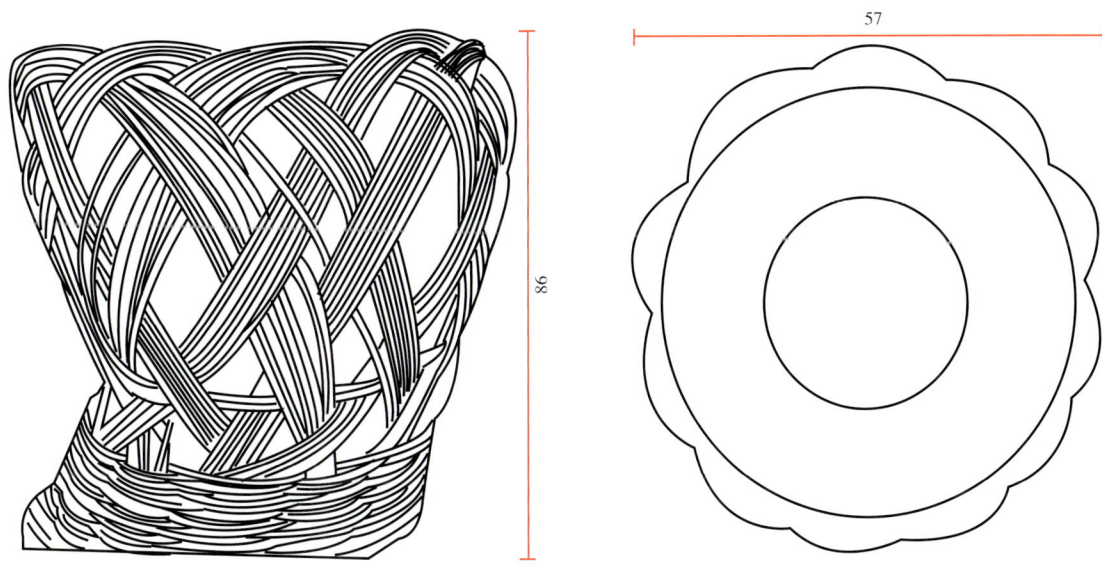

图三　仡佬族篾编缸箩视角、尺寸图（单位：cm）

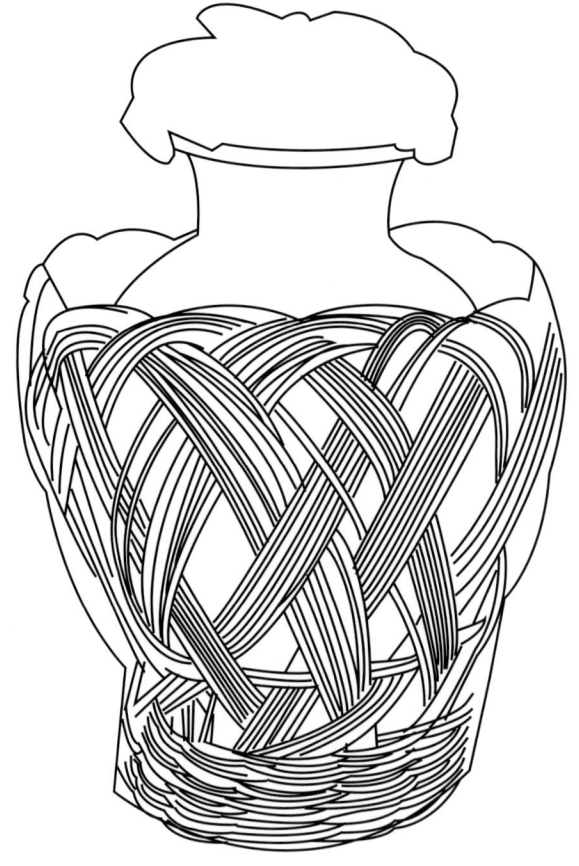

图四 仡佬族篾编缸箩使用示意图

仡佬族篾编囤箩

图一 仡佬族篾编囤箩主图

仡佬族篾编囤箩是黔北地区一种囤放、储存粮食的篾制器具，以竹篾为料编织成箩，故俗称"囤箩"。囤箩通常放置在正屋的角落或二楼空旷处，房屋内人们活动较少的地方，储存秋收后晾干的谷物或玉米粒，是居都仡佬族人家的"粮仓"。篾编囤箩不同于水泥仓或木仓，其质地轻巧，通风性能好，可随意搬动，是一种"便于移动的粮仓"，为仡佬族人民所热爱。

篾编囤箩大小不一，其底部为正方形，整个物件上体呈圆状，颈部收束直至其口，口部以软篾卷曲内收、束紧，保持囤箩的稳定性，同时也增加了它的耐用性，在使用时还防止篾片扎手等。本案例采自黔北六枝特区居都村仡佬族寨子。物件底部边长80厘米，口径56厘米，箩深80厘米，是当地仡佬族人家庭普遍使用的"粮仓"类型。

篾编囤箩圆口方底，是中华传统宇宙观"天圆地方"理念的一种体现。它一般在秋收前的农闲时间制作。在制作时，取当地的绵竹竹篾，经剪裁、破碎、修整，作成成人一指宽的薄篾片，以篾片交织、互扣的手法编织，实用性强。在当地，房屋建筑空间普遍较小，这种"便于移动的粮仓"可以堆叠存放，节省空间。另一方面，居都仡佬族的居住地位于六枝特区西部，与水城县交界，该地多石山、沙石土地，村落周围绵竹生长茂盛，但水稻、玉米作物产量偏低，不需要专门的大型的固定粮库来存储粮食，这种小型的、简易型囤箩式"粮仓"为当地人民提供了便利，更具实用性。

图片来源
图一、图四　梁宏信　摄影
图二、图三　王文娟　制图

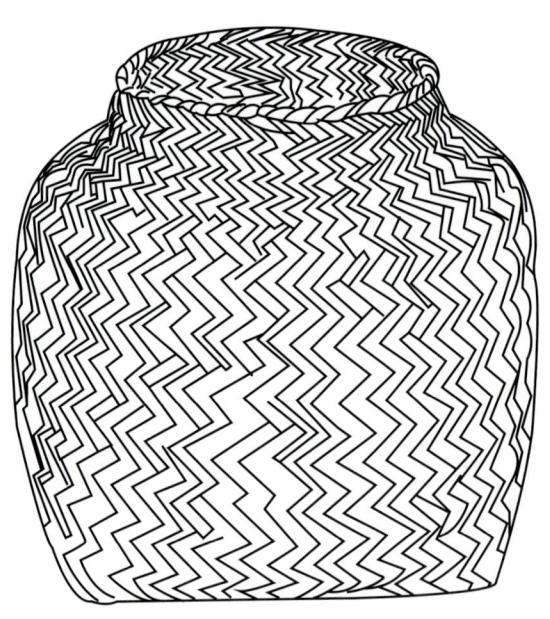

图二　仫佬族篾编囤箩线描图

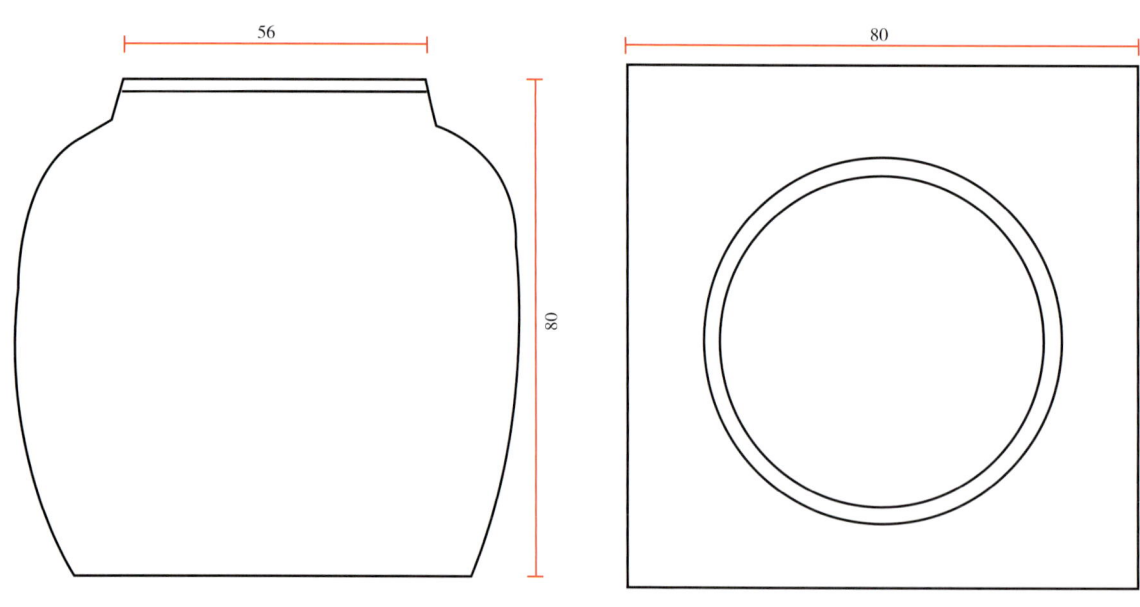

图三　仫佬族篾编囤箩视角、尺寸图（单位：cm）

图四　仡佬族篾编囤箩材质图

仡佬族篾编饭箱

图一　仡佬族篾编饭箱主图

仡佬族篾编饭箱是一种传统的方盒状篾编载饭器具，在日常生活中主要用以装载糯食或其他熟食。篾编饭箱又称"饭箩"或"饭筦"，大小规格不一，在仡佬族社会里普遍使用。

仡佬族篾编饭箱制作时以竹篾为原料，根据需要可以制作出大小不同的饭箱。饭箱有方盒体和圆柱体等样式，现今均已较少使用。本案例采自六盘水市六枝特区居都村，为传统的小型饭箱类型。饭箱口部呈正方形，边长17.5厘米，箱深11厘米，盖深5厘米。从该物件可看出，其为四层篾编器具，每一层编织时用篾都比较精致，篾片之间以交织的方式编织完成。其中内层制作更加细致，至口部回篾再编形成紧贴的双层"内胆"，是一种保温设置。同样为保温设计的还有盖与箱口的套口，其口部留出边沿，盖子合上时箱沿延伸到盖内，这样既可以保温还可以防潮、防虫蚁之类。

在篾编饭箱的底部，制作者利用穿刀将两片粗竹篾交叉以托住饭箱底部，可以提升饭箱的承载力及底部的耐磨性。而在饭箱两侧，通过锥子穿篾打孔安装两个提把，提把多为质软的绳子制作而成，也有直接以竹篾制作的。提把绳子的末端通常直接穿插到饭箱底部绑扎结识，将底部的"托架"与饭箱整体连接起来，形成一个整体，使用起来更加安全。

图片来源
图一　梁宏信　摄影
图二至图四　王文娟　制图

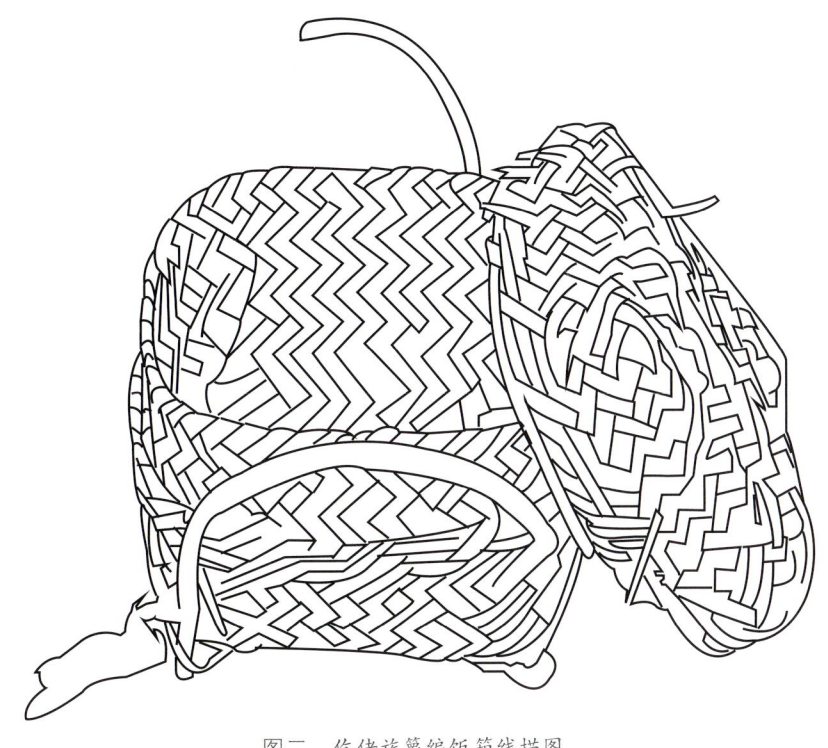

图二 仡佬族篾编饭箱线描图

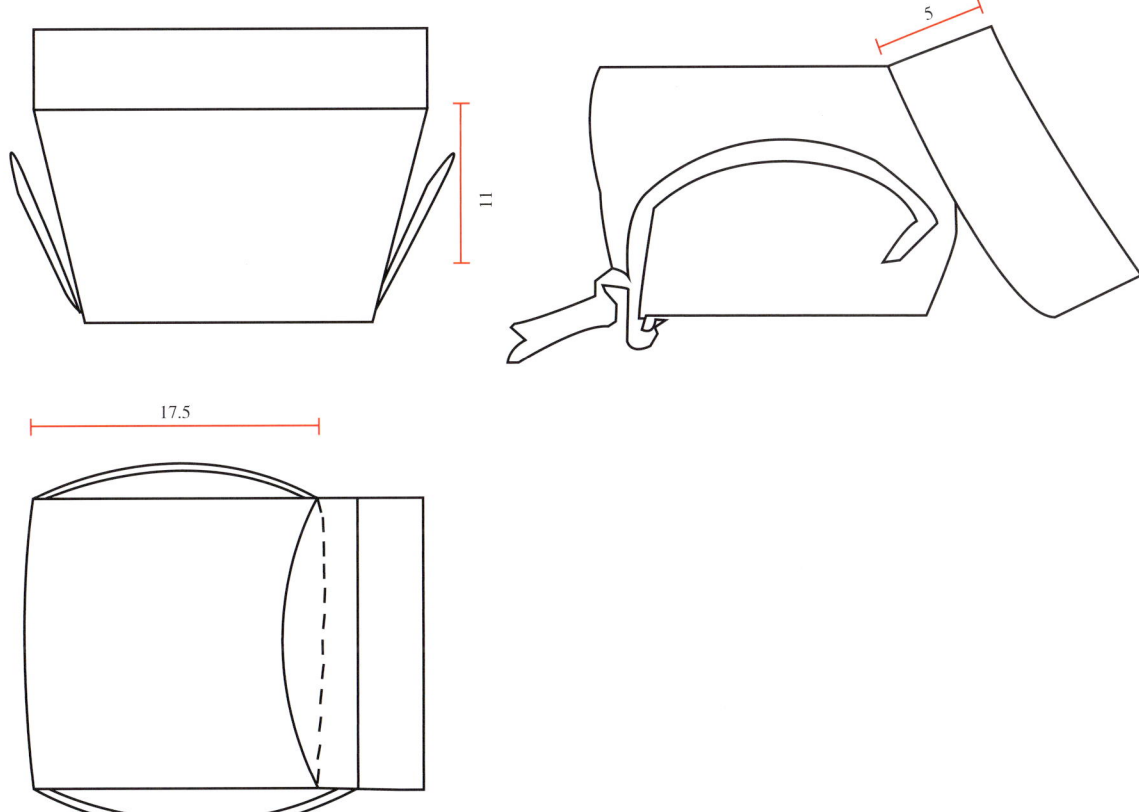

图三 仡佬族篾编饭箱三视、尺寸图（单位：cm）

第四章 仡佬族传统生活用具

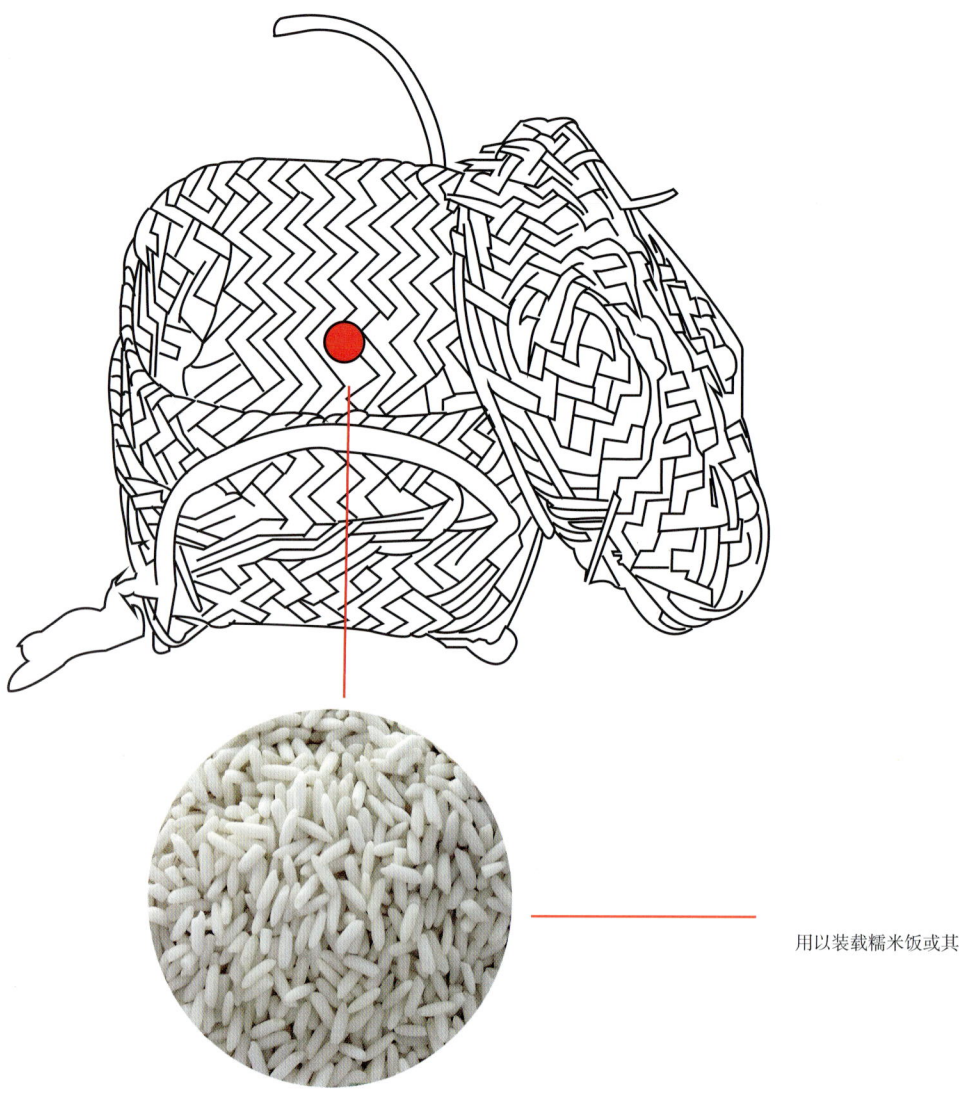

用以装载糯米饭或其他食物

图四　仡佬族篾编饭箱功能图

仡佬族篾编茶叶箄

图一 仡佬族篾编茶叶箄主图

篾编茶叶箄是仡佬族一种竹篾编织的箩状茶叶存储容器。其规格大小不一，且外形奇特，整体来看犹如一只蹲坐的猴子，因而称"猴子箄"。猴子箄在当地仡佬族家庭中仍普遍可寻，部分物件历史悠久。与一般的茶叶存储器不同，猴子箄除其外形特殊外，制作工艺也相当复杂。

黔北、黔东北的仡佬族人民对茶有着独特的情感，茶叶是他们每天食用油茶的最重要原料，因此茶叶的保存事关紧要，猴子箄自然成为他们所热爱的对象。猴子箄主要以竹篾为原料，利用竹篾的柔和性成就这一外形独特的篾编器具。该案例为务川县龙潭村申佑祠堂博物馆收藏品，是猴子箄的基本类型。其底部是一个边长19.5厘米的正方形，五边形侧面：高32厘米，斜边20厘米，顶宽15厘米，猴子箄口部呈拱门状，拱底宽11厘米，拱高14厘米，结构较为复杂。猴子箄全面体现了务川龙潭村篾编茶叶箅考究的篾编工艺，它以成人拇指见宽的薄篾片为主，交叉紧密编织，形成鱼纹状花纹图案，且这种纹路图案的走向不同，其中中下部为横状纹路，齐口部以上为竖条状纹路，之间衔接精妙，技艺颇为讲究。

茶叶采摘下来经过风干去生后，从口放入猴子箅，然后将这种篾编的茶叶箅悬挂于火铺上方，以日常生活的火烟熏烤保持茶叶的干燥；而另一方面，茶叶箅在制作时竹篾紧密编织，有效地隔绝了烟灰。因此，猴子箅的设计保持了茶叶的干燥和干净，为仡佬族人民所热爱。

图片来源

图一　梁宏信　摄影
图二至图四　王文娟　制图

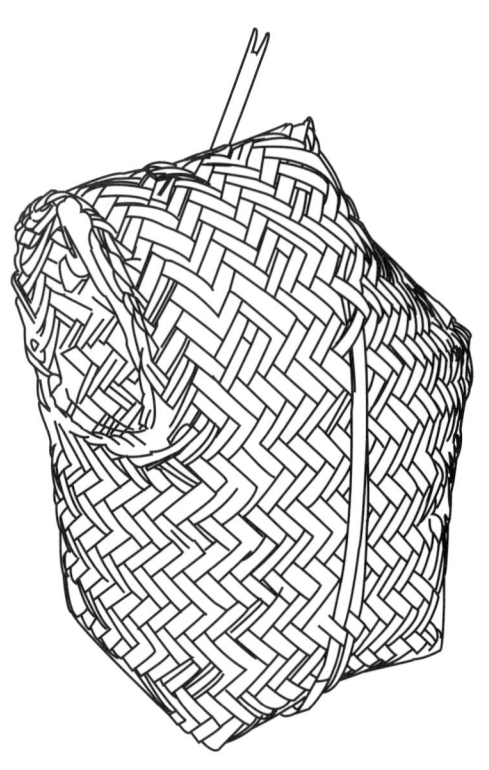

图二　仡佬族篾编茶叶箅线描图

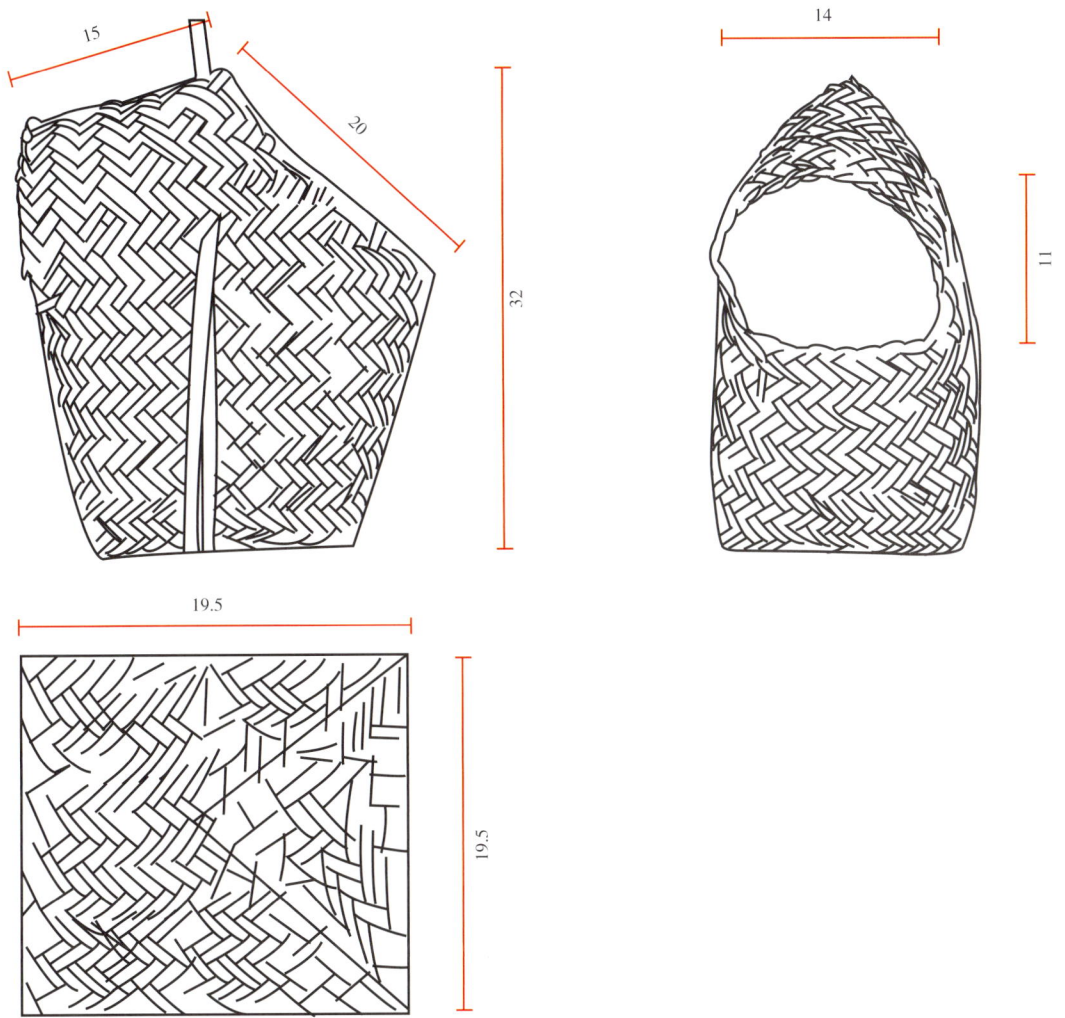

图三　仡佬族篾编茶叶篼三视、尺寸图（单位：cm）

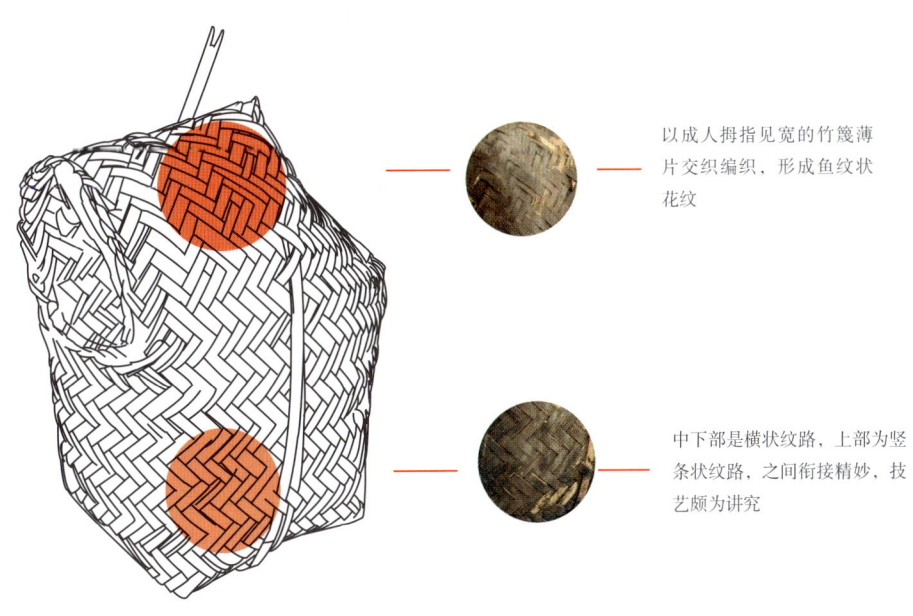

图四　仡佬族篾编茶叶篼材质分析图

以成人拇指见宽的竹篾薄片交织编织，形成鱼纹状花纹

中下部是横状纹路，上部为竖条状纹路，之间衔接精妙，技艺颇为讲究

第四章　仡佬族传统生活用具

仡佬族柏香木柜子

图一　仡佬族柏香木柜子主图

柜（jù）子是仡佬族人民用来存放衣物或谷类的矩形木制器具。其样式多样、规格不一，一般分大小两种类型，按其储存物品来命名：存放衣物的柜子称之"衣柜"，存放谷物的柜子称之"米柜"，在仡佬族村寨中现今仍普遍使用。

柏香木是柜子的主要原料，坚硬、沉重、耐腐，且不易随着时间的流逝变形，是当地人钟爱的家具材质。柜子为仡佬族人民生活起居的主要物件，则多以柏香木打造。而且，设计者考虑到潮湿气候对于储存物件的影响，在打制时特别讲究木板的厚度及工艺，通常打造得十分严实，衔接之处不上钉子，都以拉槽内嵌的方式将板与方结合起来，这样既可以防潮也可以防鼠蚁；加之柜子下脚都会留有20~30厘米高的腿，这样也就增加了柜子的耐用性，所以在当地尚可寻找到使用几代人的老柜子。

柜子一般开口朝上，便于存取物件和储存谷物，平时柜面上还可以堆放一些东西，如衣物、袋子等，可节省其他空间。尽管仡佬族人民对柜子十分喜爱，但不会自家打造，它通常是婚礼中女方父母作为嫁妆赠送的陪嫁物。本案例采自务川仡佬族苗族自治县龙潭村，柜子长103厘米，宽60厘米，整体高84厘米，下脚长25厘米，是较为常见的柜子样式，为村民王治甫结婚时岳父家所赠物件，用以存储粮食。在打造时不上漆，是纯粹的柏香木自然色调，古朴而有韵味，放置在堂屋两侧，可当家具摆设。柜子中体积相对偏小的衣柜则会放置在卧室的床脚位置，夜间可以将脱下来的衣物搁在柜子上面。

图片来源
图一　梁宏信　摄影
图一至图四　苗永攀　制图

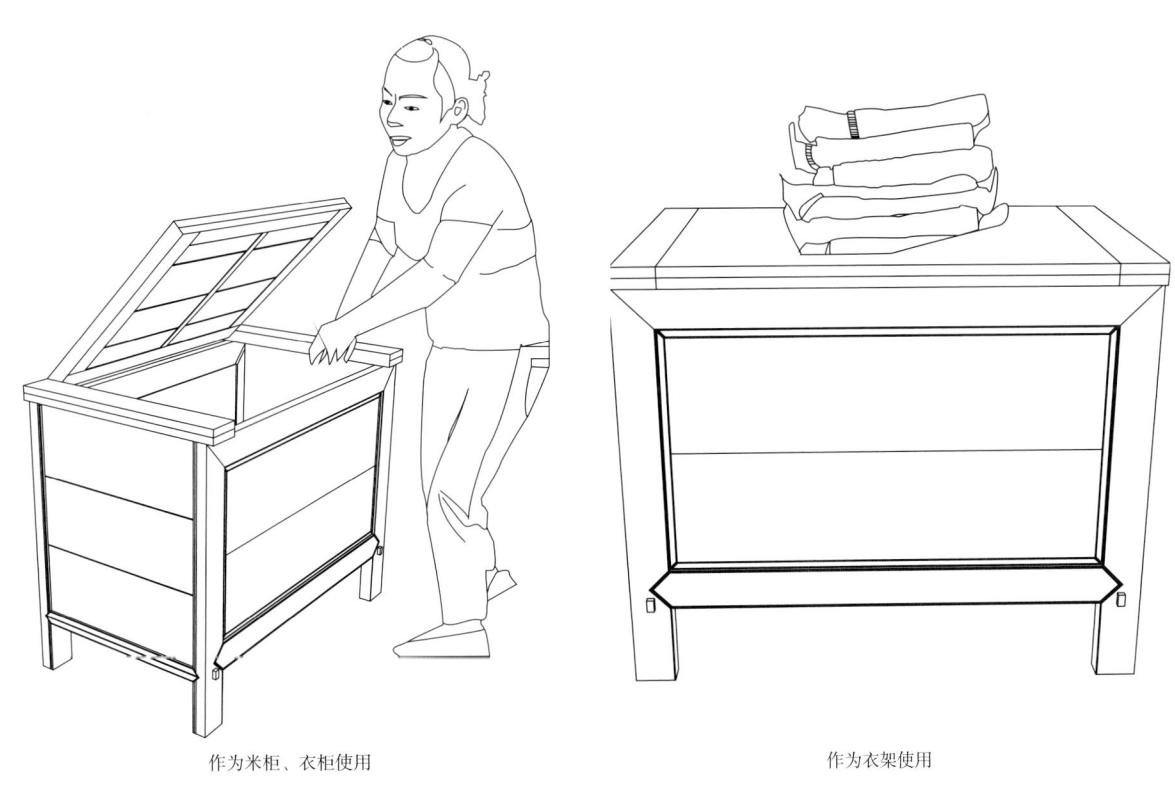

作为米柜、衣柜使用　　　　　作为衣架使用

图二　仡佬族柏香木柜子使用图

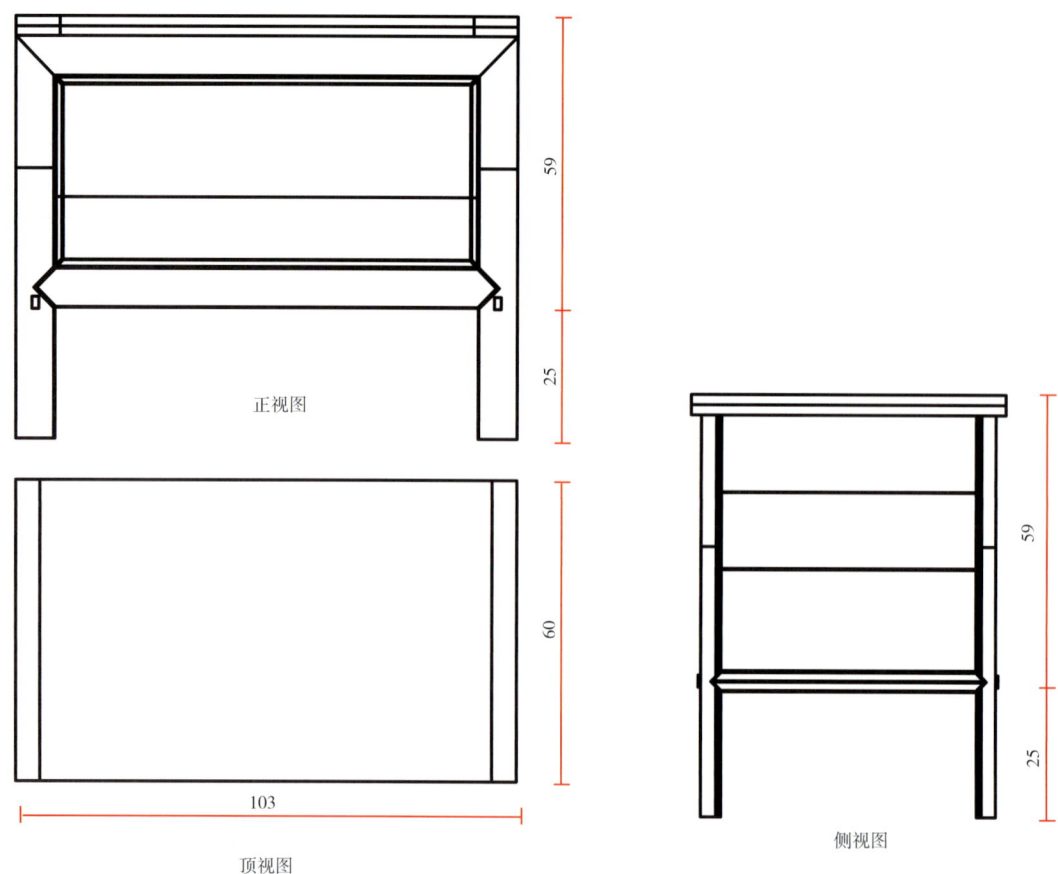

图三　仡佬族柏香木柜子三视、尺寸图（单位：cm）

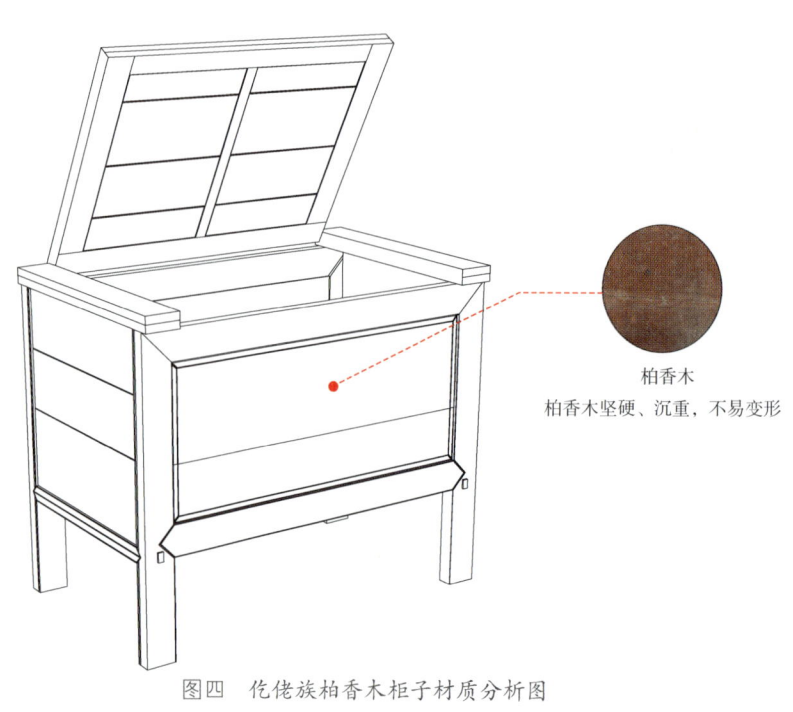

柏香木
柏香木坚硬、沉重，不易变形

图四　仡佬族柏香木柜子材质分析图

仡佬族方台木升

图一　仡佬族方台木升主图

　　方台木升是仡佬族民间常用的一种称量粮食的计量单位，以耐磨的木料为材料打造，方形台状，黔北仡佬族俗称"升子"。升子、斗和斛子都是旧时社会的容量单位，十升为一斗、十斗为一斛，是当时社会标准的计量单位，维持社会交换的有序进行，而当下市面已经很少见到。

　　方台木升为正方台状，选取质地较硬、耐磨的木料合角斗榫而成，大小规格有一定的规定。现今务川县龙潭村申佑祠堂博物馆馆内收藏有这种木质的方台状升、斗、斛多件，本案例即为馆内收藏品之一。其口宽底窄，皆为正方形，口宽40厘米，底边35厘米，高23厘米，为较大型号的计量单位。该物件在工艺设计上与传统所见的方台木升相似，为方便使用而设计成口宽底收的器具，各个侧边皆为正梯形状。物件的正中位置还设有手抓提把，较之侧角留耳的方台木升更实用。

　　务川龙潭村方台木升在黔北仡佬族家庭生活中至今仍随处可见，但已经很少以其作为衡量粮食的"公平秤"，多数时候仅作盛放鸡鸭等家畜饲料的容器使用。而在乡村仪式中这种方台木升还作为一种祭祀器皿出现，通常以其盛装米粒摆在神龛或是一些神位之前，插香烛于其上。此时，方台木升即从一种世俗物转变为神圣物，这类现象在贵州境内的仡佬族社会里普遍可见。

图片来源
图一　梁宏信　摄影
图二、图三　王文娟　制图

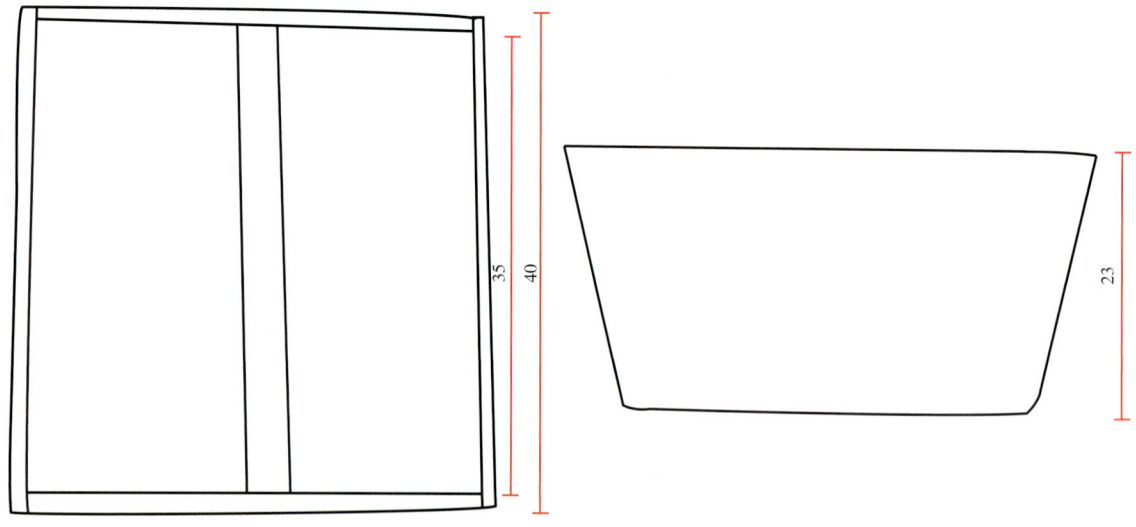

图二　仡佬族方台木升视角、尺寸图（单位：cm）

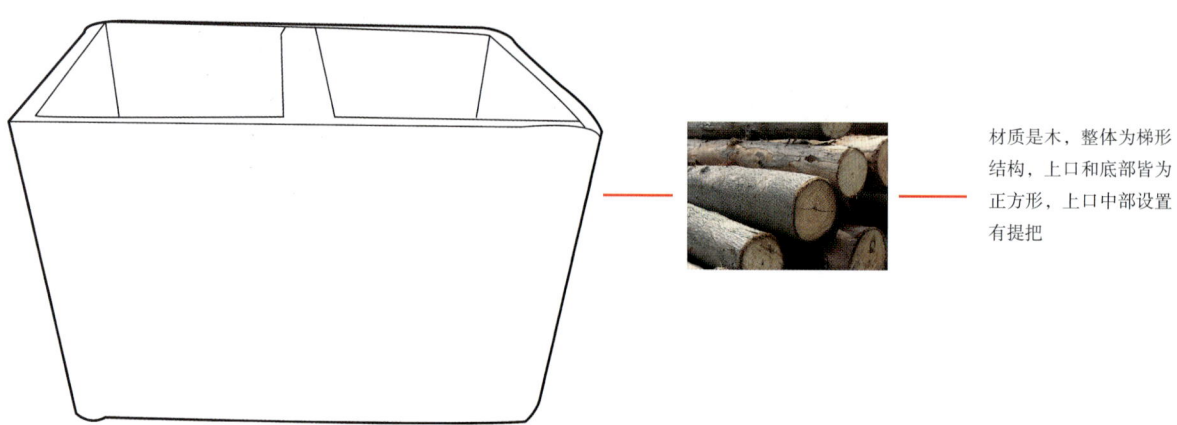

材质是木，整体为梯形结构，上口和底部皆为正方形，上口中部设置有提把

图三　仡佬族方台木升材质分析图

仡佬族叠层棕饭盒

图一 仡佬族叠层棕饭盒主图

叠层棕饭盒是仡佬族民间工艺师以棕树为原料，利用巧妙雕工技艺制作而成的一种装饭菜盒子，一般为双层套叠结构，通常在上山劳作时携带晌午饭使用。当地仡佬族人民俗称这种生态型便携容器为"饭盒子"，至今乡村社会也已罕见。本案例为务川县龙潭村申佑祠堂博物馆收藏品。饭盒为圆柱形双层叠套结构，盒子口径15厘米，高29厘米，设有34厘米长的提把，工艺精湛。

叠层棕饭盒的主要原材料是成年的棕树，含有一定水分，木质松软，雕刻起来比较方便，而且黏性和耐用性能普遍较好。制作者取棕树主干部分，将内肉挖空、修整，以一小片竹篾过火弯曲成提把，用铁丝捆牢即可。棕树质地较脆，一般在木料处于未完全风干的时候着手雕刻，在制成之后将其过火蒸透，以防木料长虫，最后熏干或风干，使其变硬即可使用。该物件主体分三个部分：底部较深，主要用以盛装米饭，中间一层装菜类使用，上端为盖，雕刻有手抓的短柄，饭盒盖在吃饭时还可以作碗使用。

叠层棕饭盒在工艺设计上反映了仡佬族人民较高的物件设计水平及雕刻工艺水平。从设计工艺来看，这种叠层棕饭盒将饭菜分开存储，有效地保存了食物的原味；其次，它采取多层套叠，有效地增加饭盒子的保温性能。而这种多层叠套设计也反映出制作者较高的雕刻技艺。

图片来源
图一　梁宏信　摄影
图二、图三　王文娟　制图

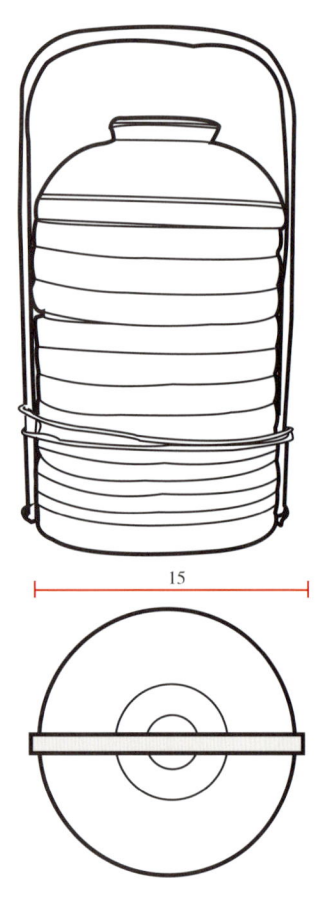
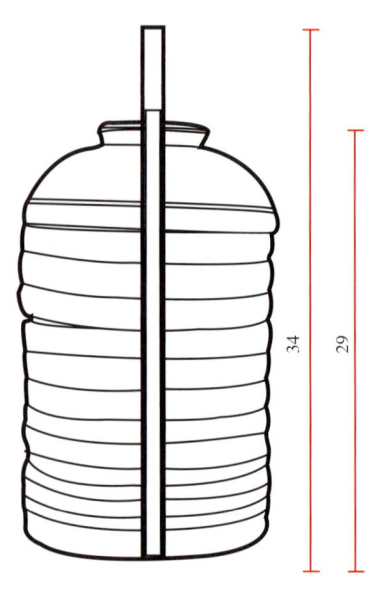

图二　仡佬族叠层棕饭盒三视、尺寸图（单位：cm）

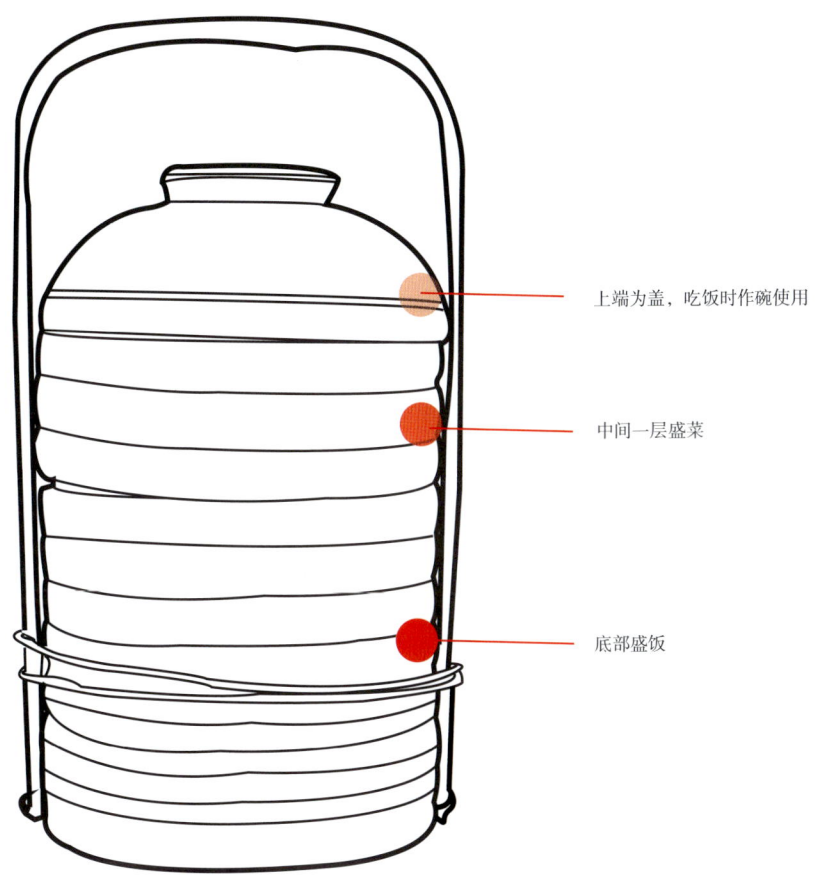

图三　仡佬族叠层棕饭盒功能分析图

上端为盖，吃饭时作碗使用

中间一层盛菜

底部盛饭

第四章　仡佬族传统生活用具

仡佬族棕木甑钵

图一 仡佬族棕木甑钵主图

棕木甑钵是仡佬族一种盛装食物的棕木材质容器，经手工雕琢而成。它外形呈钵盂状，有匹配的棕雕盖子，是民间外出劳作时用来携带食物的传统器具，一些家庭还以其储存油盐之类的生活物资。本案例为务川县龙潭村申佑祠堂博物馆馆内藏品，同类物品仅此一件。藏品口径18厘米、深9厘米，盖子内径17厘米、盖深4厘米，雕有内嵌式盖沿。

制作棕木甑钵使用的原料是具有一定生长年限的老棕树。制作时，根据需要截取其主干部分，用专制的工具将树干内部的肉质挖空，再经加工、修饰成钵。棕木甑钵的整个工艺制作过程都是在棕树肉质未完全风干之前进行，在制作完成之后将其过火蒸透，以防木料长虫，最后将甑钵熏干或风干。因为，未经风干的棕树肉质松软，便于雕琢；而风干后的棕木质地轻巧，但肉质变紧而坚硬，柔和性与黏性不够。该物件的制作工艺精湛，制作手法相当细腻。钵身的每个过渡处都不留痕迹，浑然一体；且在钵盖的内沿处留出几毫米的衔口，使盖子和钵身的衔接严实，在保存食物时增加其保温效果，也可防虫蚁进入等。

棕木甑钵的工艺设计较好地考虑到了人体与甑钵之间的关系问题。甑钵普遍偏大，普通使用者使用起来较为不便，因此设计者在甑钵钵底处留出可供使用者抓举的托盘，且在其盖子顶部也设计有抓柄，这样既为使用者提供了便利，也为甑钵的整体造型提供了装饰效果，体现了仡佬族人民对生活艺术的一种追求。

图片来源
图一　梁宏信　摄影
图二、图三　王文娟　制图

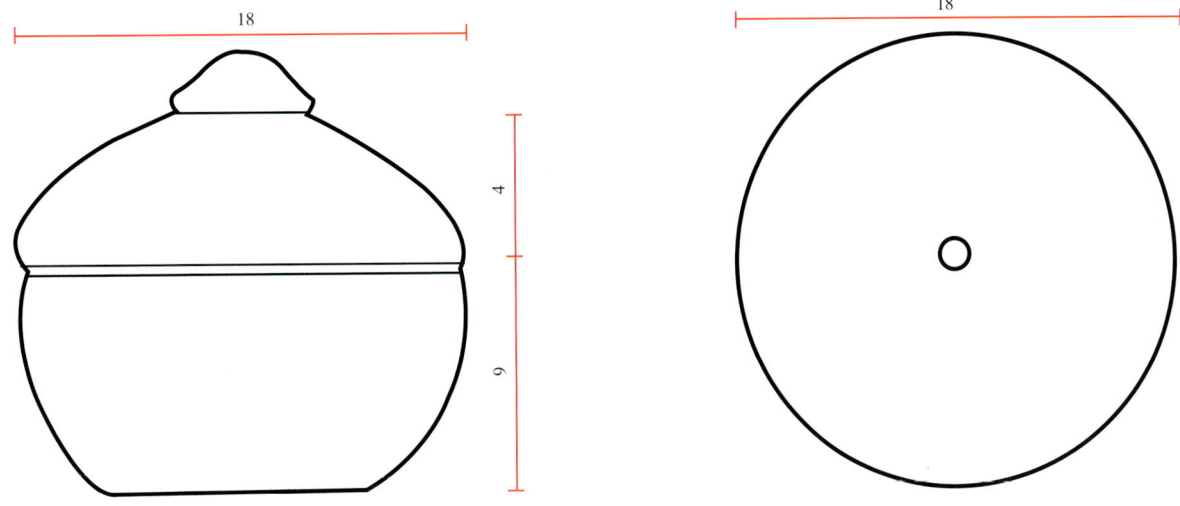

图二　仫佬族棕木甑钵视角、尺寸图（单位：cm）

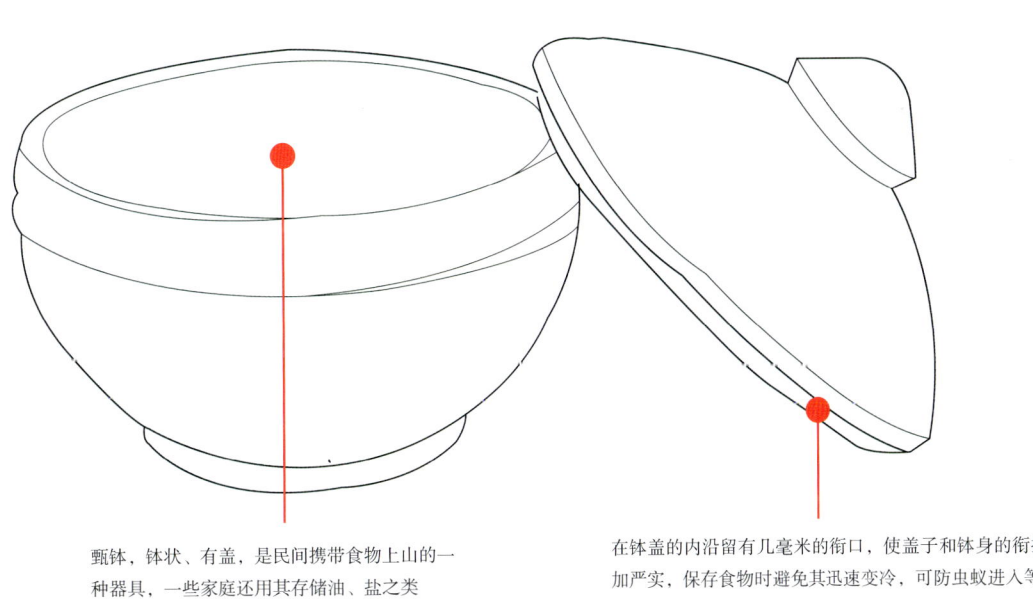

甑钵，钵状、有盖，是民间携带食物上山的一种器具，一些家庭还用其存储油、盐之类

在钵盖的内沿留有几毫米的衔口，使盖子和钵身的衔接更加严实，保存食物时避免其迅速变冷，可防虫蚁进入等

图三　仫佬族棕木甑钵结构分析图

仡佬族篾编斗笠

图一　仡佬族篾编斗笠主图

　　篾编斗笠是黔北仡佬族人民劳作时戴在头上遮阳避雨的篾编用具。斗笠的使用在我国历史悠久，它是南方民族所钟爱的生活用具。如《诗经·无羊》中有"何蓑何笠"的诗句，其中的"笠"即为这种篾编斗笠，充分说明我国先民在较早的时期就普遍使用这种篾编雨具。

　　黔北仡佬族的篾编斗笠通常以竹篾为原材料，内夹桐油纸制作而成，其样式与蘑菇相似。本案例采自黔北道真县三桥镇接龙村。该物件内外径分别为17厘米、72厘米，高为18厘米，是近年制作的新产品。

　　仡佬族篾编斗笠在制作工艺上，以细篾为主。通常取十多股竹篾，其中5只为一股，采用交叉互扣或穿插等编织方式进行编制，编制时由顶开始，逐一外展，至相应大小宽度后收边。当然，如果要对其进行工序划分的话，篾编斗笠可看成是由两个部分的工作构成：其内外两层篾分别编织，中间夹着桐油纸做底（防止漏水），在帽檐处以细篾将其缝合做檐。

　　然而，在实际的操作中编制斗笠却是一个复杂的过程，它不仅需要编制者刀工精湛，而且对用篾能力也有着极高的要求。如在制作顶部的突出部位时，设计者加入较小的篾环收束，各篾环的大小变化不大，因此将篾丝拉紧时中间的部位就会突出，因而形成顶部的突出部位；但当达到一定高度后，又要逐步外展才能形成平整的帽檐，所以编制者的篾环也逐渐地变大，使篾环对竹篾的束缚减少而变得平整。斗笠编制足以体现出斗笠制作者手工技艺之高超及其用篾之巧妙。

图片来源
图一　梁宏信　摄影
图二至图四　聂红超　制图

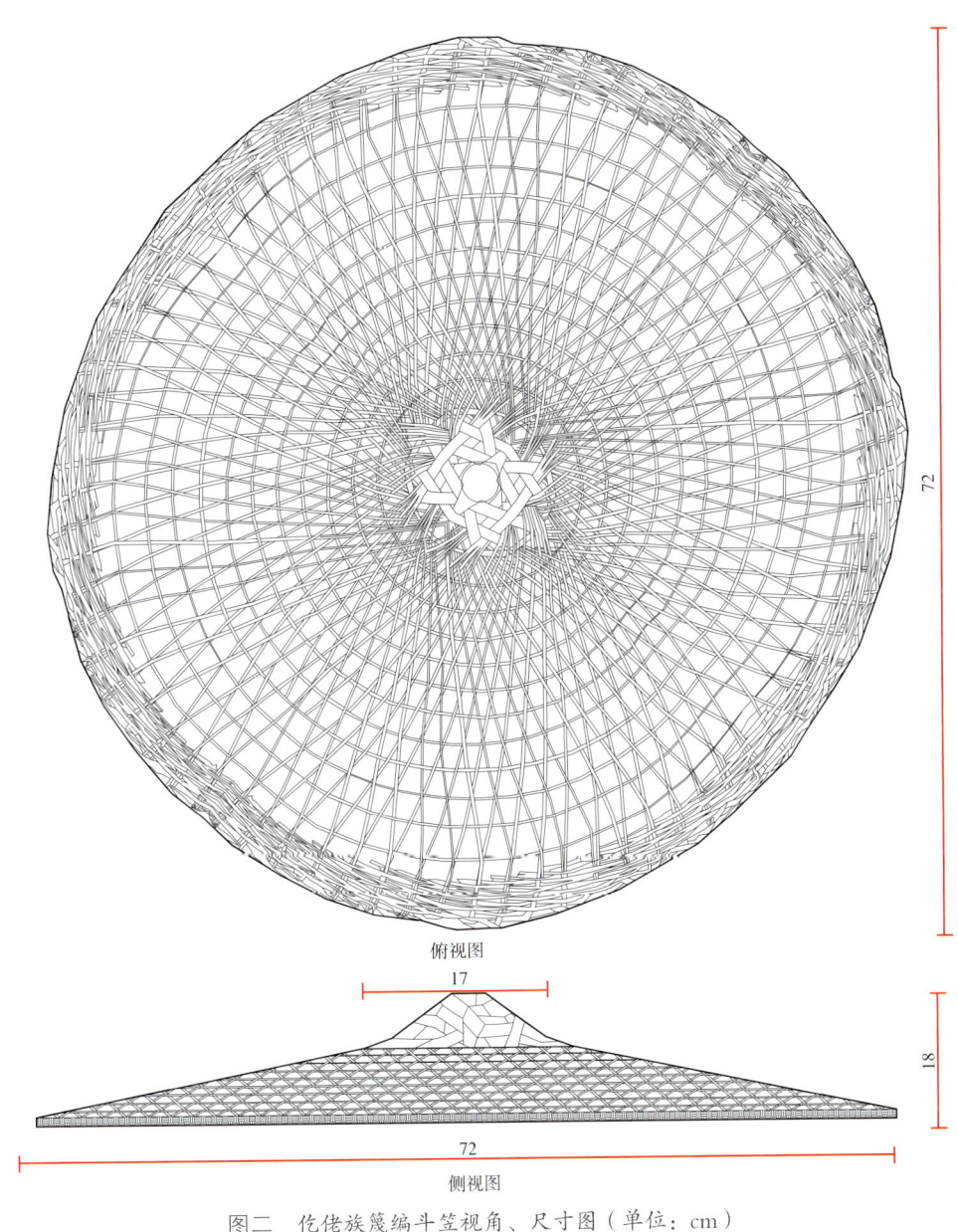

图二　仡佬族篾编斗笠视角、尺寸图（单位：cm）

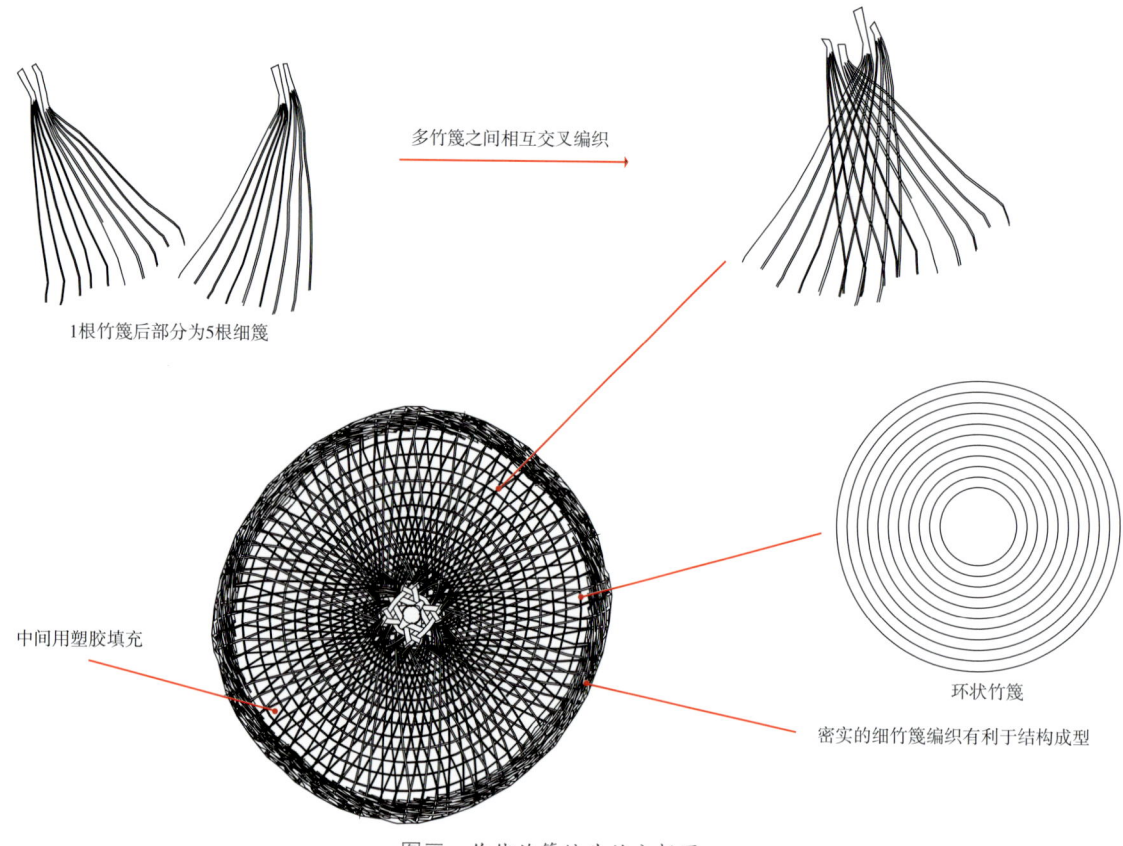

图三　仡佬族篾编斗笠分析图

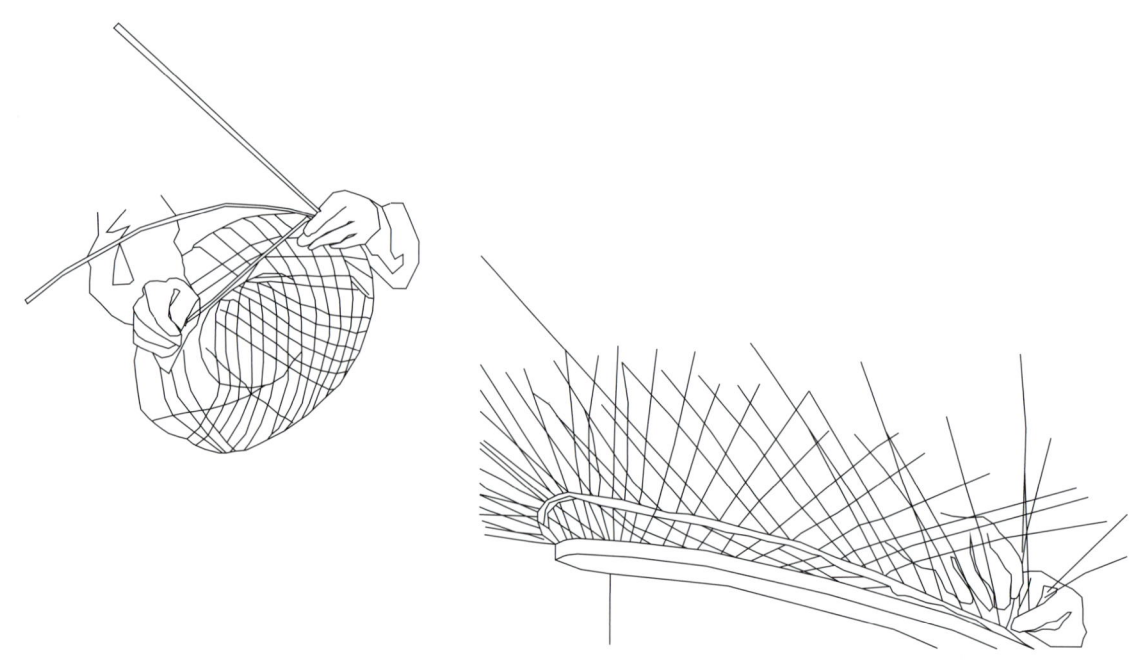

图四　仡佬族篾编斗笠制作示意图

仡佬族棕皮蓑衣

图一　仡佬族棕皮蓑衣主图

棕皮蓑衣是一种以棕皮为材质的传统雨具，具有悠久的历史。唐时，张志和有诗云："青箬笠，绿蓑衣，斜风细雨不须归。"（《渔歌子》）其中记述的"绿蓑衣"即是这种以蓑草或棕皮为材料制作而成的雨具，垂钓、行舟或是外出劳作时披在身上，既可遮风挡雨，还可保温御寒，在我国南方地区广泛使用。

黔北仡佬族生活的区域是在400毫米等降水量线以南的区域，春夏时节降水较多，为方便人们的农业生产，先人们制造出这种可遮挡雨的蓑衣，下雨时方便外出劳作。本案例为道真县三桥镇接龙村棕皮蓑衣，背长67厘米，底宽30厘米，肩宽32厘米，领口宽26厘米，衣厚4~5厘米，它与其他地区的蓑衣略为不同的是，其外观形如蝙蝠状，全部以棕皮为材质，通过棕绳穿扎绑牢的方式制作而成，极为厚实，其保暖效果更佳。

制作棕皮蓑衣的材质是棕树上相对成熟的树皮，剥下来晒干。然后敲碎取其头部比较坚硬、粗糙的杂质，根据人体大小用搓细的棕绳以针扎的手法缝绑。从搜集所得的样本可以看出，蓑衣内外两面编织所使用的针法不同，内部做工相对简单，主要采用经纬交错的针法缝制，略显粗糙；而其外部的制作工艺比较精致，用线密集，针线之间主要采取针法交叉缝制，针线的走法十分考究，因此其整体的花纹线路整齐、清晰同时也使得其外层材质之间更加紧密，防止渗水。

图片来源
图一　梁宏信　摄影
图二、图三　王文娟　制图

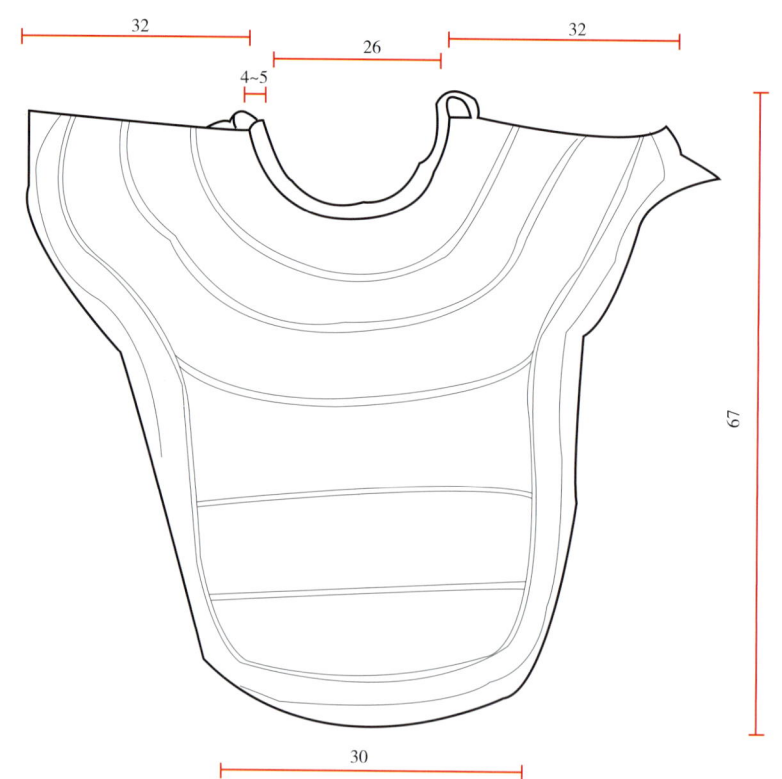

图二　仡佬族棕皮蓑衣尺寸图（单位：cm）

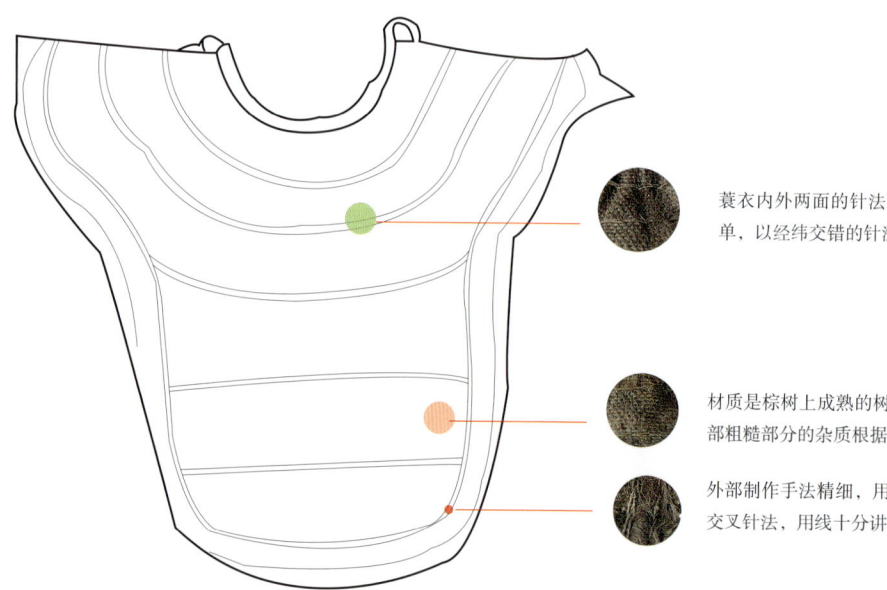

蓑衣内外两面的针法相差甚远，内部相对较简单，以经纬交错的针法缝制，制作较为粗略

材质是棕树上成熟的树皮，剥下来晒干，然后敲碎取其头部粗糙部分的杂质根据人体大小用搓细的棕绳以针扎缝牢

外部制作手法精细，用线较密，针线之间采取网状错开的交叉针法，用线十分讲究，使得整体花纹线路清晰、整洁

图三　仡佬族棕皮蓑衣材质分析图

仡佬族棕背

图一　仡佬族棕背主图

棕背是仡佬族人民在搬运东西时用以垫背的辅助工具，整体呈梯形块状，由棕皮垫子外加两根背带组合而成。它给劳作中的人们带来了实实在在的便利，特别是在搬运粗糙物体时，棕背减轻了物体对人体的摩擦，减少了尖锐棱角对人体的损害。

棕背主要以棕树外皮为材质，经手工绑扎而成。仡佬族人民以棕皮来制作棕背，主要考虑到棕树皮质的极强耐磨性。除了做底的部分外，还有就是绑扎的细绳子也是用棕树皮质搓成，体现了仡佬族人民善于利用自然材质特性的生活智慧。在制作工艺上，棕背的制作非常讲究，首先将棕树皮质搓细为绳，通过针缝的方式将棕树皮扎牢，形成一张可以覆盖人体背部的梯形块状物，然后在上端和腰部之间连接背带，方便人们背东西时背负。本案例采自道真县三桥镇接龙村。

该物件背长68厘米，上下宽分别为27厘米、36厘米，厚2~3厘米，制作时更讲究其实用性，棕绳密缝以增加棕背的牢固性和耐用性，同时也体现了制作者的耐心和制作技艺的娴熟。从美学的视角来看，这种线的组合图案整洁大方，在实用的基础上，平添了几分朴实的美感。

棕背现今仍为仡佬族人民在日常生活、生产中普遍使用的传统工具，特别是居住在山地的仡佬族人民，更偏爱利用这种背上的工具来辅助他们背负笨重且粗糙的物体。

图片来源
图一　梁宏信　摄影
图二　陈玫　苗永攀　制图
图三、图四　聂红超　制图

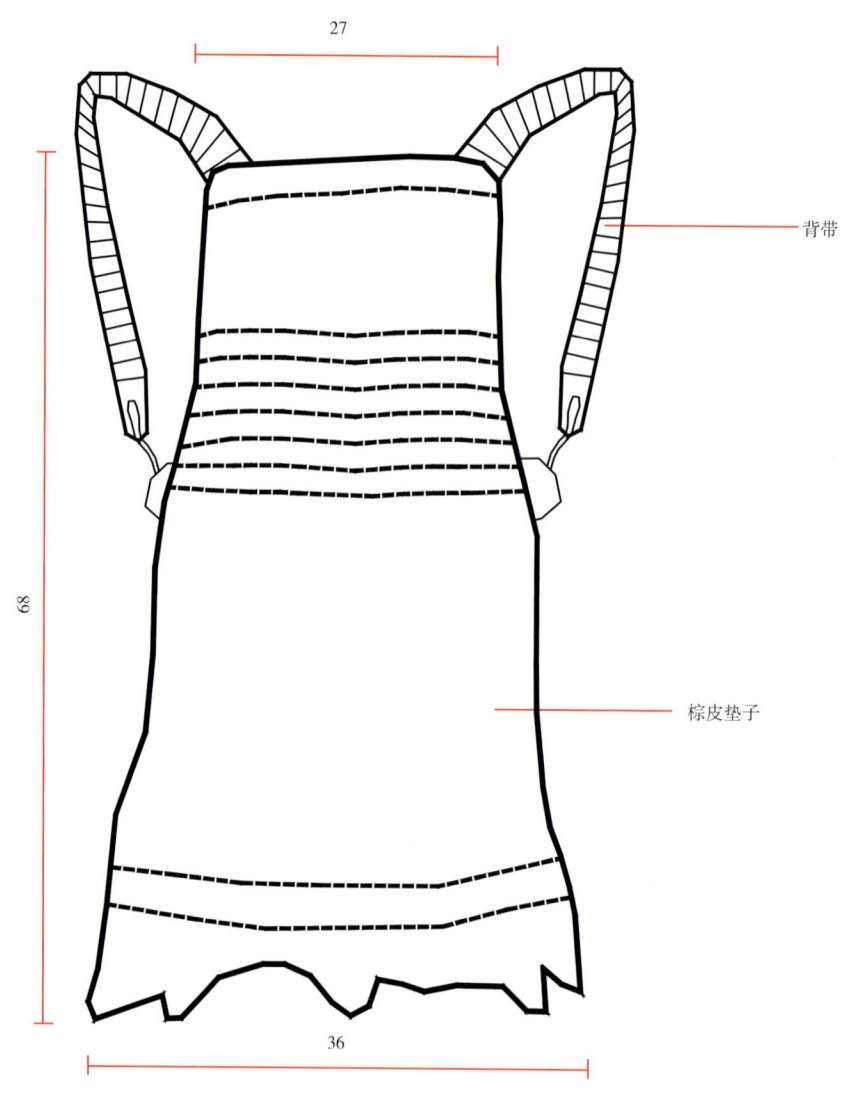

图二　仡佬族棕背结构名称、尺寸图（单位：cm）

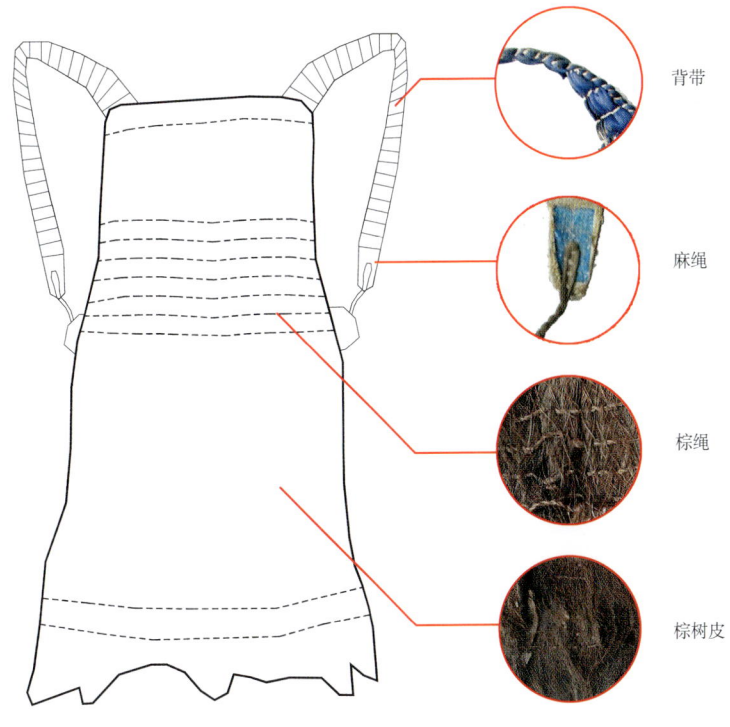

图三　仡佬族棕背构成图

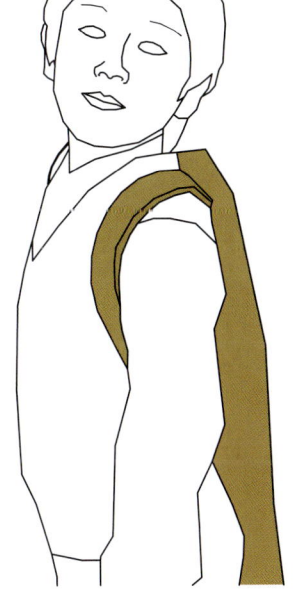

图四　仡佬族棕背使用示意图

第四章　仡佬族传统生活用具

仡佬族棕刷

图一　仡佬族棕刷主图

棕刷是一种样式小巧的清洁工具，在黔北、黔东北仡佬族日常生活中，常以其清洁煤炉桌的桌面。棕刷俗称"棕刷把"，在民间通常可见的有横柄和竖柄两种类型，大小相差不大。较早的时期，棕刷是磨谷或碾米的主要辅助工具，甚至还以其作漆刷使用，而随着时代的发展其用途也逐渐地减少，基本只做清洁工具使用。

棕刷虽然形制较小，但它的制作技巧及工艺设计并不简单。据仡佬族老人介绍，这种棕刷全部是以棕树皮为材料。制作时，去皮衣根部的硬质或将其敲散，扯成棕丝，然后以这些棕丝编织成筷头大小的绳子3—4根备用。基本材料准备妥当后，取一匹棕树皮，用事先准备好的细绳子绑扎制作刷柄；在刷柄编制到适当的长度时，将棕丝分成5份，以绳子穿扎绑牢，用剪刀减去尾部使其整齐即可。

实际制作过程中，绳子的绑扎以穿扎编织的方式来完成，使外层的编织紧紧包住棕丝，犹如一件紧身的"衣服"，编织技巧很高。本案例为横柄类型，是道真县三桥镇接龙村涂运木家中在用的棕刷，刷柄长10厘米，刷口宽14厘米，身长15厘米，编织手法相当细腻而富有创意，在拐角处的收线也十分讲究，不留有痕迹，是一件很考究的"生活工艺品"。

图片来源
图一　梁宏信　摄影
图二、图三　王文娟　制图

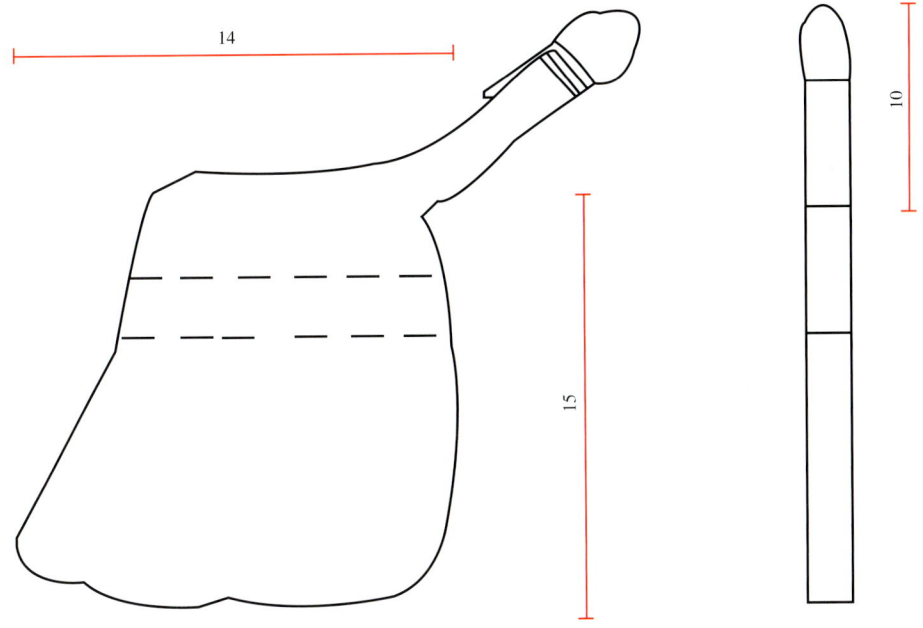

图二　仡佬族棕刷视角、尺寸图（单位：cm）

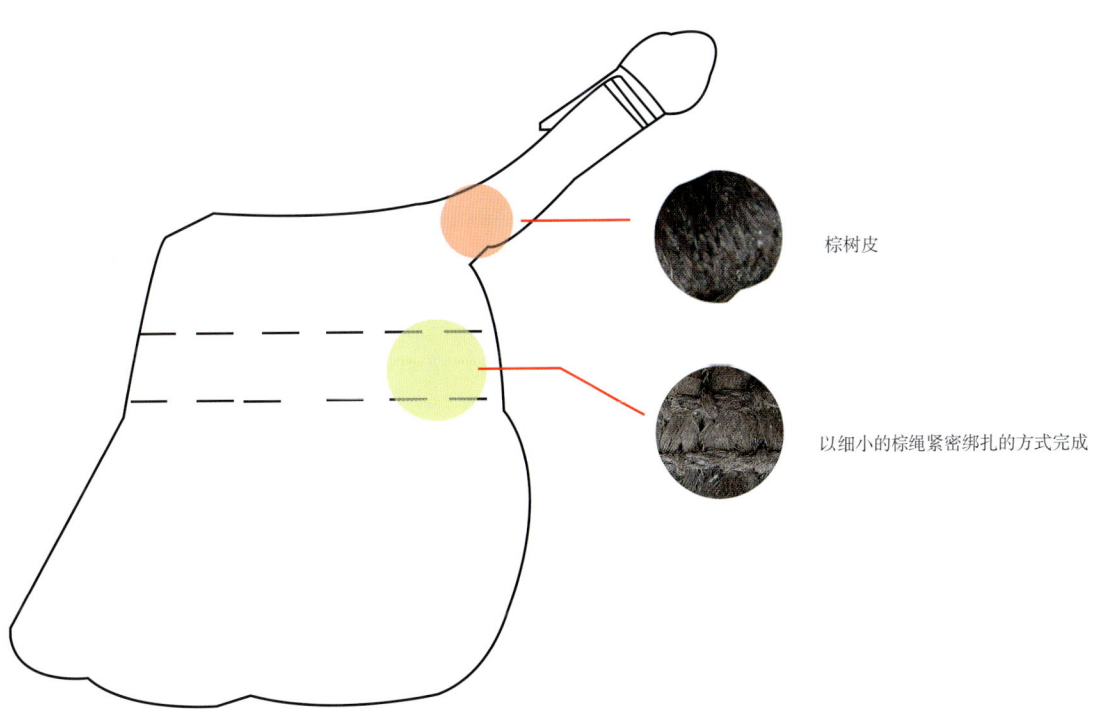

棕树皮

以细小的棕绳紧密绑扎的方式完成

图三　仡佬族棕刷材质分析图

第四章　仡佬族传统生活用具

099

仡佬族棕扫帚

棕树是棕榈的别称，为热带及亚热带树种，黔北、黔东北一带多有栽培。这一地区的仡佬族人民除了取棕树外皮来制作蓑衣或绳子外，还喜欢用其来制作扫帚。棕扫帚与高粱秆或稻米秆制作的扫帚大为不同，其质地轻巧、柔软且十分耐用，通常会加上1米左右的长柄，使用起来比较方便。

棕扫帚功能并无奇特之处，但制作工艺却堪称一绝，独具地方特色。在制作这种扫帚时，通常会取棕树成熟的外皮，将其剥下来后晾干，敲打根部去掉粗糙的部分，然后扯出部分制作筷头大小的绳子数根备用。制作时外皮的毛根朝下，尾部柔软部分由绳子穿扎做柄。绑扎的技术十分考究，也很讲究线绳的走法。本案例为道真县三桥镇接龙村涂运木家在用棕扫帚。棕扫帚长128厘米，除去92厘米的竹柄，其余部分全部为棕材质，扫帚口宽50厘米。从该物件即可看出棕扫帚的编织工艺水准，特别在扫帚的"两肩"处针线的走法甚是精妙，棕线两两相扣拉紧，而编织成紧密的网状图案，针法精妙，落线干净而整洁。且绳子相扣之处留有结，组合成一排整洁的纹路，既美观又扎实；相同的针法在扫帚的短柄处也是相当的明显，收针巧妙而不留痕迹，在技艺上达到了较高的水平。

随着工业塑胶扫帚的进入和传统编织技艺的逐渐失传，在广大的农村地区，目前存留的多是使用年久的棕扫帚，新的棕扫帚只有专门的编织者还在编织，而且多将其作为商品拿到市场上去销售，但也是极其少数。

图一　仡佬族棕扫帚主图

图片来源
图一　梁宏信　摄影
图二、图三　王文娟　制图

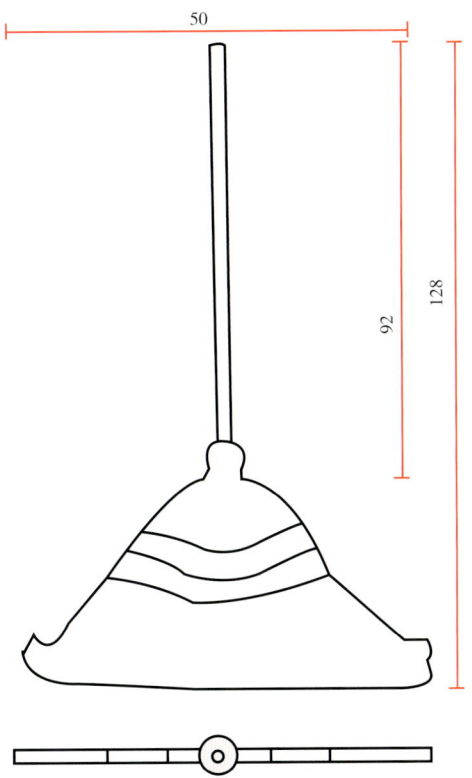
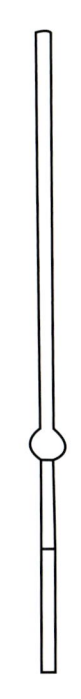

图二 仫佬族棕扫帚三视、尺寸图（单位：cm）

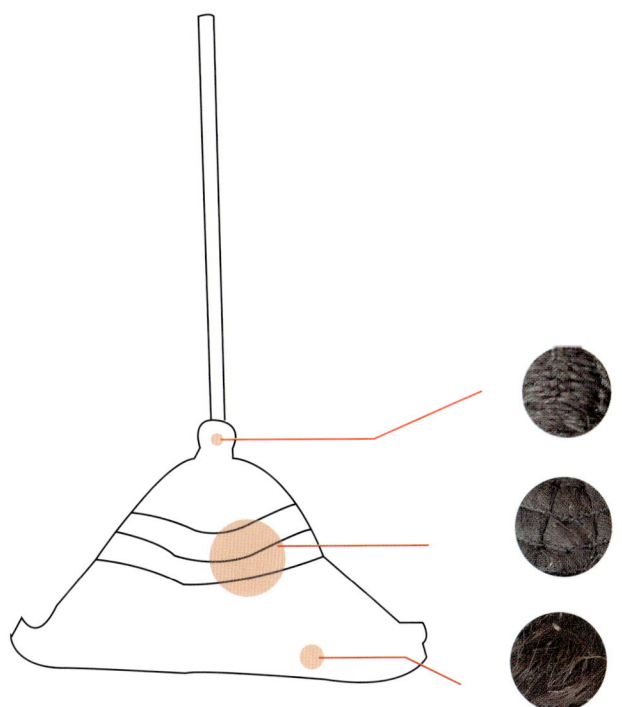

 相同的针法在扫帚的顶部也较明显，收针巧妙而不留痕迹，在技艺水平上达到较高的水准

在扫帚的"两肩"其针线的走法极为精妙，棕线两两相扣拉紧，而编织成紧密的网状图案，针法精妙，落线干净整洁，相扣之处留有结而组合成一排整洁的线条

 该物件取棕树成熟的树皮，晾干后敲打根部去掉粗糙的部分，然后以细小的棕绳为县，采取针缝的形式进行制作

图三 仫佬族棕扫帚材质分析图

仡佬族杉木方形茶盘

图一　仡佬族杉木方形茶盘主图

杉木方形茶盘因其形为船状，在坊间又称"茶船"，属传统的茶具，是仡佬族民间用来盛放茶壶、茶杯的浅底器皿。其样式简单，规格大小不一，也是仡佬族传统婚俗中的必备陪嫁物件之一。

我国茶文化历史悠久，其茶盘的样式也自然是丰富多彩，各种形状、材质及大小类型应有尽有，在茶盘材料上以金、木、竹、陶等最为常见。而在黔北仡佬族地区，民间使用的茶盘材质是以杉木为主，与主流珍贵材质茶盘不一样的正是其原料的这种朴实性。杉木为南方常见乔木，其质地松软、轻巧，可塑性强，适合打造各种类型的家具，用其打造茶盘却少见。仡佬族民间方形茶盘使用杉木打造，正因其材质易取，且可塑性强，打造起来比较方便。加之杉木质地较轻，这种材质的家具也相对轻便，便于随意搬动。

本案例采自道真县三桥镇接龙村，为长方形船状，其盘底长为65厘米，宽为36厘米，口长66厘米，口宽37厘米，盘高4.5厘米，深2厘米，是民间常见的杉木方形茶盘类型。

仡佬族杉木方形茶盘在制作工艺上十分讲究，以四只小方为架，之间开金口衔接，彼此互相扣牢，底部再以两根小方相连做架子，这样既托住底板以支撑重量，同时又能拉紧架子使其更加牢固。在杉木方形茶盘的上口，小方条被削成槽状，恰到好处地向底板呈弧形过渡，体现了设计者周全的考虑。制作工艺的细腻之处还在于茶盘棱角的交接处，用专门的勾线刀将其修整成有弧度的边缘，这样使得整个茶盘更有线条的柔和美感，避免了棱角分明的僵硬。

图片来源
图一　梁宏信　摄影
图二、图三　王文娟　制图

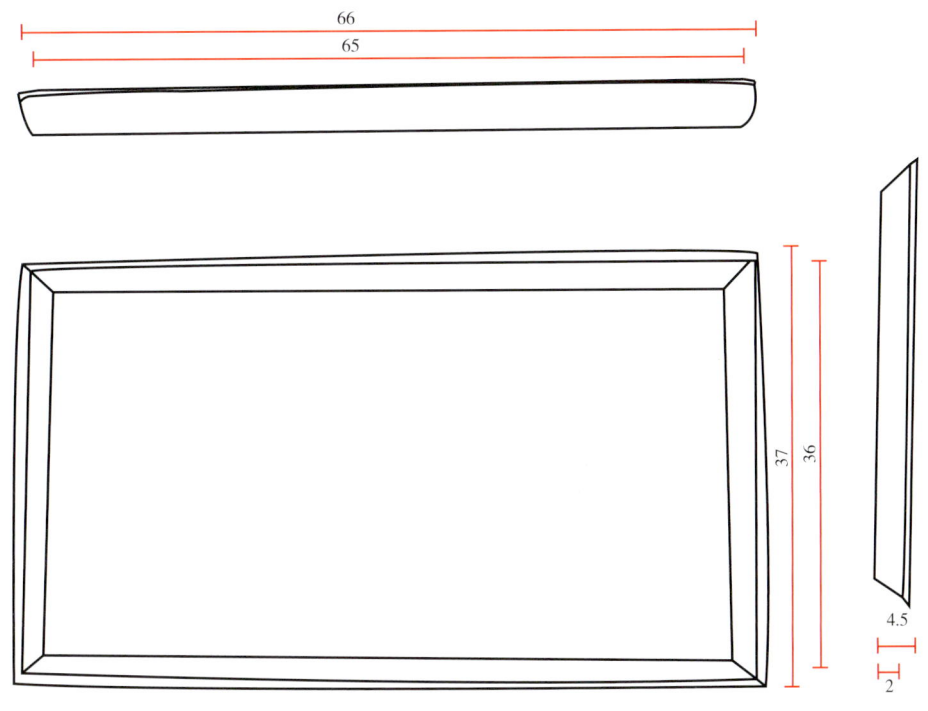

图二 仡佬族杉木方形茶盘三视、尺寸图(单位:cm)

茶盘的制作工艺极为讲究,以四只小方为架,之间用金口衔接起来

在茶盘的上口,小方条被削成槽状,正好实现了与底板之间过渡

图三 仡佬族杉木方形茶盘制作分析图

仡佬族梨木酥饼印模

仡佬族务川龙潭村梨木酥饼印模俗称"印斗",是务川地区人民用来制作酥饼的雕花模板。务川一带仡佬族人民喜食酥食,制作酥食时通常以梨木酥饼印模作为模板。酥饼印模上雕刻有不同形状的酥饼模型,在制作酥饼时,人们将制好的酥饼原料用手工挤压在印斗上,然后再把酥饼从印模槽中倒出,通过甑子将其蒸熟就能制作出不同形状及花纹样式的酥饼。

梨木酥饼印模制作时主要取材梨子木。梨子木木质坚硬,雕刻的花纹不易损坏,而且梨子木很少生虫,易于长期保存使用。梨子木本身具有自然的清香味道,有热度的酥饼原料与其接触,吸收了梨木木质的清香,增添了酥饼的清爽味道,因此民间制作的酥饼很受人们喜爱。在印斗的制作工艺上,也很能体现仡佬人对于酥食的热爱。他们在坚硬的木料上精心雕刻不同花纹和样式的酥饼模型,不断丰富民族酥食的种类。本案例为务川县龙潭村申佑祠堂博物馆收藏品,梨木材质,长39厘米,宽4厘米,高3厘米。印模四面都雕刻有不同样式的酥饼模型及花纹,是一件内容丰富的"酥食文化产品"。

精心雕琢的梨木酥饼印模是仡佬族物质文化的重要内容,它不仅是仡佬族人民雕刻技艺及其艺术审美个性、审美情趣的一种体现,还包含了仡佬族人民丰富多彩的饮食生活习惯及饮食民俗文化。

图一　仡佬族梨木酥饼印模主图

图片来源
图一　梁宏信　摄影
图二、图三　王文娟　制图

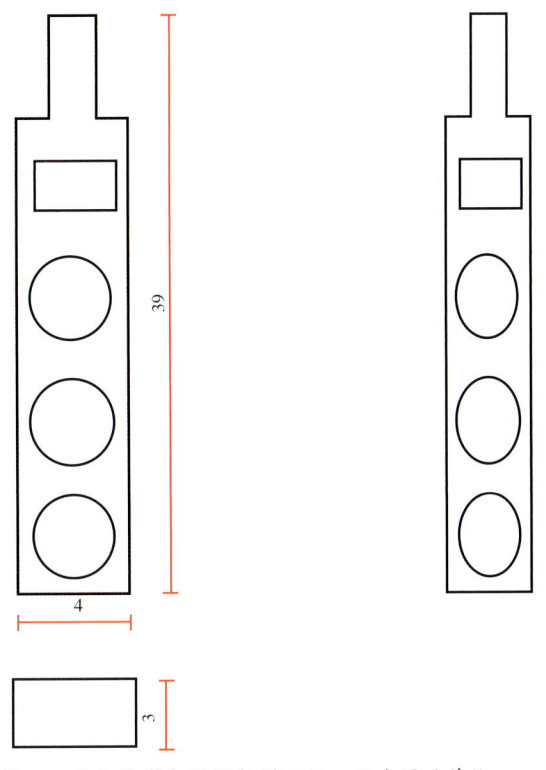

图二　仡佬族梨木酥饼印模三视、尺寸图（单位：cm）

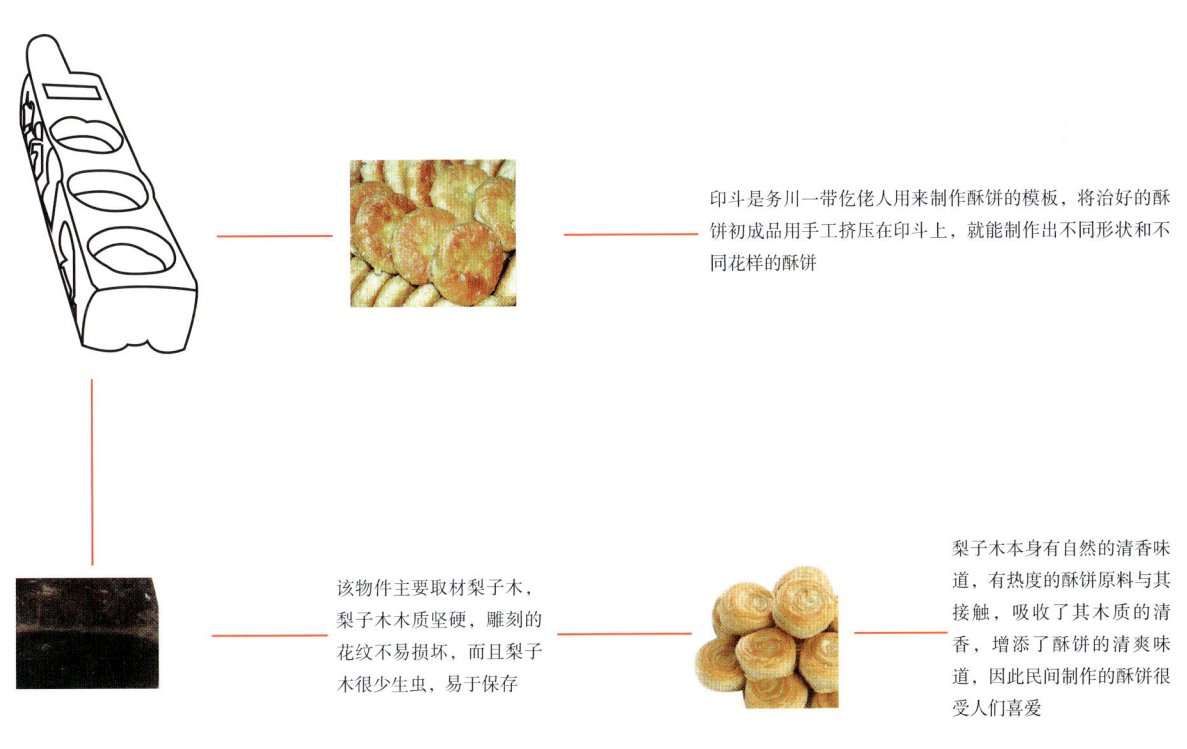

印斗是务川一带仡佬人用来制作酥饼的模板，将治好的酥饼初成品用手工挤压在印斗上，就能制作出不同形状和不同花样的酥饼

该物件主要取材梨子木，梨子木木质坚硬，雕刻的花纹不易损坏，而且梨子木很少生虫，易于保存

梨子木本身有自然的清香味道，有热度的酥饼原料与其接触，吸收了其木质的清香，增添了酥饼的清爽味道，因此民间制作的酥饼很受人们喜爱

图三　仡佬族梨木酥饼印模材质分析图

第四章　仡佬族传统生活用具

105

仡佬族木水瓢

图一　仡佬族木水瓢主图

木水瓢是用来舀水的传统木质器具，一般瓢身为半圆，外加短木柄。制作者取当地黏性较好的野木，砍下去皮，然后用制作瓢器的锉刀将内部木料锉去，用斧头修整成瓢状，再将初成品固定在一个平稳的木架子上，用特制的钢刀慢慢修整、磨平，使其变得光滑。然后再将制成的生木水瓢模型放入生木屑中，用木屑燃烧产生的烟将其熏干而成。工序相对复杂，制作者需要极大的耐心，设计者根据需要和木料的形状，可以将其设计成大小、长短等形状不一的产品。这种制瓢器的木料，生木料含水分较多，木质松软便于挖锉和修整，一旦风干，其木质坚硬且黏性强，不易制作，所以制作者一般生制而熏干。

本案例采自务川县龙潭村申佑祠堂博物馆。水瓢呈直径28厘米的半圆状，手柄与瓢身连为一体，保证了手柄的牢固性，长度为13厘米，呈弧状，手柄的尾部设计有一个结块，防止舀水时手柄滑落。

图片来源
图一　梁宏信　摄影
图二、图三　王文娟　制图

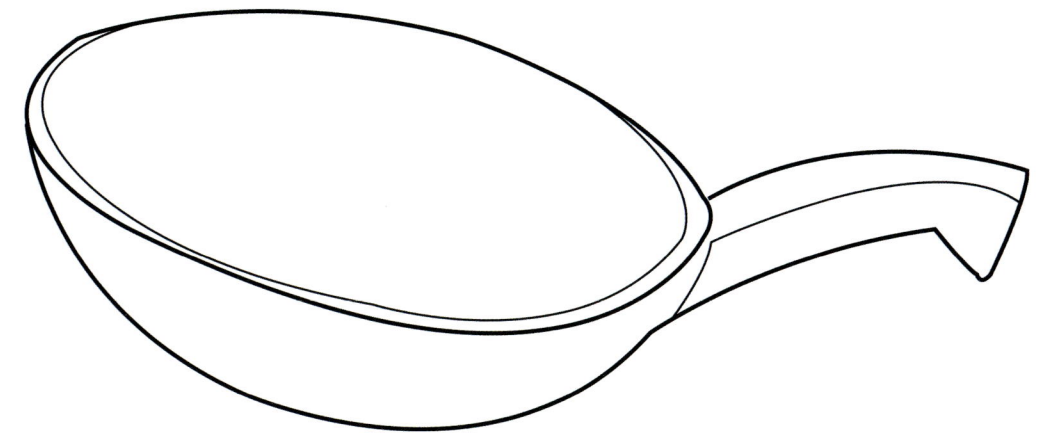

图二　仡佬族木水瓢线描图

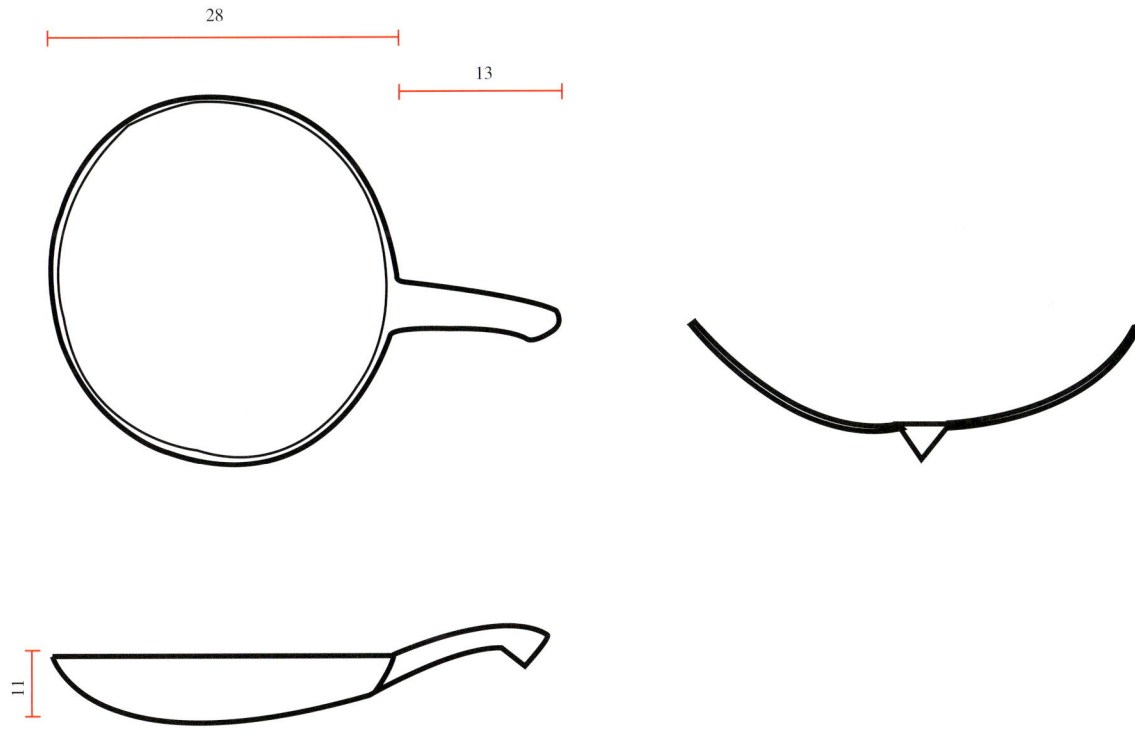

图三　仡佬族木水瓢三视、尺寸图（单位：cm）

仡佬族木撮瓢

图一 仡佬族木撮瓢主图

木撮瓢是仡佬族一种协助装载谷物的木质铲状工具，民间俗称"撮瓢"。木撮瓢的制作程序繁多、复杂，因此通常由专业的制瓢工匠完成。木撮瓢与木水瓢或马勺（仡佬族斟酒的木质器具）不同，它瓢身开口，外形呈铲状，主要是方便在装载谷物铲舀入和倒出。撮瓢的品类、规格、样式丰富，务川县龙潭村申佑祠堂博物馆馆内收藏有不同类型的样品多件。本案例为其中藏品之一，瓢口宽18厘米，瓢深7厘米，瓢身长31厘米，柄长14厘米，是传统的普通家用撮瓢。

木撮瓢一般以当地野生的柏杨、桄木和桦树等木料为材。这类野生树木木质黏性好、可塑性强，挖锉时不易破裂；且这类生木料富含水分，木质松软亦便于挖锉和修整，而一旦风干，则木质纤维粘连性增强，所以制作者一般会生制而熏干。在制作时，制作者将刚砍下来的生木料去皮，然后用制作瓢器的锉刀将木料内部木肉锉去，用斧头慢慢修整成瓢状；再将初成品固定于一个平稳的木架子上，用特制的钢刀慢慢刮修、刨整，使其外观圆润光滑；然后将制成的生木撮瓢放入生木屑中，点火以浓烟将其熏干。

在制作木撮瓢时，设计者可根据需要以及木料的形状，将撮瓢设计成大小、长短等不同形状的产品。一般情况下，制作者将瓢柄与瓢身之间修整成一定弧度，更便于使用者发力；在撮瓢的底部通常留有一小块比较平整的地方，方便撮瓢的平稳摆放；而在手柄的末端会留有一个小结，防止在使用时脱手等等。这些设计理念都是生活经验的一种体现。

图片来源
图一　梁宏信　摄影
图二、图三　王文娟　制图

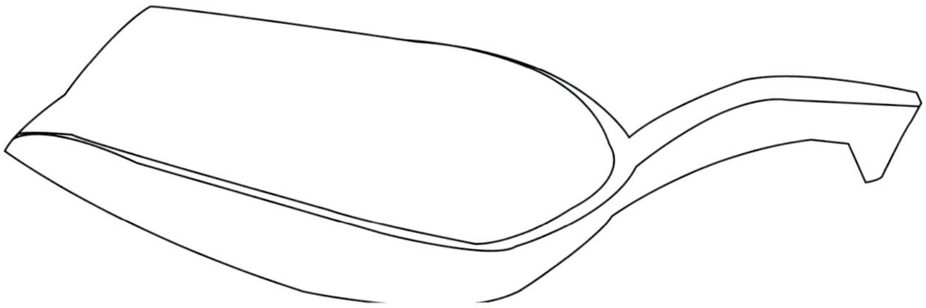

图二 仡佬族木撮瓢线描图

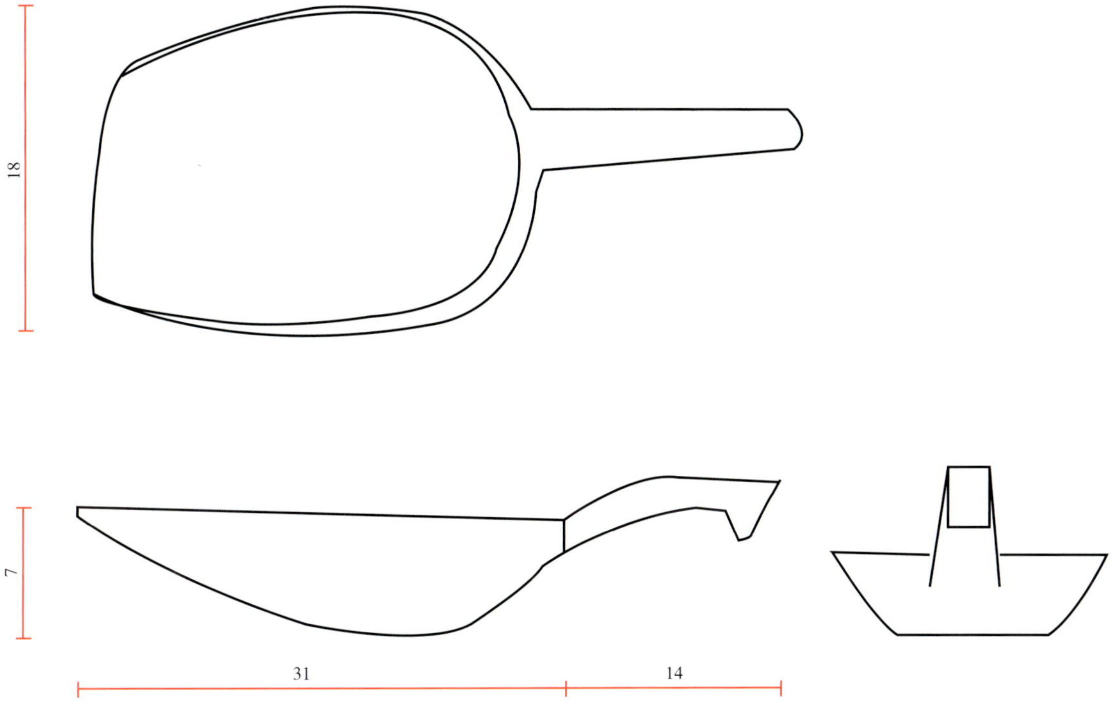

图三 仡佬族木撮瓢三视、尺寸图（单位：cm）

传统的搬、装谷物时所使用的木制瓢状器具

图四 仡佬族木撮瓢使用图

第四章 仡佬族传统生活用具

109

仡佬族单柄猪食木桶

图一　仡佬族单柄猪食木桶主图

单柄猪食木桶是一种木质的单提柄器具，主要用来存储、搬运猪食，当地仡佬族人民称之为"猪哨桶"。现今已经很少见到。本案例为务川县龙潭村申佑祠堂博物馆藏品，为杉木材质的单柄猪食木桶。桶口径34厘米，底径27厘米，桶深26厘米，柄长22厘米，自然的木提把长15厘米。

单柄猪食木桶在制作时，主要选取质轻的杉木木料为材料，制作方法与一般的木桶制作方法相同。先将木料修成浅槽状，再以两两之间串联的方式组合成桶状，外用竹篾制成的环进行绑扎，将其固定起来。而在造型设计上，单柄猪食木桶与其他类型木桶的唯一不同，在于其单柄提把：单柄猪食木桶的手柄并非是孤立出来的提把，它的整体穿插于木桶桶身之中，是木桶桶壁的一部分。因此，单柄的选取有一定要求，多为带有稳固枝节的木块，其下半部分修整成桶板，而高出木桶的部分作柄使用，其上的枝节修整为天然的手把，这样的设计使得单柄猪食木桶各个部分浑然一体，结实耐用。

单柄猪食木桶在使用时颇为费劲，需要

很大的手腕力量。因此，设计者将单柄木料设计成具有一定弧形的木板，这样人体与桶身之间存在一个可以支撑的接触点，通过杠杆原理利用人的身体来协助拖运猪食木桶，可以节省一定的力。但这种单柄猪食木桶无法多人协作搬运，是一项单人劳作的设计。

图片来源
图一　梁宏信　摄影
图二、图三　王文娟　制图

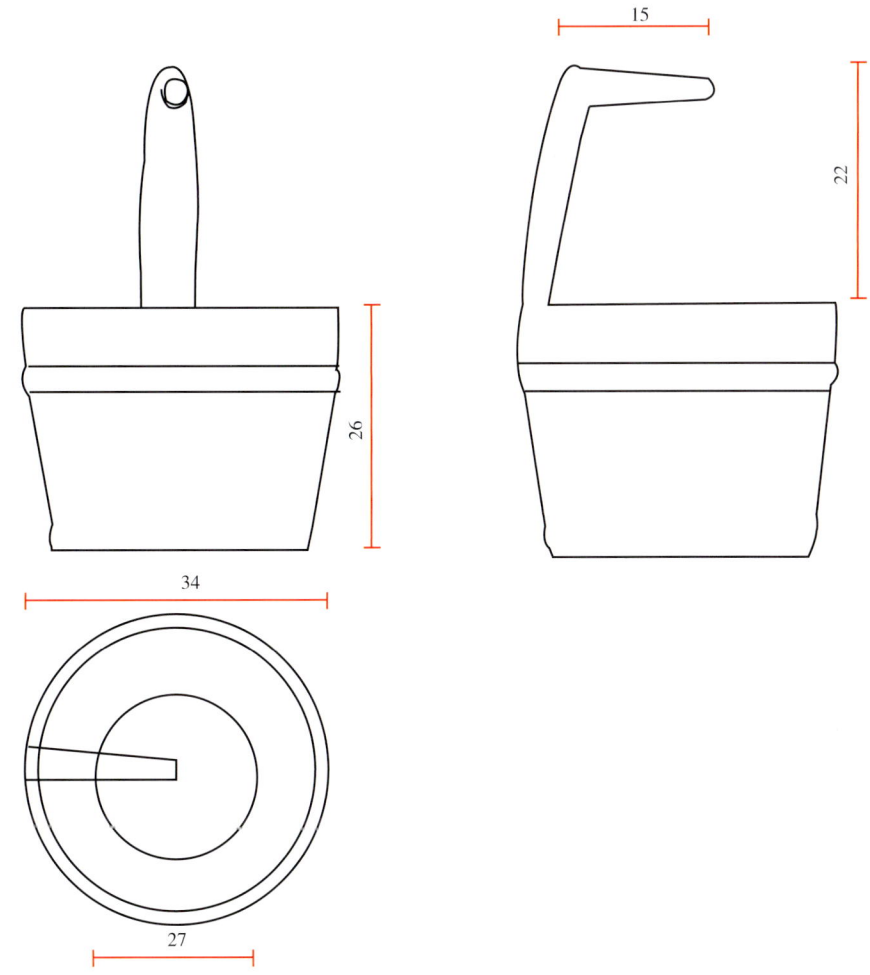

图二　仡佬族单柄猪食木桶三视、尺寸图（单位：cm）

猪食桶的制作与其他木桶不同的是，其中必须有一块木料带有木枝，将木枝修整成天然的提把，结实而方便制作

取一些轻质的木料，将其修成槽状，彼此间用竹钉串联起来，形成桶状，然后用竹篾作成环，将其固定、扎牢

图三　仡佬族单柄猪食木桶材质分析图

仡佬族杉木扁桶

图一 仡佬族杉木扁桶主图

杉木扁桶是仡佬族一种保存酥饼、糯饭及熟食或米、糠、玉米面等粮食的器具，因木桶口部呈椭圆状、外形扁平而得名，俗称"扁桶"。扁桶大小不一，但多以杉木为原料，木板两两相连组合而成，是一种自然的生态型"食物柜"。一般在其口部都要覆盖约三分之二的盖板，并用钉子将其固定起来；而另一小半的桶盖则可自由活动，是存取食物的"窗口"。

杉木扁桶为普通的手工制品，用料是当地木质松软且具自然香味的普通杉木，以这种木料容器来存储食物既可以保存食物原有的味道，还能让杉木的清香之味渗入食物之中，增添自然芳香；加之杉木的木质结构松软，透气性能较好，储存的食物不易变质。本案例为务川县龙潭村申佑祠堂博物馆收藏物件，口径分别为36厘米（长轴）和28厘米（短轴），桶高27厘米，为常见的杉木扁桶类型。

杉木扁桶结构单一，制作工序也相对简单，一般木工都可完成。制作时取干质木料修整成槽状，利用竹钉将彼此相连的两块槽状木板衔接起来，组装成桶状，与一般的木桶制作一样，仅在形状上有所调整。再以木板修整做桶底，外套竹篾制成的环将其扎牢，用杉木皮碎屑将桶内缝隙之处扎实，最后将准备好的桶盖钉牢即可使用。在使用时再将活动的盖板合上，可以防止鼠蚁对食物造成污染。

图片来源
图一 梁宏信 摄影
图二、图三 王文娟 制图

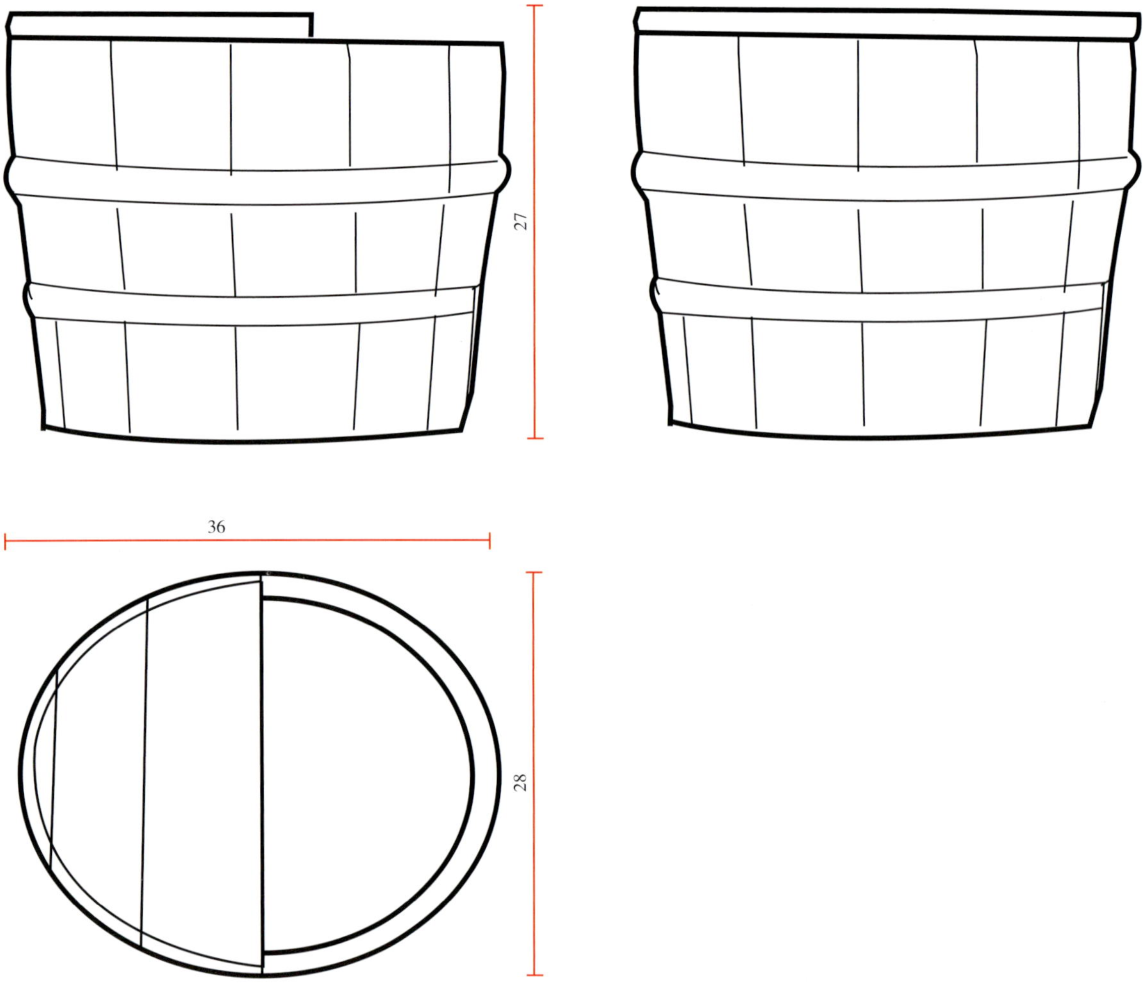

图二　仡佬族杉木扁桶三视、尺寸图（单位：cm）

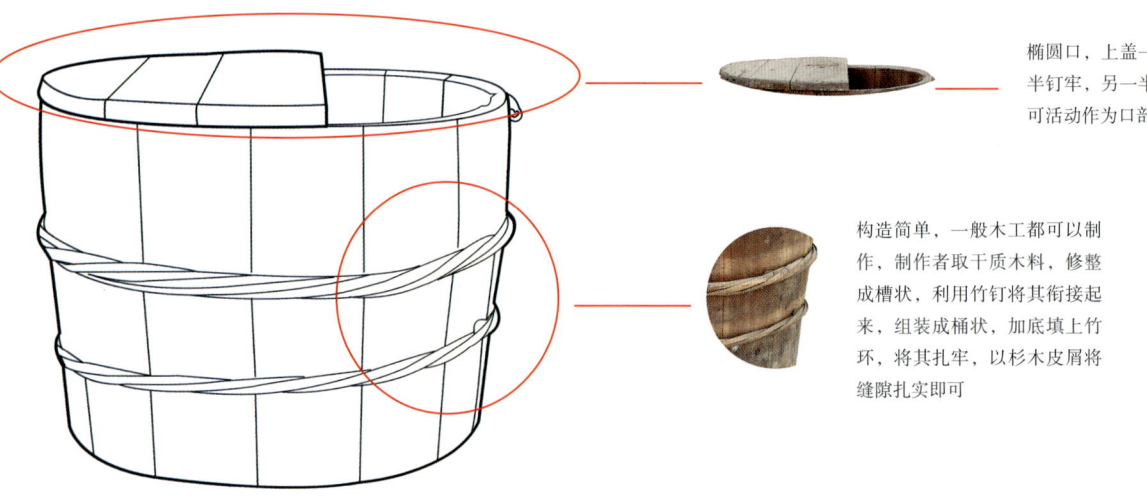

图三　仡佬族杉木扁桶材质分析图

仡佬族杉木提桶

图一 仡佬族杉木提桶主图

杉木提桶是仡佬族一种杉木材质的便携式储物器具。日常生产劳作中，仡佬族人民常用其携带食物，一定程度上与篾编饭箱具有相同的功能。但相较而言，杉木提桶容量比篾编饭箱大许多，整体也更为稳重，搁放起来更加稳定、安全，平日里人们又以其存储食物，因此它兼具了存储与携带两种功能。

制作杉木提桶与制作一般的木质桶相似，都采用两两木板相连组合的方式。制作时，首先将平整的模板加工成凹槽状，然后再是两两拼装，且两块相邻的桶板之间还会用竹钉连接起来；拼装成型后，木桶外用大小两个竹篾环套住、扎实，而其底板与桶壁间的缝隙则用细小的木屑扎起来，灌水以使细木屑塞住漏洞，等上一天再将水倒掉，自然晾干即可使用。另外，制作一个与桶身分离的桶盖。

但与一般木桶不同的是，提桶的提把与木桶的桶身连为一体，为一根相对完整的木条，直接嵌在桶身之内。因此，在制作杉木提桶之前，需寻找到黏合性及柔软性都相对较好的木料（通常是当地野生的木料）。砍下后，生木经火熏烤至一定程度，按提桶的大小将其固定起来，晾干后将木料两端修整与桶板相契合，制作提桶时将其组装在内。这样制作的提把，既避免了锉洞斗榫工序上的麻烦，使用时还更加安全。本案例采自务川县龙潭村申佑祠堂博物馆，提桶口径为20厘米，底径18厘米，桶高24厘米，内深为17厘米，模样小巧可爱，是一种全生态型的食物柜。

图片来源

图一 梁宏信 摄影
图二、图三 王文娟 制图

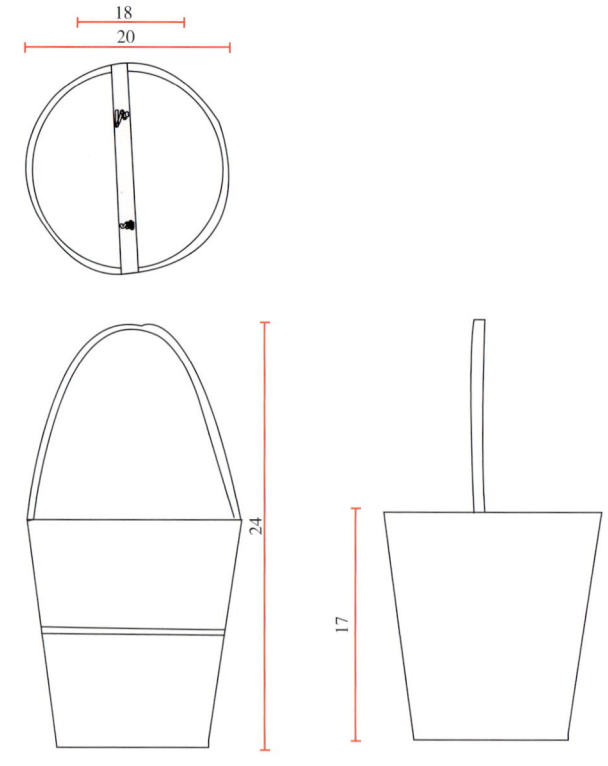

图三 仡佬族杉木提桶三视、尺寸图（单位：cm）

外用竹篾制环套牢

底部用木灰扎好，灌水使木灰塞住漏洞

图四 仡佬族杉木提桶材质分析图

仡佬族双管小漆桶

图一 仡佬族双管小漆桶主图

仡佬族双管小漆桶是一种装置生漆的小型容器，由两个大小相仿的竹筒组合而成，其样式可爱、质地轻巧。黔北务川县及其周边地区盛产生漆，当地人在使用生漆时，通常以这种竹筒式小漆桶作装置工具，方便易携。

双管小漆桶制作简单、原料易取，设计者睿智地利用了竹子的韧性来完成这一产品的基本构思，以当地长节绵竹为材料，两端取相仿长度修整成桶状，并以一指粗细的竹条相连，组合成一个"双管"的小型容器。本案例取自务川县龙潭村申佑祠堂博物馆，为馆内收藏品。该物件以直径6.5厘米、两端带结的竹筒为原料，由两端起各取8厘米作桶，中间部分去肉仅留一指粗细、长23厘米小片竹块，修整圆润后在火上烤热、弯曲，作小漆桶的提把；将两端的小竹筒并拢，而后用铁线拴住下端固定起来，再在缝合处浇上桐油。

双管小漆桶的设计极为巧妙，在缺乏容器的传统社会里，利用自然提供的竹筒作为原料，将两个小桶组装起来，小巧轻盈，便携实用。

图片来源
图一　梁宏信　摄影
图二、图三　王文娟　制图

图二 仡佬族双管小漆桶线描图

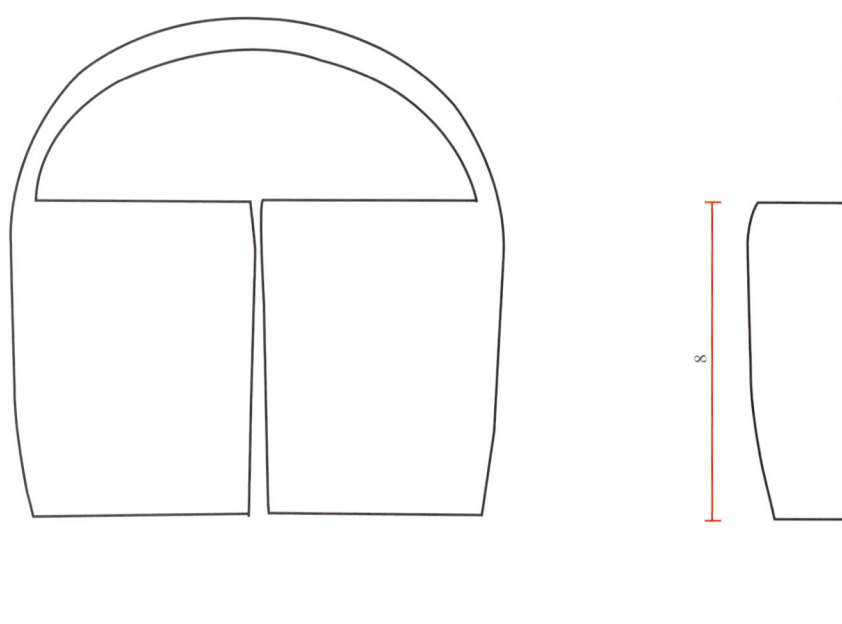
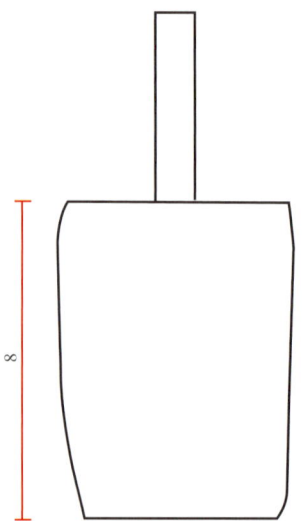
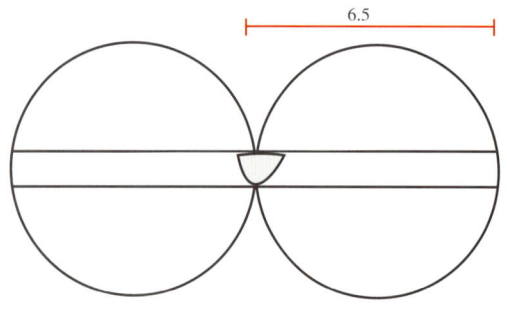

图三 仡佬族双管小漆桶三视、尺寸图（单位：cm）

仡佬族漆罗子

图一　仡佬族漆罗子主图

漆罗子是黔北仡佬族人民日常使用的一种以漆罗树为制作原料的圆形矮木桶，桶板质地轻且薄，配有专门的桶盖，是当地人用来储存生漆的木质器具。黔北务川县及其周边地区盛产生漆，为了更好存储这些生漆，当地人以漆罗树作为原料打制储存器具漆罗子。现今，在黔北仡佬族村寨里仍普遍可寻到这种颜色漆黑的漆罗子，但其功能已从盛装生漆转为存储食物。

漆罗子桶板及桶盖盖板都是由漆罗树的木板制作，桶板比一般的杉木桶板轻薄，以两两相连的传统制桶方式将其组装成桶状，用漆罗树皮或竹篾制成的桶环将其绑扎起来；而在制作桶盖时，制作者先将盖沿修成弧形，再用成人二指见宽的漆罗树树皮把外沿环包起来，并以钉子固定在上面，桶盖的表面平整，向内处留有套口，盖上后可以防止牛漆外溢。本案例为务川县龙潭村申佑祠堂博物馆收藏品，桶口部外径39厘米，内径为37厘米，桶深30厘米，桶盖的直径为41厘米，盖深5厘米。

随着生漆采集活动的消失，这种颜色漆黑的漆罗子在当下多为人们用来存储白米、玉米或糠等食物，它的严密性可以较好地保存这些食物，免受潮气，防止虫、蚁的破坏。

图片来源
图一　梁宏信　摄影
图二至图四　王文娟　制图

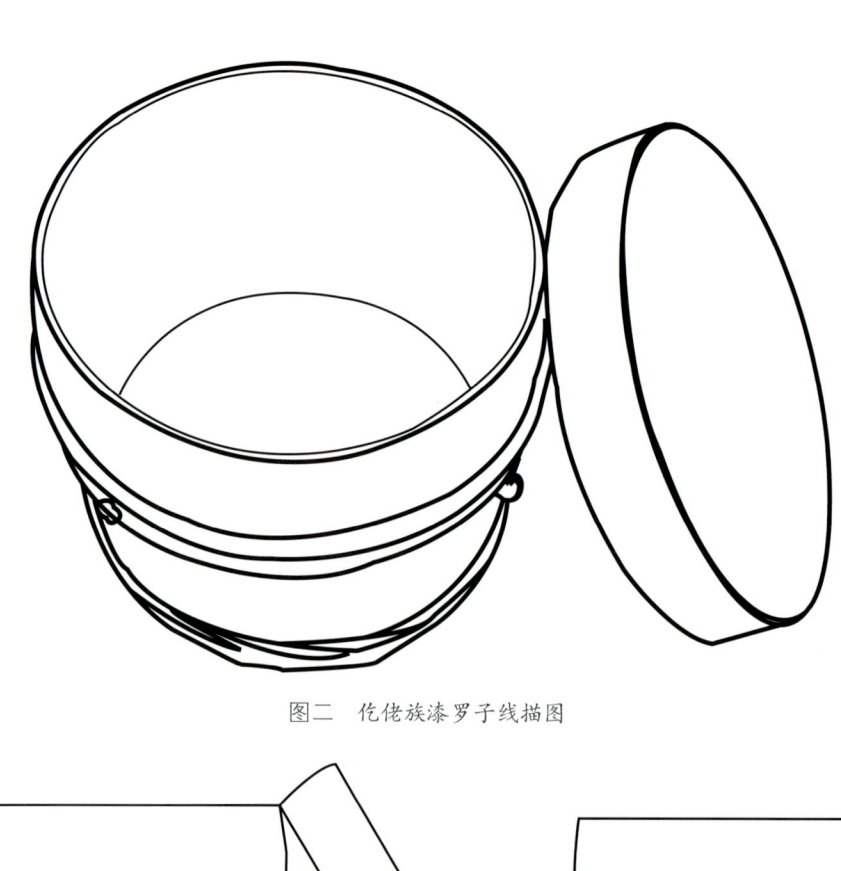

图二 仡佬族漆罗子线描图

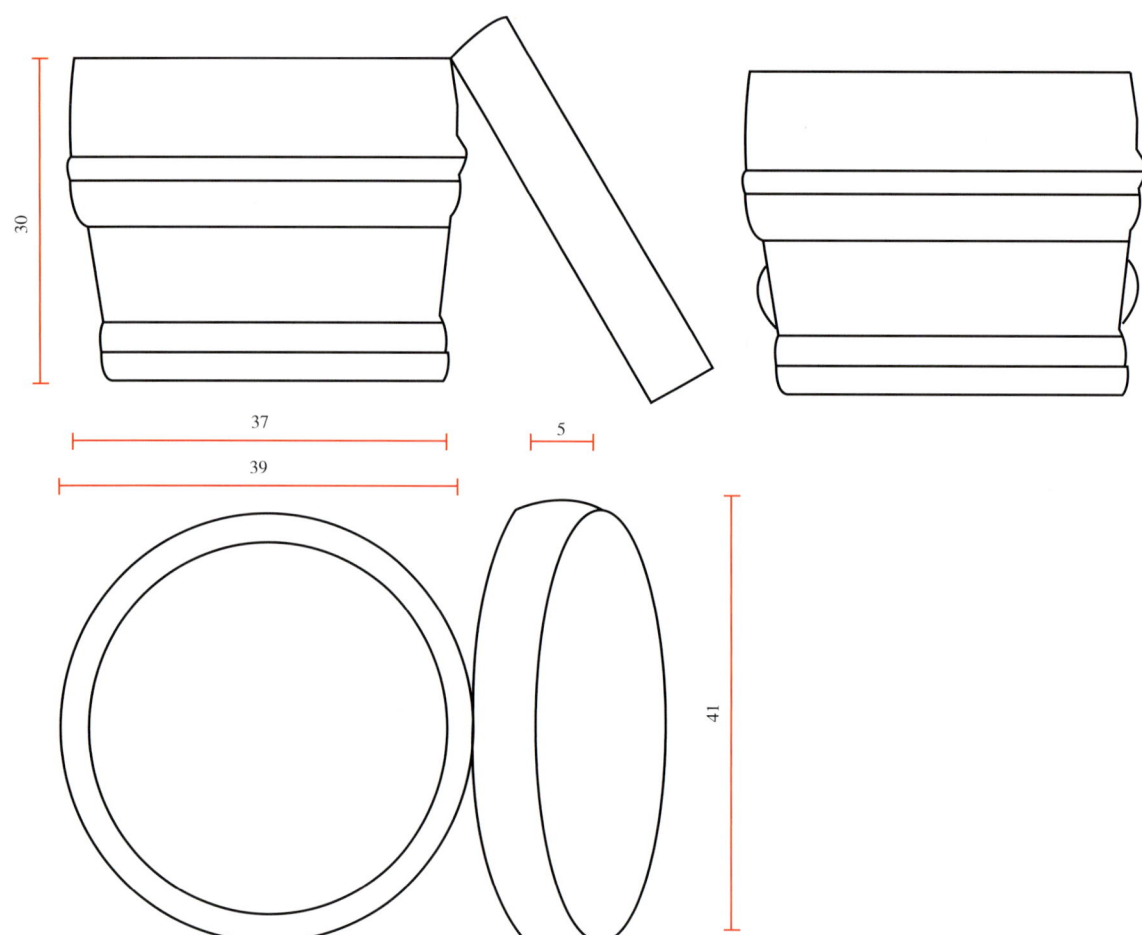

图三 仡佬族漆罗子三视、尺寸图（单位：cm）

图四　仡佬族漆罗子材质、功能分析图

盖面为漆罗树板

桶环以漆罗树皮或竹篾制成，维持桶的稳定

盖沿由树皮包住，极为严实，防止生漆外溢

第四章　仡佬族传统生活用具

121

仡佬族篾编大帽盖

图一　仡佬族篾编大帽盖主图

篾编大帽盖是黔北仡佬族人民在日常生活中用作铁锅锅盖的篾编器具，因其外形与人类使用的帽子相似而得名"帽盖"。帽盖有大有小，可根据铁锅的大小来定，但整体的样式一致，皆为帽子形状。本案例采自黔北道真县三桥镇接龙村。内外直径分别为90厘米和94厘米，高为28厘米，是大帽盖的传统样式。

篾编大帽盖的主要原料是当地的竹篾，编织分内外两层：外层凸显大篾，采用交叉、互扣、穿插的手法进行编织，每在篾线交叉处都加入篾环辅助收束，层层向外，一直延展至帽檐处。帽檐处的手法又与此前不同，它用细篾紧扎，将整个檐口编织成整齐的块状花纹，再以粗块大篾绑扎收尾。而其内层则以宽薄的篾片为主，篾片正反交叉编织，篾片与篾片之间组合成纹路清晰的鱼纹图案向四个方向展开。内外两层篾块在帽檐处合拢，粗篾内外包夹，使其组合成帽子的形状。

篾编大帽盖在用篾上形式丰富，有粗有细、有方有圆；功能讲究，以大篾作架，细篾穿插绑扎起到稳固的作用，使帽盖最终成形。但篾编大帽盖也因用篾过多，而整体相对笨重。

现今，篾编大帽盖的使用越来越少，逐步退出黔北仡佬族人民的日常生活。但从它的制作工艺上看，体现了仡佬族先民集体的生活智慧，对自然竹篾的合理、巧妙利用——他们善于利用自然对人类的馈赠，并将其发挥得淋漓尽致，既满足了人类生存需要，又将一个民族、一个地区，乃至一个时代的审美理念与生活智慧融会其中，丰富了仡佬族人民的物质文化。

图片来源
图一　梁宏信　摄影
图二、图三　王文娟　制图

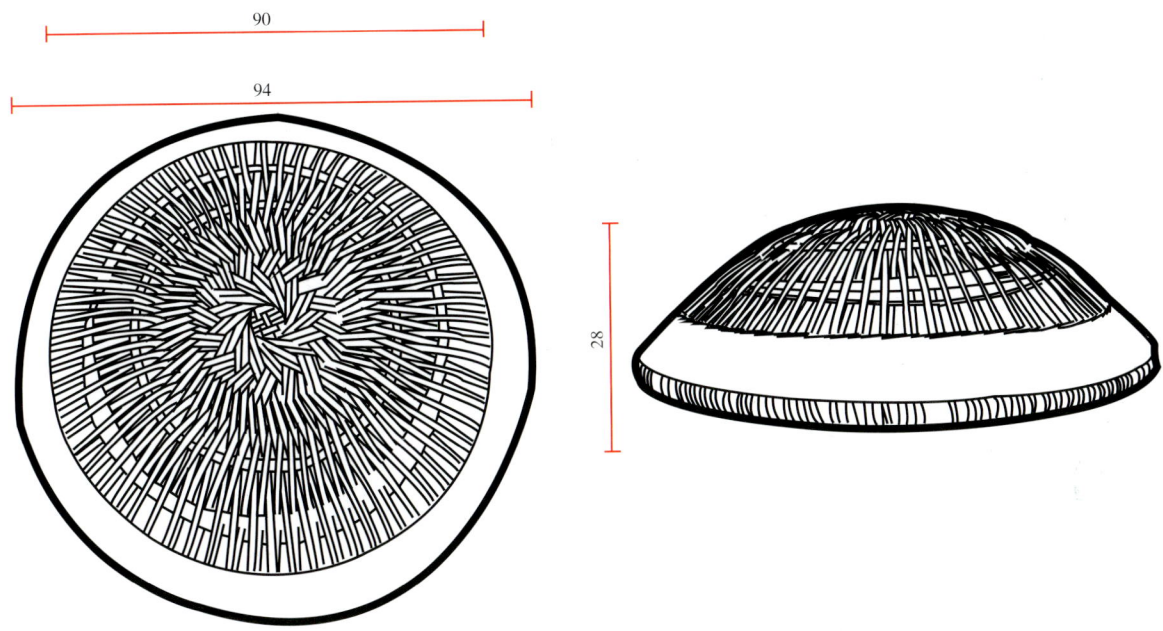

图二　仡佬族篾编大帽盖三视、尺寸图（单位：cm）

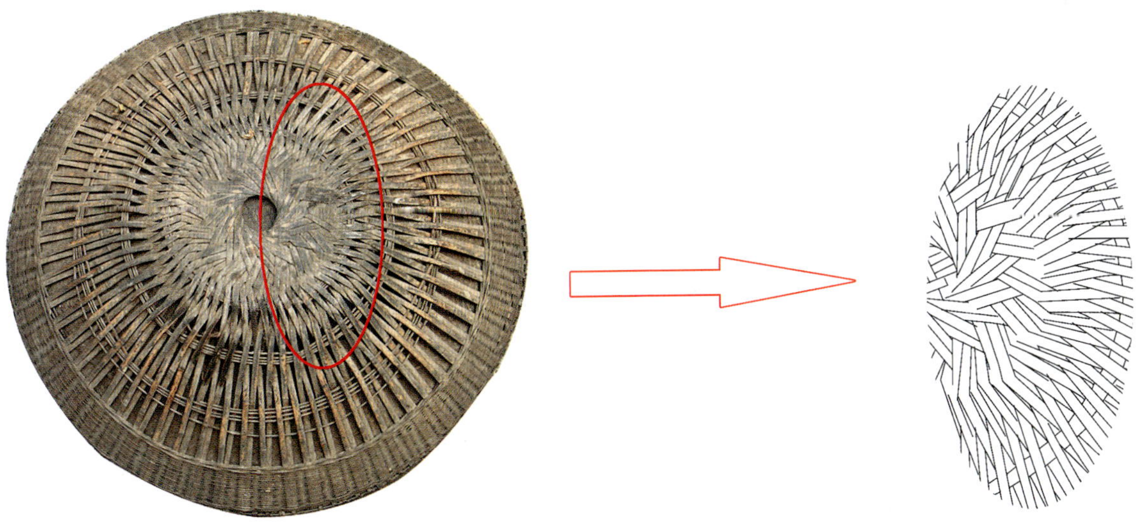

图三　仡佬族篾编大帽盖分析图

第四章　仡佬族传统生活用具

123

仡佬族杉木方形筷盒

杉木方形筷盒是仡佬族人用以存放筷子的一种木质器具，该器具以杉木块合角斗榫的制作手法组合而成，俗称为"筷笕"。传统的"筷笕"种类较多，有篾编筷笕、竹筒筷笕及藤编筷笕等，各具特色，而这种杉木方形筷盒结构简单，但不乏设计艺术理念。

杉木方形筷盒主要以杉木为原料，杉木轻巧质软，便于加工制作。在当地这种类型的方形筷盒样式丰富，正面花纹也各有不同，规格大小不一。本案例采自务川县龙潭村申佑祠堂博物馆，该馆仅收藏一例。方形筷盒以散板拼装而成，制作工艺较为简单。盒子宽16.5厘米，厚8厘米，正面高16厘米，背高34厘米，其正面雕刻有"圆形方孔钱"样图案，图案以镂空雕的雕刻手法进行表现，这样既增加了杉木方形筷盒的美感，也利于通风，是设计者实用与艺术审美完美结合的体现。而在杉木方形筷盒的底板钻有无数漏水小孔，避免积水的长期浸泡，保证筷子的干燥和筷盒的使用寿命。除此之外，在杉木方形筷盒的顶部还外加一段悬挂的绳子，可将筷盒子悬挂于一定的高度，避免污染的同时还有益于风干。

随着社会发展，这种杉木方形筷盒的使用在逐步减少，已渐渐退出人们的生活视野，为工业生产的筷盒所取代，但其设计理念仍为现代工业产品的筷盒所应用。

图片来源

图一　梁宏信　摄影
图二、图三　王文娟　制图

图一　仡佬族杉木方形筷盒主图

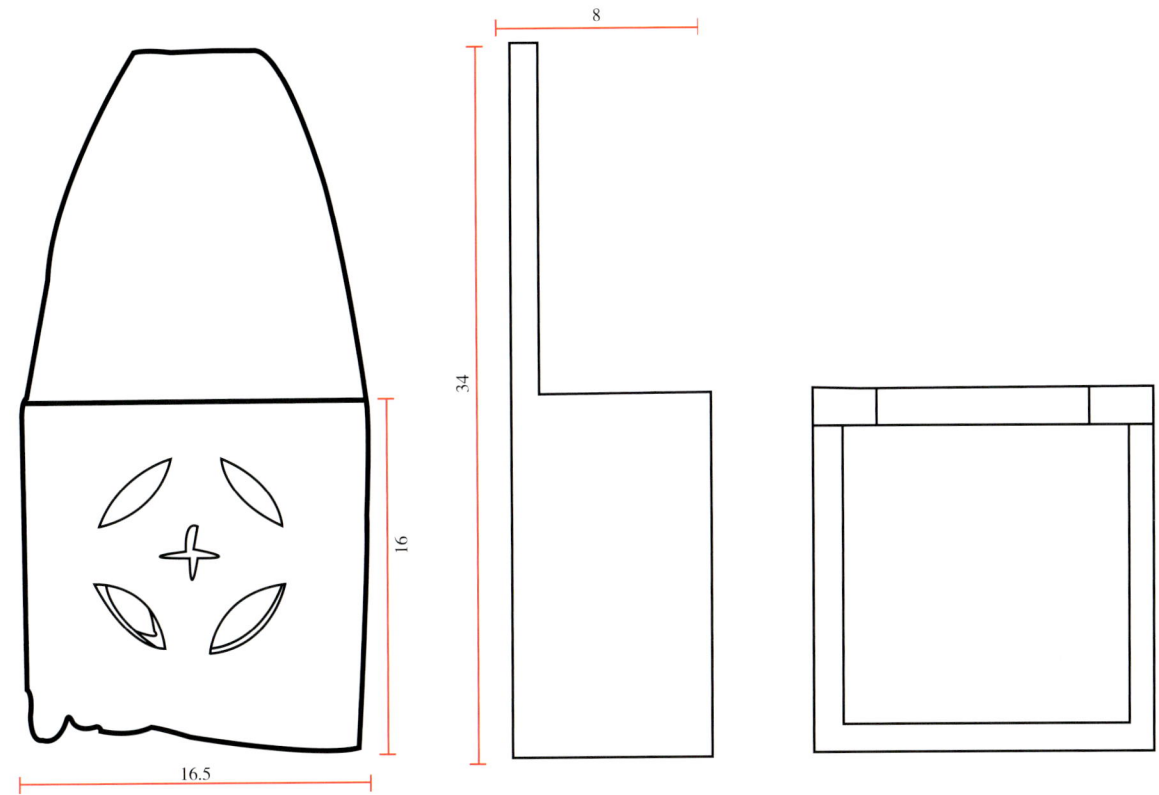

图二　仡佬族杉木方形筷盒三视、尺寸图（单位：cm）

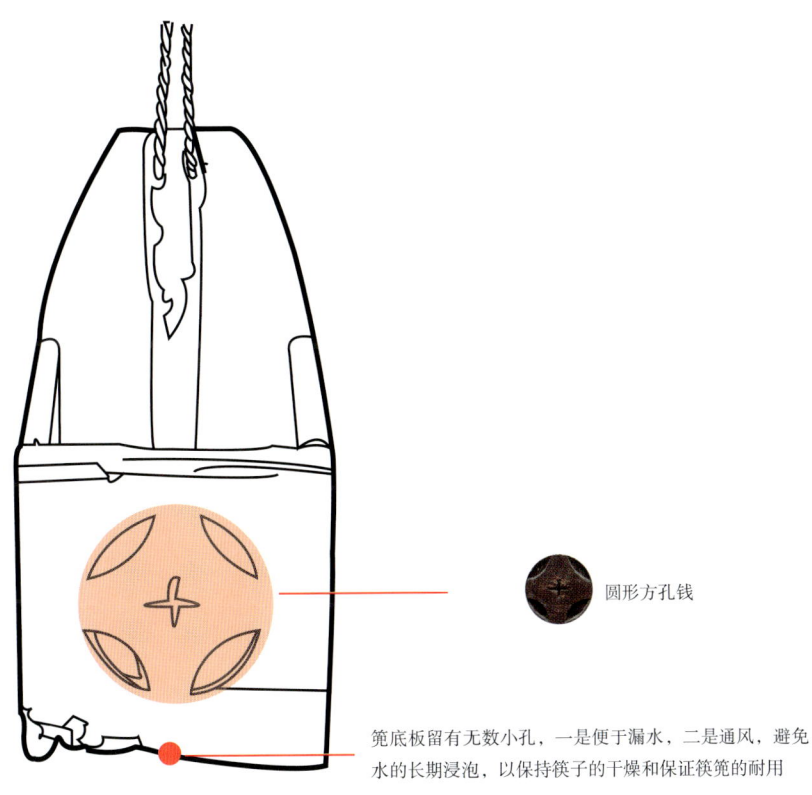

圆形方孔钱

筷底板留有无数小孔，一是便于漏水，二是通风，避免水的长期浸泡，以保持筷子的干燥和保证筷笼的耐用

图三　仡佬族杉木方形筷盒分析图

第四章　仡佬族传统生活用具

仡佬族杉木甑子

图一 仡佬族杉木甑子主图

甑子是仡佬族人民日常生活蒸食物使用的生活器具。甑子立于水锅里边，水蒸气自下而上通过甑子，将甑子内的食物蒸熟。本案例为务川县龙潭村申佑祠堂博物馆收藏品。甑子口部外径22厘米，内径为20厘米，甑子高19.5厘米，为杉木材质。

甑子制作时以杉木原料为主，或选用香樟树及野桐油树。这些木料都带有自然的清香味道，在蒸食物的过程中将这种香味带入食物之中，可增加食物的香味。甑子主体形状如木桶，底部收束略窄，使用时用竹篾编成席子阻挡食物下漏，上面以木板作盖。该案例整体做工精致，盖沿修成弧形与甑子口相契合，盖顶部做有提把。在甑子口部留有两个"木耳"，这样可防止使用时盖子滑动，避免蒸汽泄露，使食物快速蒸熟。

生活在长江以南地区的仡佬族人民喜吃蒸食品，无论是糯饭还是制作酥饼都要用到甑子，而杉木或樟树、桐木甑子蒸出来的食品具有自然的清香味道，为人们所喜爱。因此甑子在仡佬族生活中使用普遍。

图片来源
图一 梁宏信 摄影
图二、图三 王文娟 制图

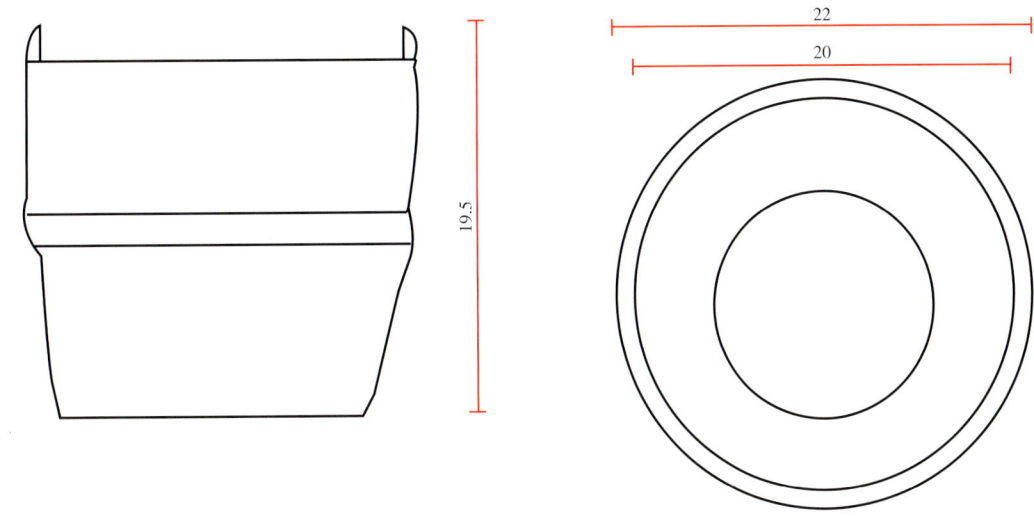

图二 仡佬族杉木甑子视角、尺寸图（单位：cm）

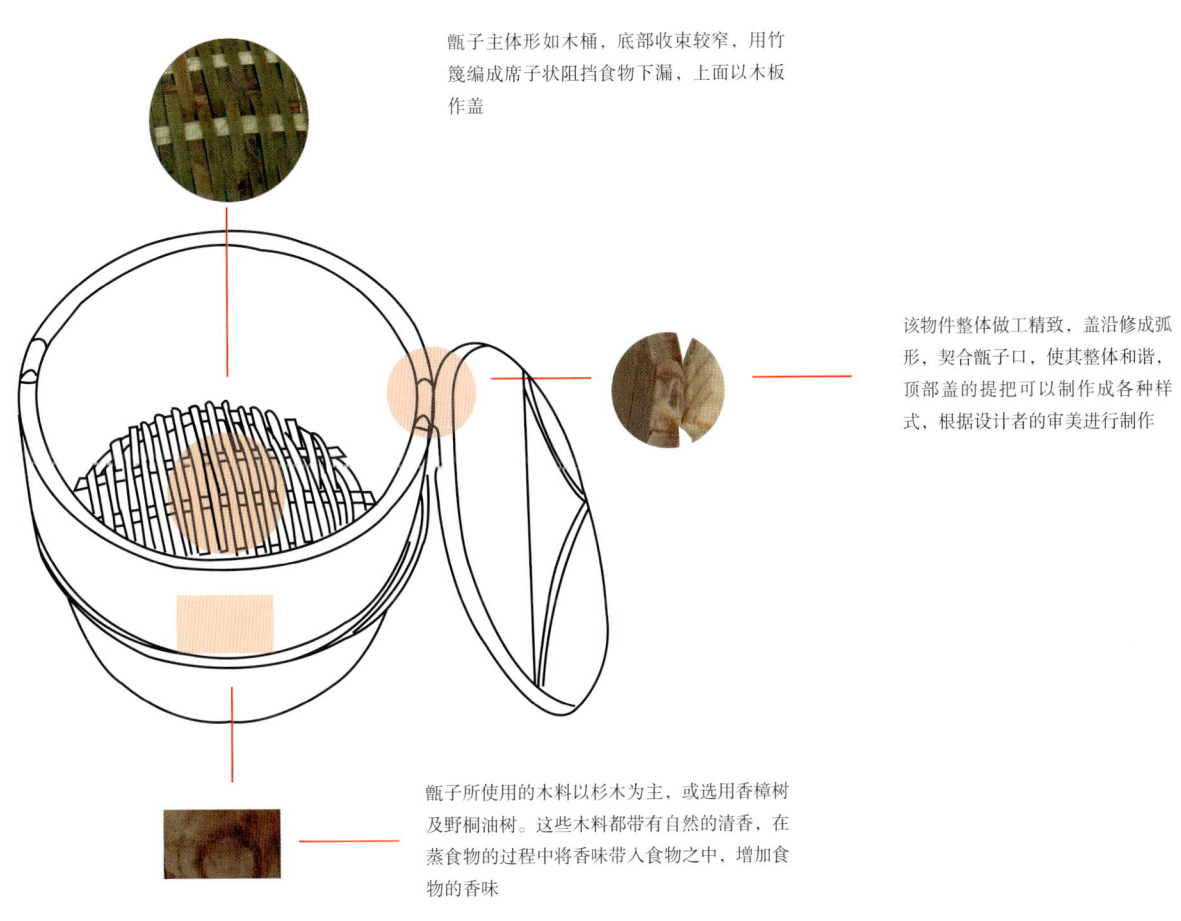

甑子主体形如木桶，底部收束较窄，用竹篾编成席子状阻挡食物下漏，上面以木板作盖

该物件整体做工精致，盖沿修成弧形，契合甑子口，使其整体和谐，顶部盖的提把可以制作成各种样式，根据设计者的审美进行制作

甑子所使用的木料以杉木为主，或选用香樟树及野桐油树。这些木料都带有自然的清香，在蒸食物的过程中将香味带入食物之中，增加食物的香味

图三 仡佬族杉木甑子材质分析图

第四章 仡佬族传统生活用具

仡佬族束腰马蹄足柏香木方桌

图一　仡佬族束腰马蹄足柏香木方桌主图

　　束腰马蹄足柏香木方桌是黔北、黔东北仡佬族人民的居家用桌。它是仡佬族人民嫁女的主要陪嫁物件，分有大小两种类型。大小方桌在功能上有着明显的区别，其中小方桌为日常生活使用，大方桌则在庄重场合使用。这种方桌是黔北、黔东北仡佬族物质文化的组成部分，文化内涵丰富，其设计和功用与该民族的婚姻习俗、民间信仰、传统礼仪密切相关。

　　束腰马蹄足柏香木方桌的材质主要是当地易取的柏香木。柏香木质地坚韧且沉重，打造出来的桌子稳重、耐用，在黔北、黔东北仡佬族家庭中尚可寻到上百年的古老方桌。本案例为务川县泥高乡泥高村村民在用小方桌，具有80多年的历史。方桌的冰盘厚实，在工艺上采用束腰马蹄足的传统方桌制作工艺，每个衔接之处都很流畅，整体看起来平稳而匀称。冰盘长宽分别为72厘米和66厘米，厚5厘米，桌高86厘米，因使用时间较久，马蹄足已被锯掉，但仍可找到马蹄足的痕迹。

　　黔北、黔东北仡佬族人民在制作这种束腰马蹄足柏香木方桌时，都以十人为一桌的标准进行打制,其中上下两席为客人或长者的位子，一般各列两人席位，两侧分别按三人一面，由此组成十人大桌。在仡佬族传统社会里，日常生活中接待亲友及家庭生活以小方桌为主，只有重大场合、举行仪式性活动时才会取用大方桌。大方桌的制作工艺、原料和小方桌一样。同时，因为大方桌打造极为厚实，较之一般的木桌更为扎实且稳重，是黔北、黔东北一带高台舞狮的天然舞台。现今随着大方桌的逐步减少，极大地限制了高台舞狮的表演，这也是高台舞狮走向没落的一个重要原因。

图片来源
图一　梁宏信　摄影
图二、图三　王文娟　制图

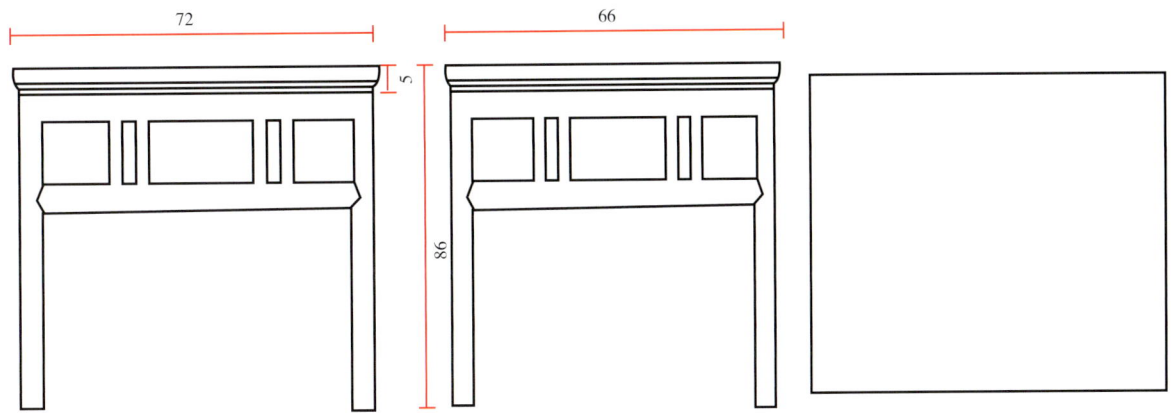

图二　仡佬族束腰马蹄足柏香木方桌三视、尺寸图（单位：cm）

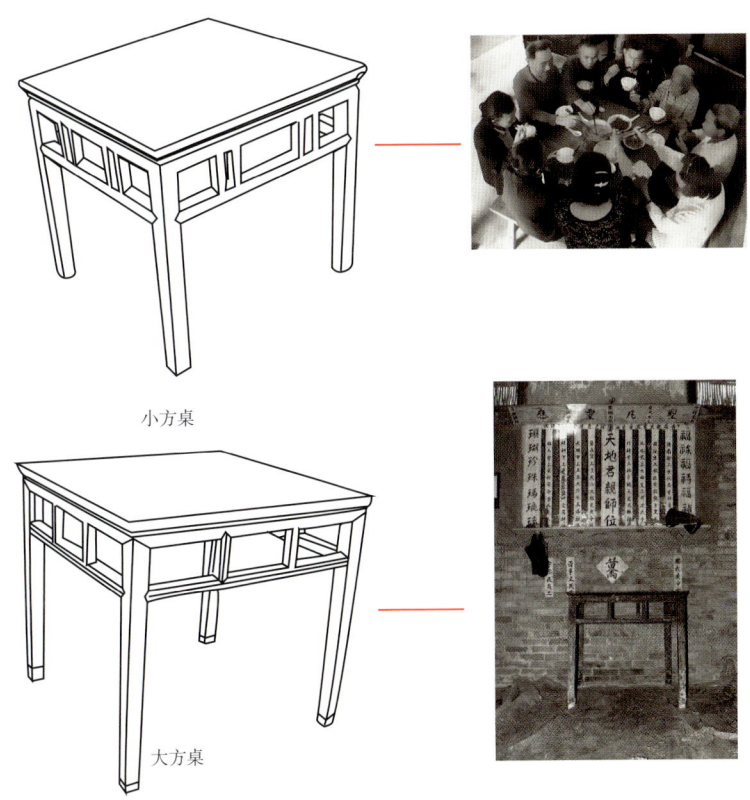

小方桌

大方桌

图三　仡佬族束腰马蹄足柏香木方桌使用对比图

仡佬族柏香木板凳

图一　仡佬族柏香木板凳主图

柏香木板凳是仡佬族人民日常用具，在黔北一带随处可见。板凳通常有高、矮之分，且均为一字长条形。板凳一般是方桌的配件，每张方桌配有四条这样的板凳：大方桌配高板凳，小方桌配矮板凳。而这一整套桌椅又都是仡佬族传统婚俗中的嫁妆。

板凳多以柏香木为主，或有用杉树打造的，但相对少见。板凳结构比较简单，在打制时取长约100厘米左右的木板，在距两端10厘米左右的地方锉方形小孔，安装上两条开叉在30厘米左右的木腿，木腿中部以短方斗榫的方式固定下来，保持其结构的稳定性。本案例采用道真县三桥镇接龙村，凳高53厘米，长120厘米，凳面宽16.5厘米，两腿底端开口32厘米，两端腿间距88厘米，是高板凳类型。

板凳尽管以实用性为主，但其制作也融入工匠的一些审美意识。这种审美意识表现在凳子边缘部位加入一些简单的线条花纹，用以增加凳子的美感。通常这些线条相对简单，以直线为主，分布在凳腿的外侧和板凳主体的侧面部位，以拉槽的手法制作而成。

高板凳在日常生活中极少使用，除了因为其架子较高，与其他用具不协调外，还因为这种高板凳是仡佬族大方桌的专用凳子，大方桌平时少使用到，所以高板凳也就较少使用。相对来讲，矮板凳就更实用了，它凳子的高度符合人体的生理结构，使用时正好满足了人体坐立时的身体曲度，所以常常使用于仡佬族日常生活中。

图片来源
图一　梁宏信　摄影
图二至图四　王文娟　制图

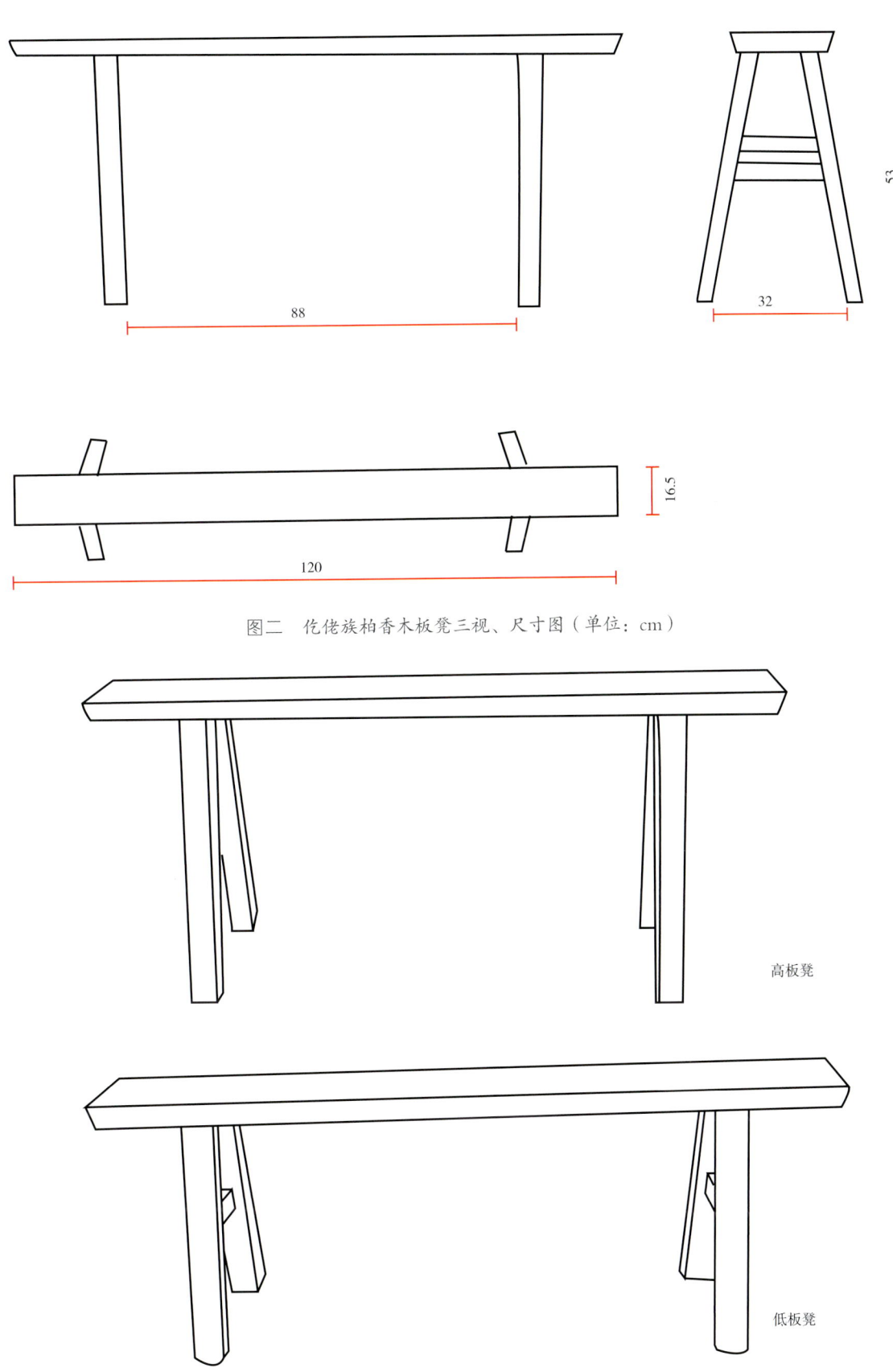

图二 仡佬族柏香木板凳三视、尺寸图（单位：cm）

高板凳

低板凳

图三 仡佬族柏香木板凳类别对比图

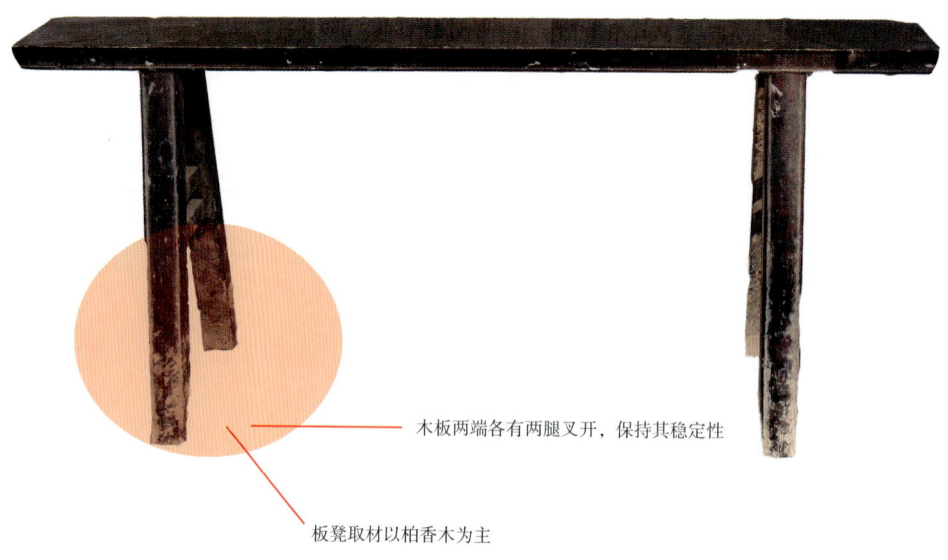

图四　仡佬族柏香木板凳结构分析图

仡佬族草墩

图一　仡佬族草墩主图

草墩又称草凳，是黔北仡佬族传统的家具之一。草墩的制作比较简单，秋收后将精选的稻草经水浸泡变软，将其扭编成25厘米见宽的长方草带，然后由内向外卷成直径24厘米的实心圆柱体，再以精制的稻草绳捆绑扎牢即成。草墩外观呈鼓形，上下两面花纹都为卷云状图案，上部留有一个稻草绳环做成的草耳，它既可以作为标识区分草墩的正反面，还可以在草墩不使用时，将其悬挂起来，节省空间。

在黔北仡佬族村寨中，几乎家家户户都打草墩，当着凳子使用，它不仅样式可爱还具有原生态品质。草墩内部卷实、外面扎牢，因此很是耐用。而且稻草本身冬暖夏凉，用作凳子给人们带来了实在的便利。在佛顶山一带的仡佬族还在草墩内掺杂佛顶山中野生的菊花、鱼腥草、双花、蒲公英、白芍、香附子、大血藤、鱼精草、益母草、车前草、皂刺、首乌等中药材，这些药材本身对妇科疾病、胃肠疾病等均有一定保健治疗作用。仡佬人的智慧在草墩制作上也得到了全面的体现。

草墩是仡佬族人独具特色的艺术品，对仡佬族的影响深刻。近年来，草墩受到现代家居的冲击，已经逐步退出人们的生活视野，但是独具智慧的仡佬族民间艺人，在他们不懈努力下，编排了一支具有民族特色的"草墩舞"，受到了仡佬族人民的喜爱。

图片来源

图一　梁宏信　摄影
图二至图四　王文娟　制图

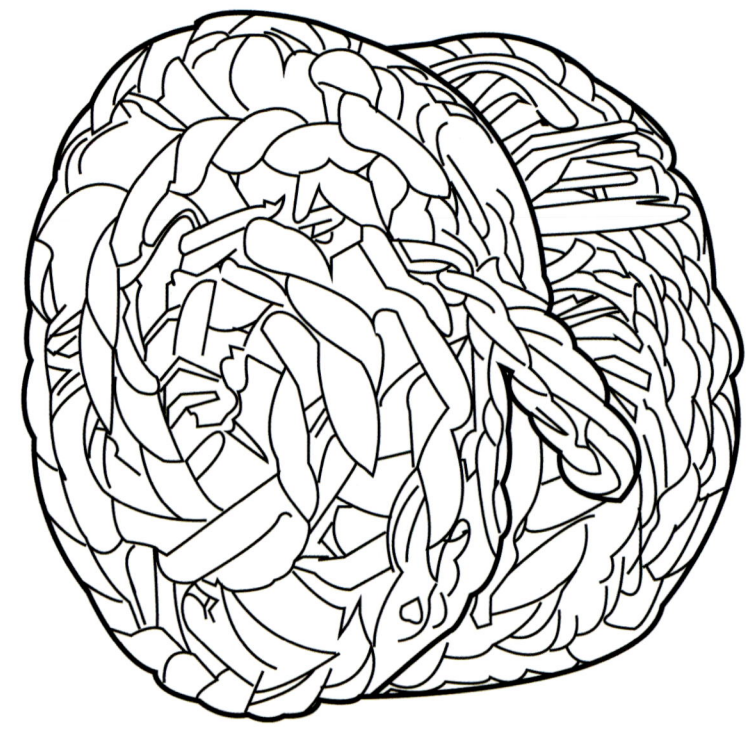

图二　仡佬草墩线描图

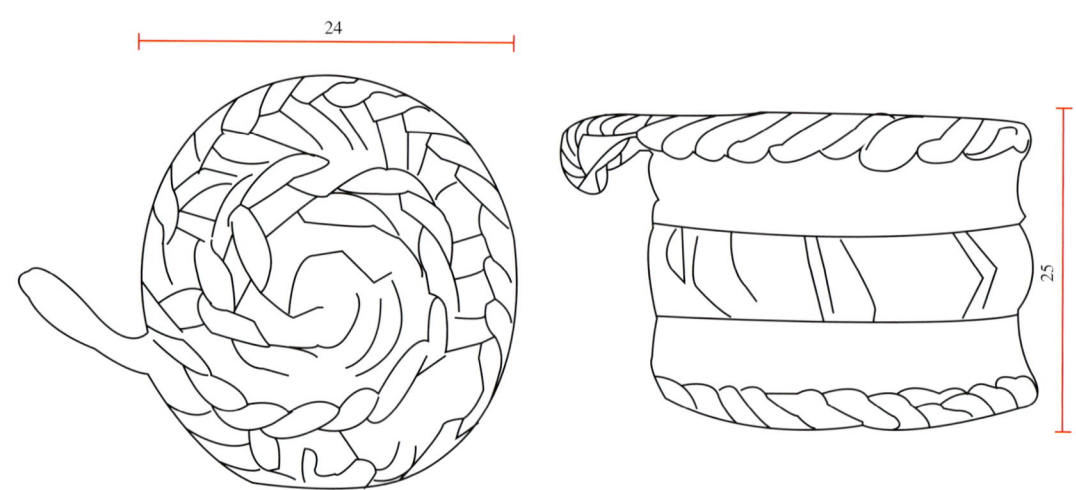

图三　仡佬族草墩视角、尺寸图（单位：cm）

草墩是用精选稻草，扭编成长方条、卷成实心圆柱体，再用稻草制成绳子捆绑而成

图四　仡佬族草墩材质分析图

仡佬族篾编米筛

图一　仡佬族篾编米筛主图

篾编米筛是黔北仡佬族人民用来分离米、糠及碎谷的一种传统篾制工具，其口部呈圆形，筛底面上分布有细小而整齐的筛眼，俗称"米筛"。米筛在日常生活之中主要用作筛米，先前人们以水碓或旱碓来捣碎谷物，之后再用米筛将米、糠及碎谷分离开才能煮着食用。而现今的农村社会里，家家户户都安装有电动的打米机，成品不再掺杂有其他物质，可直接煮食，因此米筛已经很少被用到。

篾编米筛主要以竹篾作为原料，大小规格可根据需要来进行制作，本案例采自道真县三桥镇接龙村。口径50厘米，深5厘米，家庭常用类型。编织时通常会采用扁状细篾为主，通过经纬交织的方式编织，在筛口处用两块四五厘米宽的竹片制成篾环包夹起来，辅助收尾形成筛沿。筛米时，执筛者双手握住筛沿抖动，即可实现去除杂质的效果。一些仡佬族的民间艺人正是借用筛米的这套动作，结合农业生产活动将其编排成独具特色的民族舞蹈，获得了民族艺术家们的好评。

仡佬族篾编米筛在民间还具有镇邪的功效。有的人家在立新居或开新门后，会请当地的巫术专家前来作一场法事，在正门的门楣上挂一面米筛，里面放有小镜子、剪刀和尺子，可以驱妖辟邪。据说挂上这些"法器"后，鬼魅难以进入家门，起到避祟祛邪的作用。

图片来源
　图一　梁宏信　摄影
　图二、图三　王文娟　制图

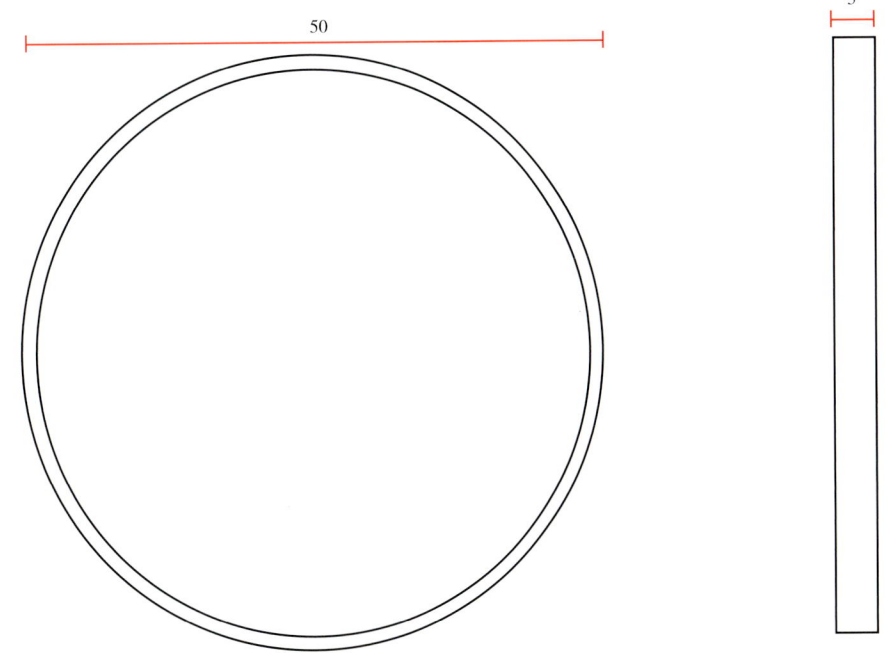

图二　仡佬族篾编米筛视角、尺寸图（单位：cm）

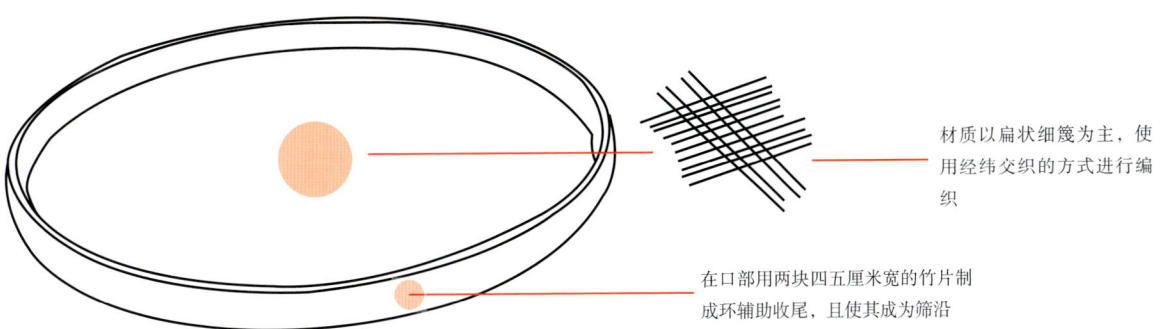

图三　仡佬族篾编米筛材质分析图

材质以扁状细篾为主，使用经纬交织的方式进行编织

在口部用两块四五厘米宽的竹片制成环辅助收尾，且使其成为筛沿

第四章　仡佬族传统生活用具

仡佬族篾编瓢箳

图一　仡佬族篾编瓢箳主图

　　篾编瓢箳或称瓢篓，是黔北仡佬族人民用来存放水瓢的一种传统篾编器具。其外形呈袋状，整体镂空，通常悬挂于水缸附近的墙上，方便水瓢的存取。而从侧面看，篾编瓢箳又与现今的"鸭舌帽"相似。本案例采自道真县三桥镇接龙村。该物件底宽44厘米，口宽50厘米，整体高为60厘米，厚25厘米，是常见的篾编瓢箳样式。

　　篾编瓢箳以当地易取的竹篾为原料，规格大小可根据需要来定，因此在民间这种瓢箳的样式十分丰富。在制作工艺上，篾编瓢箳通常以每两根扁篾合为一股，一横两斜三股篾线交叉编织，彼此间留有较大的间隙。而在瓢箳的底部回收时，特意将其收拢成一个槽口，外口处以细篾和饱满的圆篾收尾，既起固定形状的作用，又可增加美观。

　　篾编瓢箳结构和用篾都相对简单，但从工艺学及美学的角度来看，瓢箳是一件极具特色的艺术品。首先，它在实用基础之上融入了仡佬族人民的美学思维，利用竹篾之间的组合形成几何图案，以对物件进行装饰。如在整个篾编瓢箳上可以看到极为规整的镂空正六边形和实心正三角形图案，这两种几何图形成为整个瓢箳的主体花纹样式，既增加了物件的美感又满足了物件实用性：镂空的几何纹案可增加瓢箳的漏水和通风，避免了瓢箳和水瓢因潮湿变腐。其次，在其槽口处，以圆篾内卷收束，细篾扎成带状花纹，这样也能起到一定的装饰作用。再则，它可悬挂于墙上，这样就节省了人们生活的空间。

图片来源
图一　梁宏信　陈玫　摄影制图
图二至图五　聂红超　制图

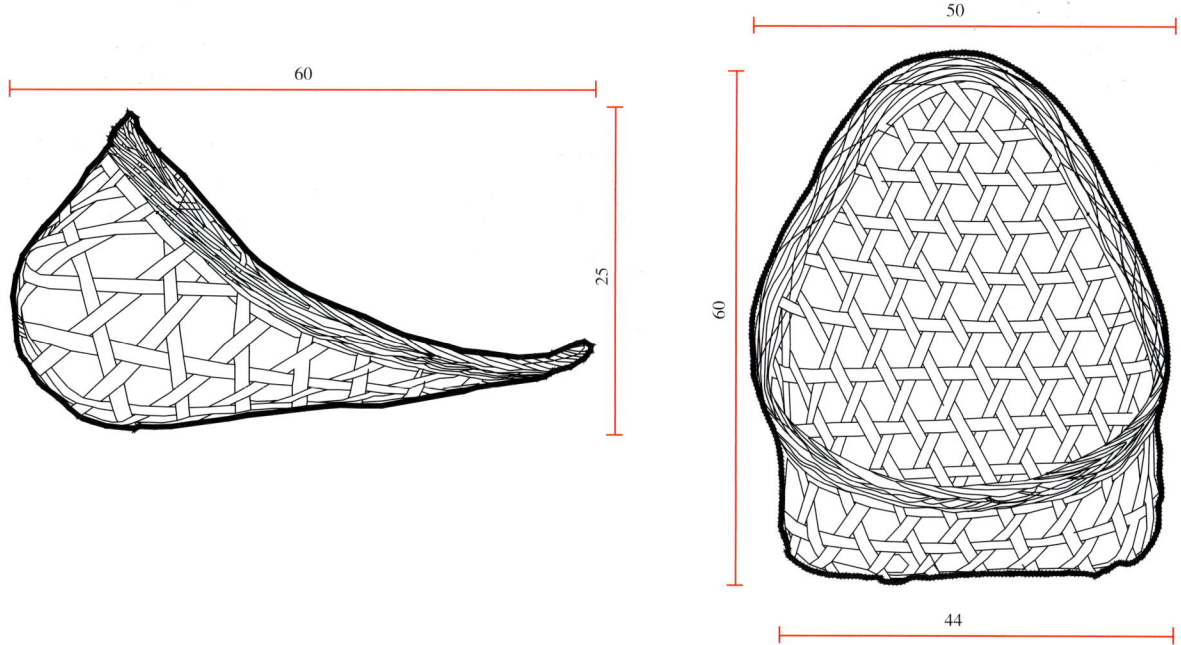

图二 仡佬族篾编瓢箢视角、尺寸图（单位：cm）

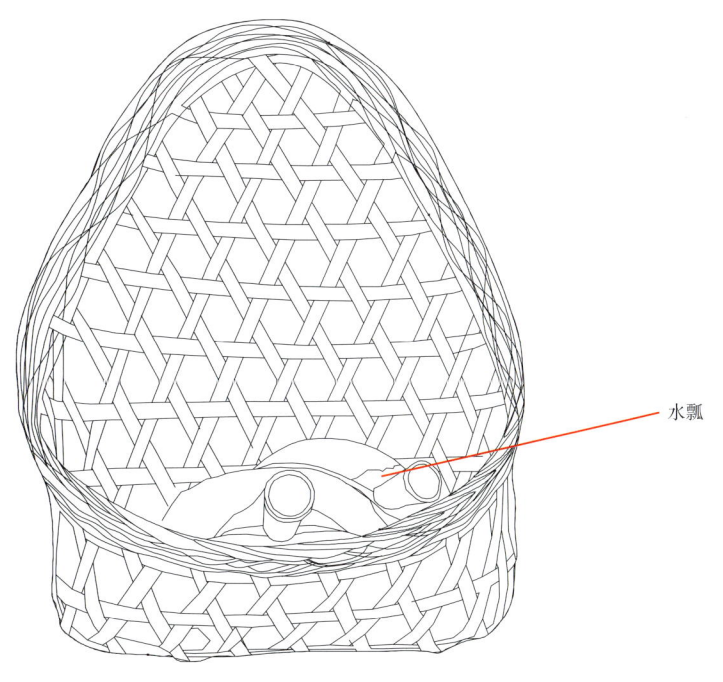

图三 仡佬族篾编瓢箢功能示意图

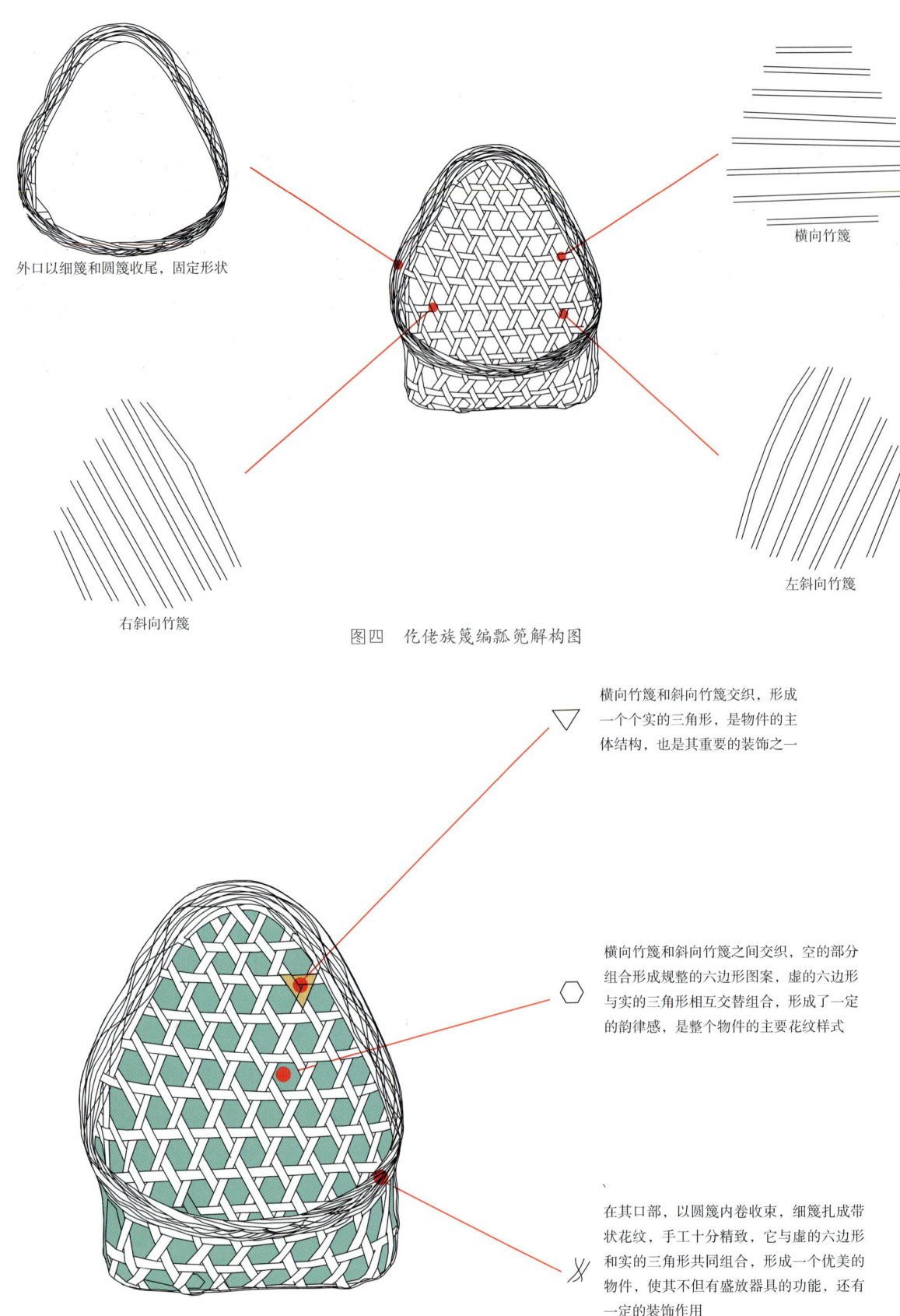

外口以细篾和圆篾收尾，固定形状

横向竹篾

右斜向竹篾

左斜向竹篾

图四　仡佬族篾编瓢箢解构图

横向竹篾和斜向竹篾交织，形成一个个实的三角形，是物件的主体结构，也是其重要的装饰之一

横向竹篾和斜向竹篾之间交织，空的部分组合形成规整的六边形图案，虚的六边形与实的三角形相互交替组合，形成一定的韵律感，是整个物件的主要花纹样式

在其口部，以圆篾内卷收束，细篾扎成带状花纹，手工十分精致，它与虚的六边形和实的三角形共同组合，形成一个优美的物件，使其不但有盛放器具的功能，还有一定的装饰作用

图五　仡佬族篾编瓢箢设计分析图

仡佬族篾编炭筛

图一　仡佬族篾编碳筛主图

黔北仡佬族人民通常使用炭筛来筛炭或筛谷子，这种炭筛是以竹篾编织而成，其上口呈圆状、底部呈方形。本案例采自道真县三桥镇接龙村。该物件上口径为50厘米，高12厘米，是家用炭筛类型。

篾编炭筛的制作原料是当地可取的竹篾，这种竹篾的质地相对来说比较柔软，且韧性较强，易于编织。炭筛的大小不一，一般根据需求来定。通常情况下口径在50厘米左右。在制作炭筛时，取竹篾去枝，破成0.5厘米宽的薄篾条，然后以经纬交织的方式进行编织，在相应宽度将四角收束而使底部呈方形；继续编至10厘米高度时，加入一圈篾环，篾尾沿着篾环卷收，这样使得口部形成一个内收式的筛口，筛肚因而鼓出，以避免在筛炭时炭屑从上口外撒；而另一方面，口部用较粗的篾环作环协助收尾，既稳定，还方便抓握。

篾编炭筛的编织手法相对简单，只是其底部在内收时，要注意是采取对角内收的形式，这样主要是为了继续编制需要；但同时这也是出于美学的需要，对角内收的话可以使其底部的花纹成交叉网纹，增加了筛底的美观，使其不至于太过单调。当然，其口部沿篾环卷收，让交叉的篾条之间形成辫子状花纹，同样是增添筛子的美感。

　　篾编炭筛早期主要是用于筛炭屑的，现今，因其筛眼略粗，而且筛身深度适中，被普遍用于农业生产之中，以辅助农民除去谷物中粗糙的杂质，如稻草、树枝、虫子等。在使用时，以双手握住筛沿，左右摆动筛子使谷物从筛眼中分离出来，粗糙的杂质则留在筛中，达到了去杂质的效果。在不使用时，可将其反扣挂在墙壁的钉子上，不占空间。

图片来源

图一　梁宏信　陈玫　摄影制图
图二至图四　聂红超　制图

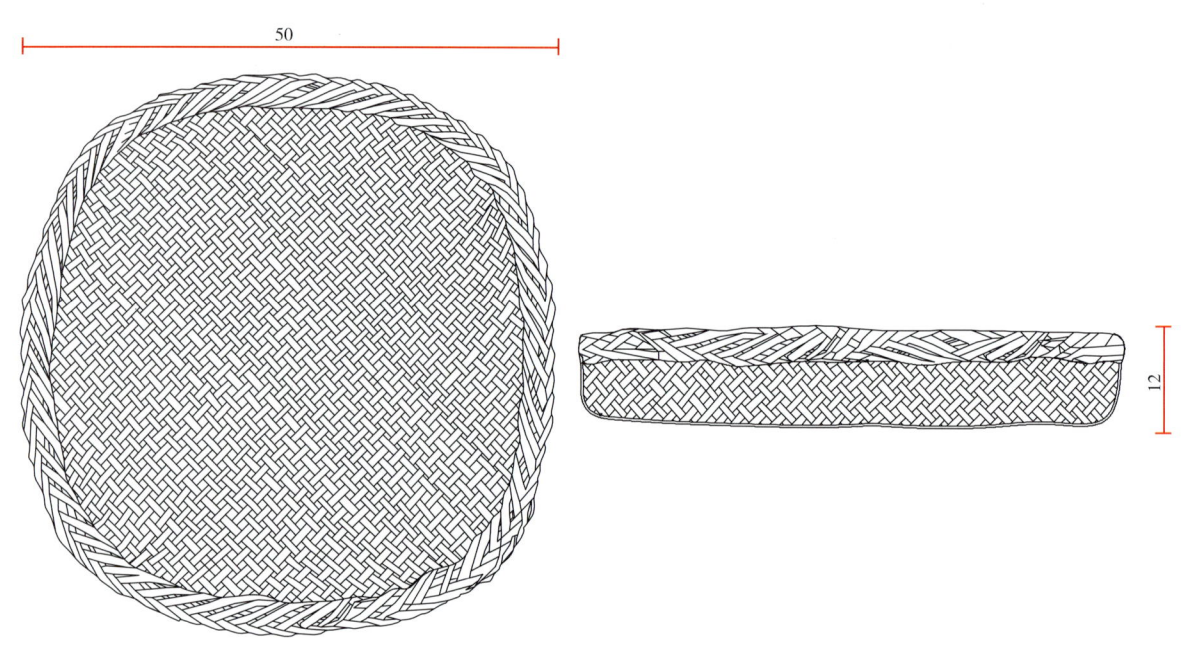

图二　仡佬族篾编炭筛视角、尺寸图（单位：cm）

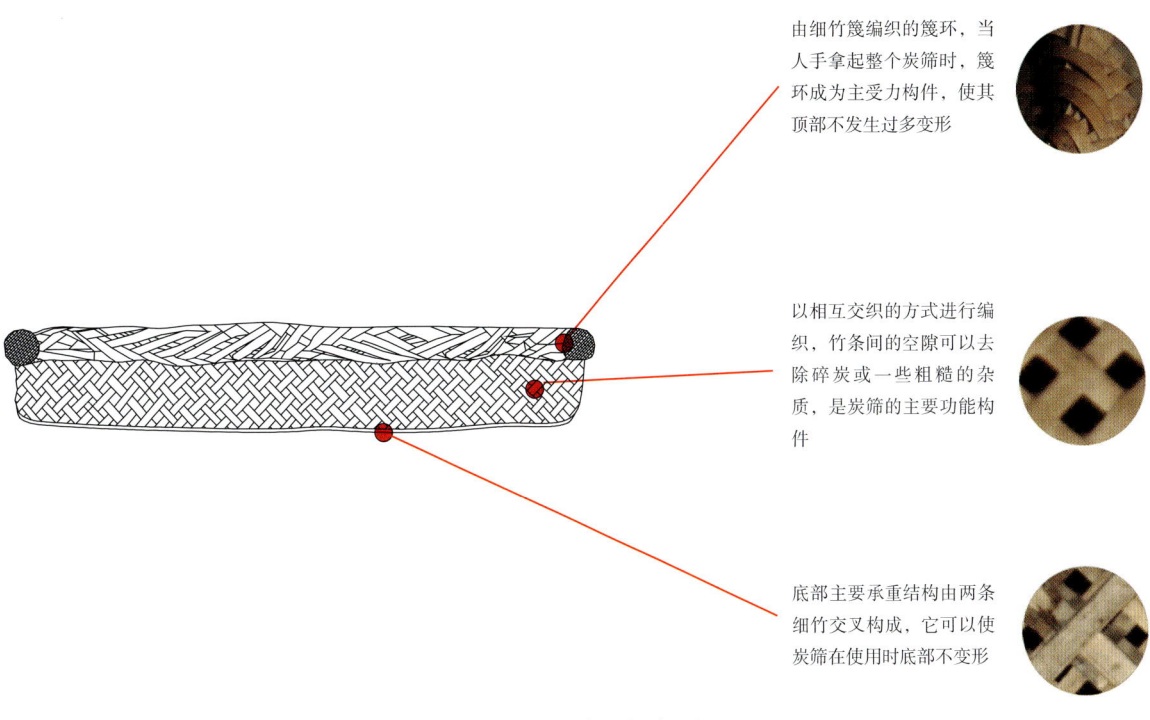

图三　仡佬族篾编炭筛结构图

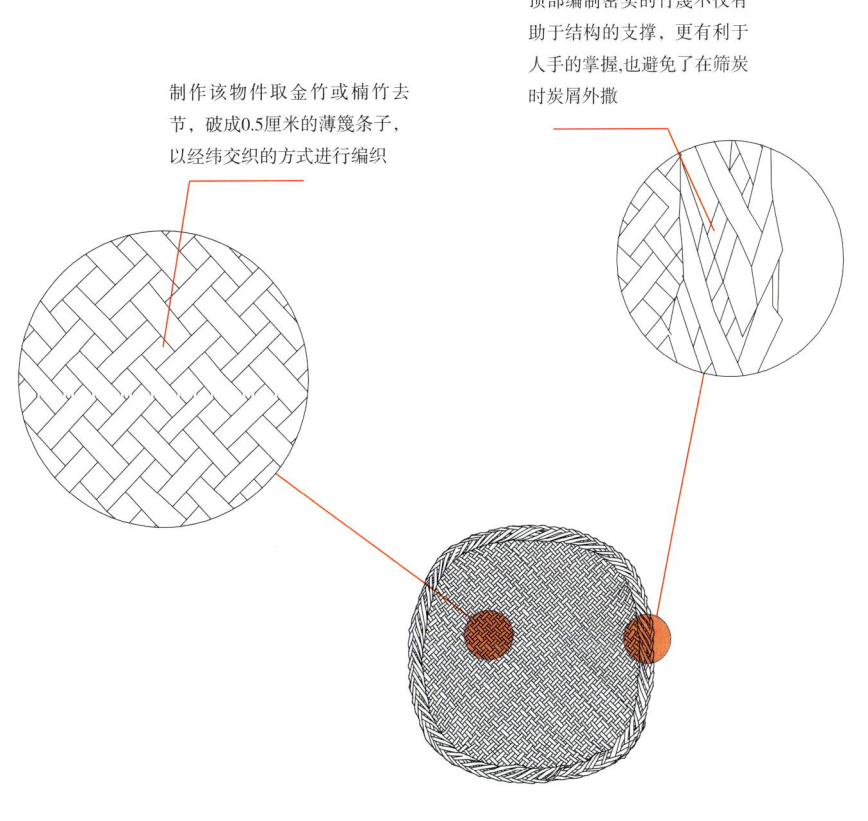

图四　仡佬族篾编炭筛功能分析图

第五章 仡佬族传统生产工具

仡佬族篾编花箩

图一　仡佬族篾编花箩主图

  仡佬族篾编花箩是一种在打猪草、拾干柴枝等劳作中使用的篾制器具，其口部呈圆形、底为方正形状，外以四支大篾为架，而使其外形看起来略显粗糙，但篾编花箩工艺复杂，编织技术性要求比较高，制作这种篾器是一项似粗实细的技术活儿。本案例采自六枝特区箐口乡居都仡佬族村寨。口径53厘米，底部边长20厘米，整个箩高50厘米，是最为常见的篾编花箩类型。

  居都地区的仡佬族素有"打篾仡佬"的称呼，在制篾工艺上有其独到之处，篾编花箩正是其制篾技艺的一种展示。在花箩制作上使用的篾条类型达6种之多，技法更是丰富多彩，有经纬交织、排篾、叠篾、穿插、卷缚等，其中排篾和叠篾技艺为居都仡佬族制篾工艺的独特技法，在其他地区的篾制品中很少看到。排篾的技法使用是为了减轻花箩的重量，在花箩之上，这种技法的使用为6处，每5支篾为一排，占据了花箩箩体的主体部分；而叠篾部分为一处，在花箩由身向口的过渡部分，由20支篾层层向外堆叠，形成一个外展的喇叭口，顺利完成由方形向圆形、由箩身到箩口的过渡。这两种编织技法的运用是花箩的最精妙之处。然而，常见的经纬交织制篾技法同样不可忽略，它的运用具有至关重要的作用。篾编花箩底部以宽篾经纬交织成底，增加花箩的耐用性和承载性能。除此之外，最为重要的在于经纬交织技法穿插在排篾和叠篾技法之间，为这两种技法的使用提供根本的保障——穿插形式的经纬交织技术在两股排篾之间、排篾与叠篾之间、叠篾的外围使用，都是为了固定这些技艺形态而采用，也即意味着，没有穿插形式的经纬交织技术就无所谓排篾和叠篾技艺的存在。

居都仡佬族篾编花箩的制作工艺堪称一绝，追求最大空间和容积基础之上，尽力减轻花箩本身给使用者带来的负担，因而采用了制篾最高技法的排篾和叠篾技术，是传统技艺的一种升华。这样的技艺使用也在形成纹路图案上提供了帮助，呈现出一道风景。

图片来源
图一　梁宏信　摄影
图二、图三　王文娟　制图

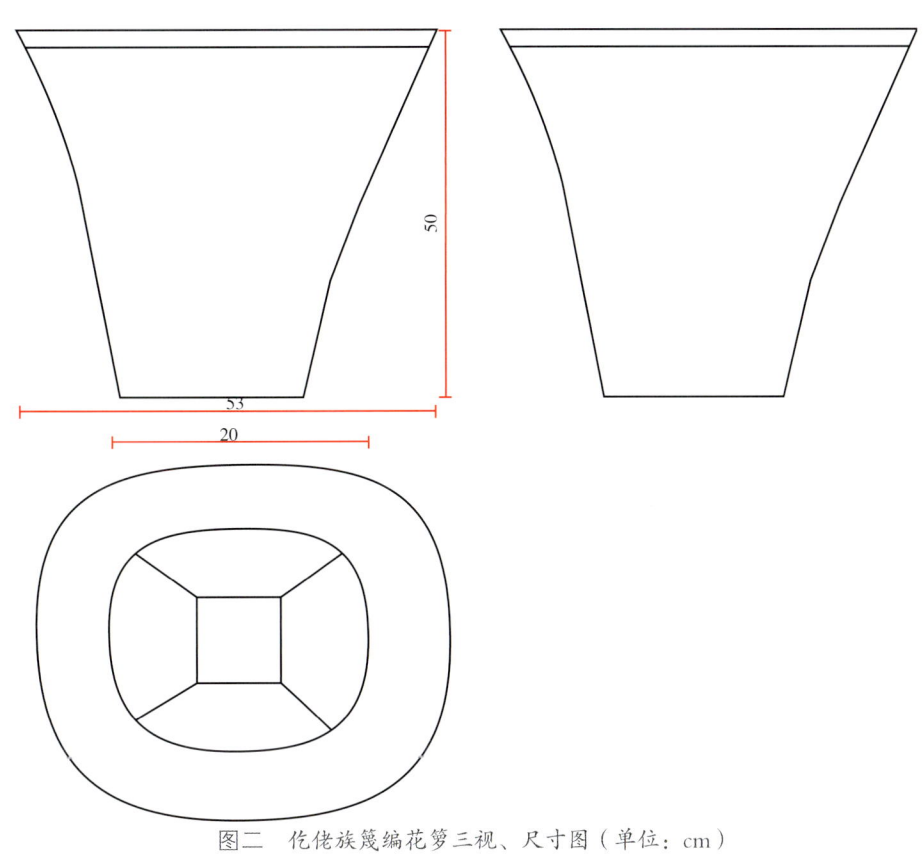

图二　仡佬族篾编花箩三视、尺寸图（单位：cm）

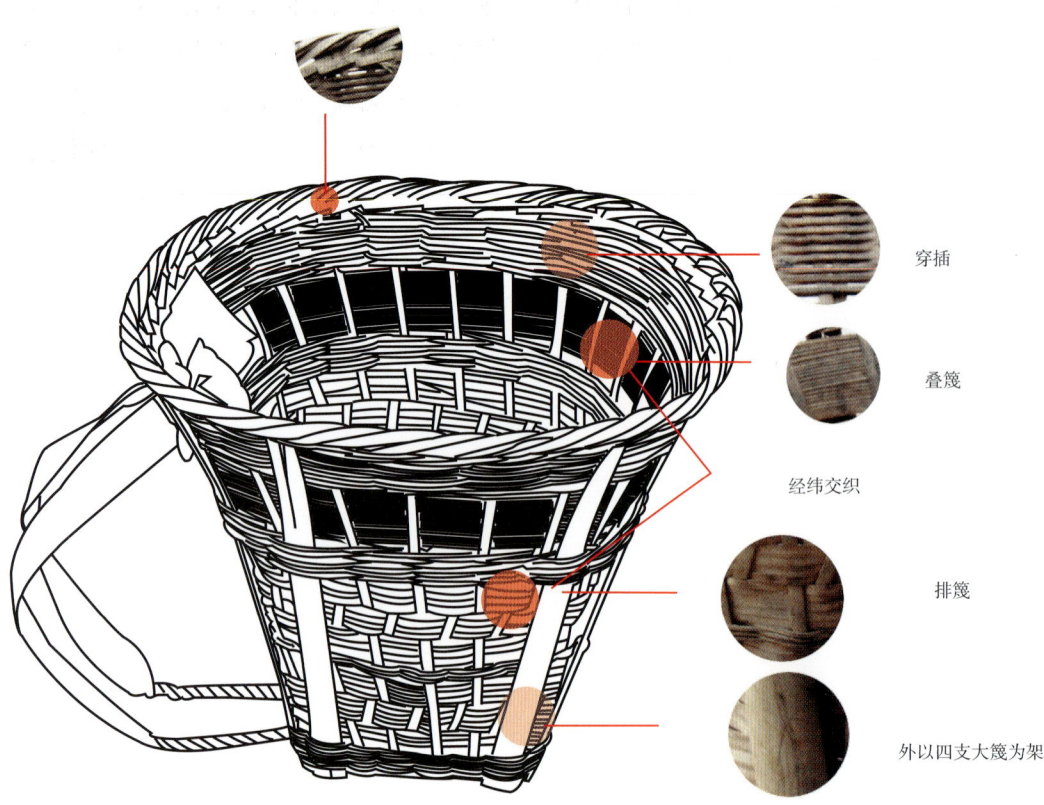

图三　仡佬族篾编花箩材质分析图

仡佬族斜挎单肩竹篮

图一 仡佬族斜挎单肩竹篮主图

仡佬族斜挎单肩竹篮是一种挎跨、单肩的篾编菜篮子，主要用于采摘蔬菜、果子或打猪草。它与一般菜篮子的区别除了在背负方式上存在明显的差异外，造型设计上也不一样。斜挎单肩竹篮的设计工艺原理与常见的斜挎单肩包相似，但因其材质本身柔和性差的缘故，使得篮子口部固定为一个椭圆的形状，而在底部篾线则聚合为一条线，因此将其倒扣过来，颇似"诸葛巾"的模样。居都仡佬族人民称之为"稀篮"。

篾编稀篮在制作时主要选取肉质较厚的绵竹为原料，根据需要取一定长度的竹竿去枝、破碎、修整，作成筷子宽窄的篾条备用，再取成人二指宽的篾片围成椭圆形状篾环。以此篾环做口，将相应量的竹篾折中由口编织起，篾线每交织一次加入一个篾环，篾环逐步收束，至底部将对应的两排篾线相互穿插，缝合为一线，收好篾头即成篮身。在篮身之上外加背负的带子，即为这种斜挎单肩的篾编菜篮子。本案例采自六枝特区箐口乡居都仡佬族村寨。口部椭圆形状，径长46厘米、宽35厘米，底部缝合线40厘米，篮深33厘米，为常见的斜挎单肩竹篮类型。

斜挎单肩竹篮的设计为仡佬族人民的劳作提供了便利，将菜篮与背篓形式结合起来，形成一种具有创意的篾编器具类型，解放了双手,提高了劳作的效率。在另一方面,这种菜篮子在爬树采果时更具便利性,符合山间生活、生产的需要。

图片来源
图一　梁宏信　摄影
图二至图四　王文娟　制图

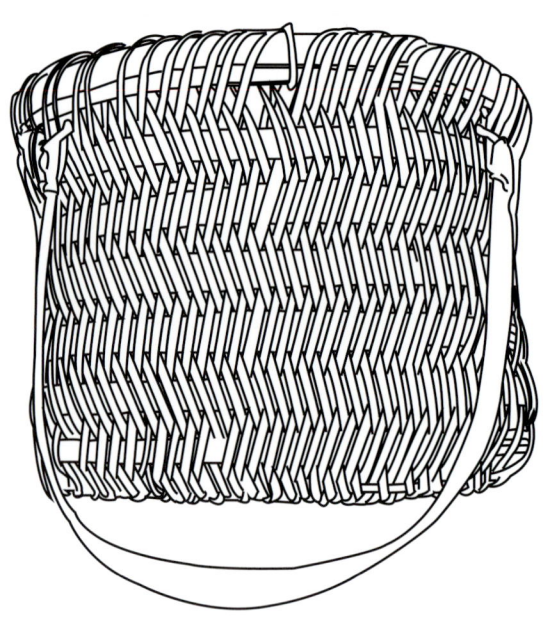

图二　仫佬族斜挎单肩竹篮线描图

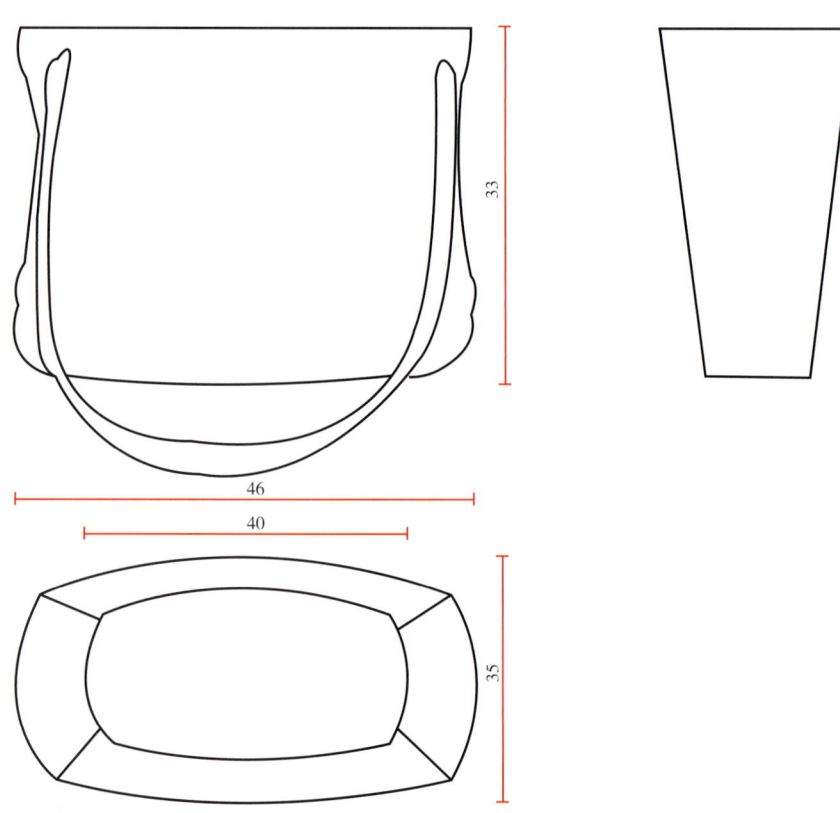

图三　仫佬族斜挎单肩竹篮三视、尺寸图(单位:cm)

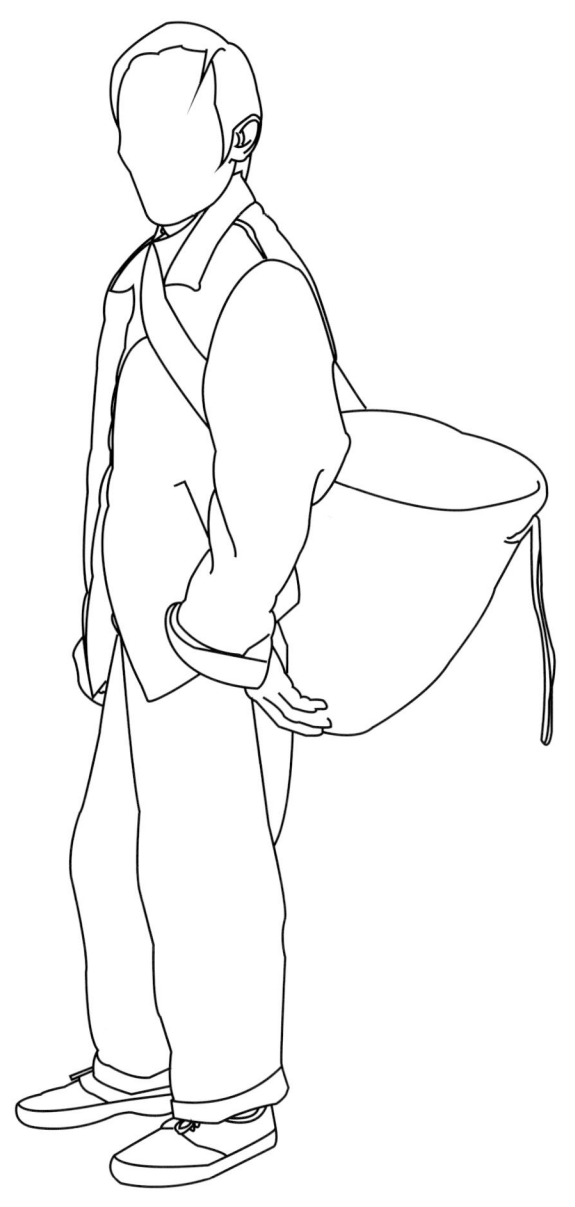

图四　仡佬族斜挎单肩竹篮使用示意图

仡佬族篾编方形夹背

图一 仡佬族篾编方形夹背主图

仡佬族篾编方形夹背是用竹篾编织而成的一种方形背篓，在日常生活中常用以装载物品，特别之处在于它还是居都仡佬族人民赶场的生态型"购物袋"或"双肩包"，至今仍被普遍使用。篾编方形夹背在造型上不仅讲究美观，而且用篾也十分考究，是一种结合了工艺学与美学的艺术产品。

篾制方形夹背为双层结构的篾制器具，制作方形夹背的竹篾共有4种类型，即粗厚篾块（分宽窄两类）、丝篾和宽篾，其中以粗厚型篾块为架，丝篾经纬交织形成夹背的外层，其内胆则主要由宽篾交叉编织而成。制作方形夹背的工艺较为复杂，制作者首先将夹背的内胆编织成型之后，再以穿刀牵引的方式将粗蔑穿插进去，使其成为夹背的架子，再利用锥子、叼刀（锥）和引瓢协助将丝篾穿插起来，将粗篾进行固定，才能完成夹背的制作。本案例采自六枝特区箐口乡居都仡佬族村寨，其口部长37厘米，宽29厘米，底部长27厘米、宽20厘米，夹背深40厘米。该物件的前后中间位置各设计有装饰的花纹图案，以增加物件的整体美感。

篾编方形夹背是当地生态型的"购物袋"，它如同双肩包一样，具有普遍的用途，除了赶场使用之外，走亲访友时也为装载礼物使用，因此在贵州大部分地区都可以看到。现今，塑胶方形夹背出现了，多为城乡接合部及城镇中的居民所热爱，农村地区仍普遍使用篾编方形夹背，在赶场日子的乡村公路上，随处可见骑着摩托车背着方形夹背赶集的人们。

图片来源
图一　梁宏信　摄影
图二至图四　王文娟　制图

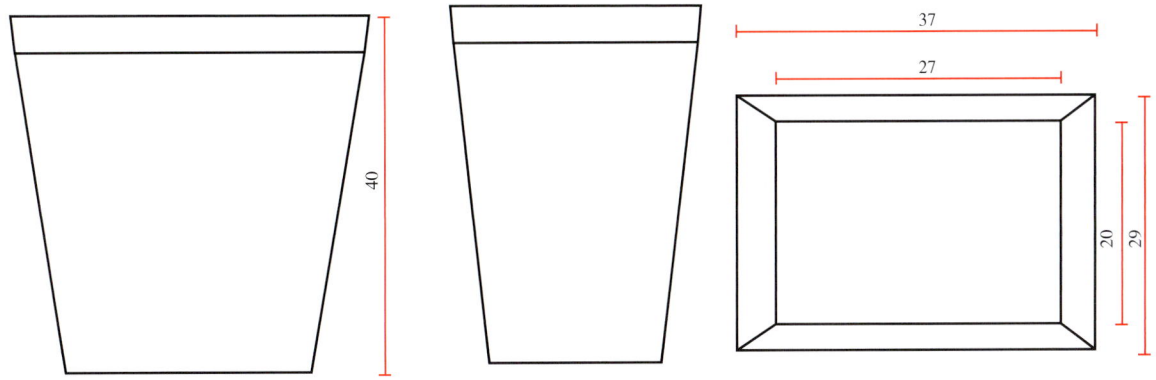

图二　仡佬族篾编方形夹背三视、尺寸图（单位：cm）

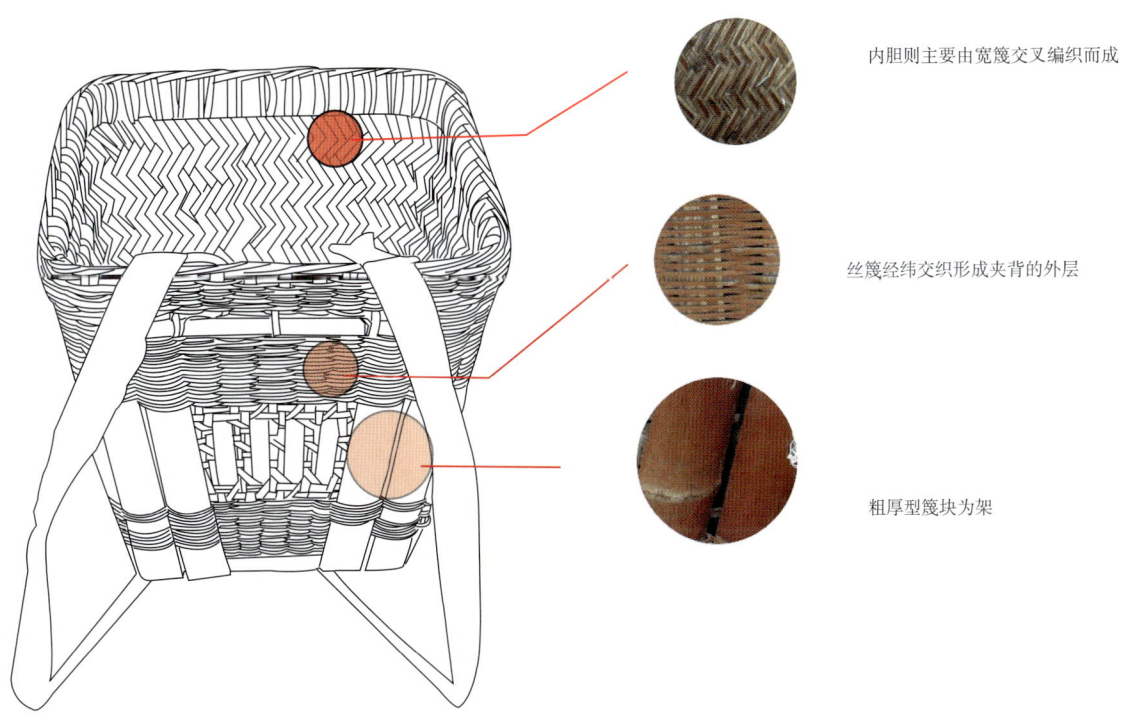

图三　仡佬族篾编方形夹背材质分析图

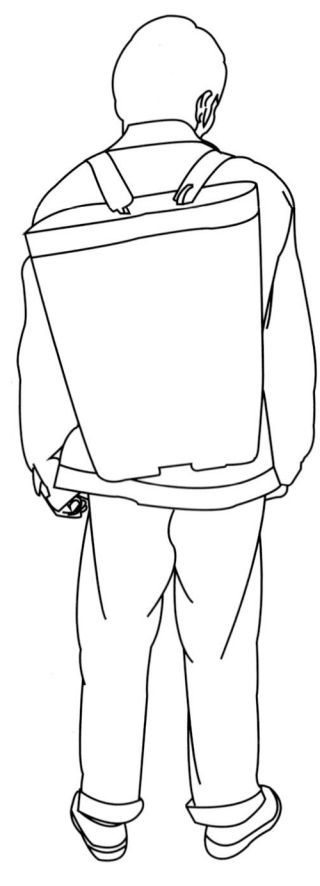

图四　仡佬族篾编方形夹背使用示意图

仡佬族篾编扁背箩

图一 仡佬族篾编扁背箩主图

篾编扁背箩是居都地区仡佬族人民劳作过程中，常用来背运谷物、玉米、秸秆肥、石沙、瓦片等粗重物件的篾制器具。以背背负，扁平的箩状器具，仡佬族人民统称"背箩"。本案例采自六枝特区箐口乡居都仡佬族村寨。口部呈椭圆状，长轴为49厘米、短轴为39厘米，而底部为长方形状，长20厘米、宽10厘米，箩深48厘米。

居都篾编扁背箩与一般的背箩不同，一般的背箩在制作时追求背箩的大容量，尽力使背箩整体一致而具有开阔的空间，但篾编扁背箩箩体底部扁平、收束，仅上口处开阔，呈喇叭状。篾编扁背箩在编制时用篾较厚实，使得背箩整体显现稳重，且耐用性能好，是居都仡佬族人民生产劳作中搬运物件的主要工具。

篾编扁背箩在制作工艺上更讲究背箩的省力、耐用和平稳等性能。因此，所用篾条都比较粗厚，在经纬交织编织的基础上，在其底部外加五横三纵的粗篾条，通过穿刀穿引穿插进箩身之中，将整个扁背箩固定稳当，形成的纹路图样也增加了扁背箩的整体美感。而在其口部，以常见的篾条卷收工艺，这样既便于抓举，同时也能保护在使用时不被篾针扎伤。

篾编扁背箩规格大小不一，设计工艺

第五章 仡佬族传统生产工具

讲究。扁平的篓身在使用时，篓身贴紧人体背部，背负起来更加平稳。而其圆且大的口部是承载物件的主要部位，使得物件的着力点集中于其上部，从人体背负的力学角度来看，更加省力，且便于移动，至自今仍被广泛使用。"贵阳背篼"所使用的背篓即是这种篾编扁背篓。

图片来源

图一　梁宏信　摄影

图二至图四　王文娟制图

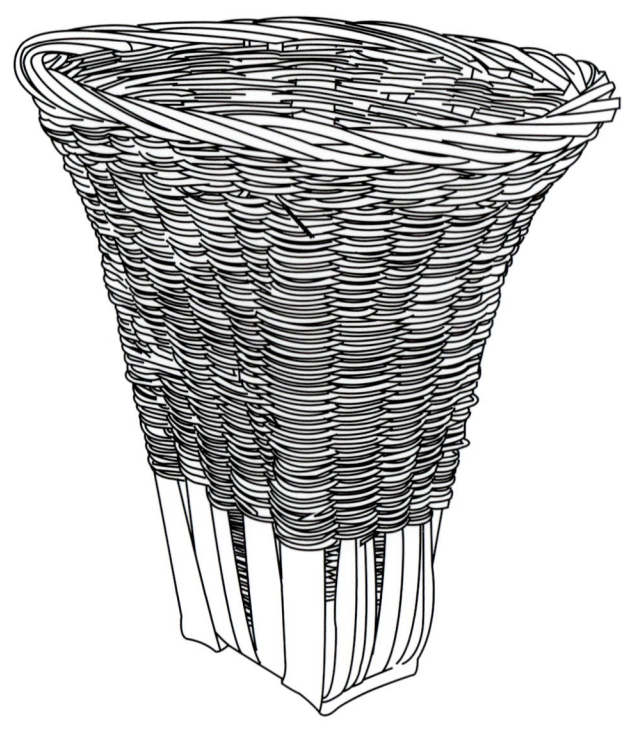

图二　仡佬族篾编扁背篓线描图

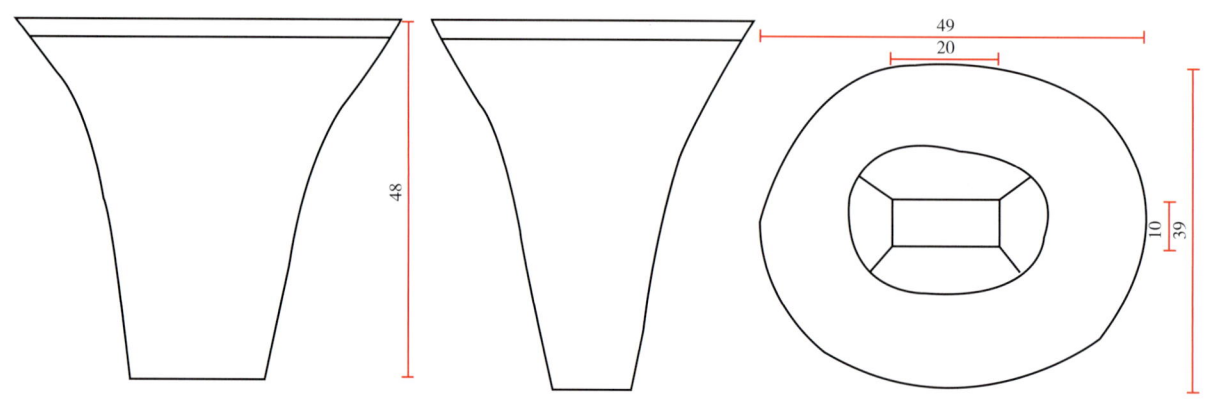

图三　仡佬族篾编扁背篓三视、尺寸图（单位：cm）

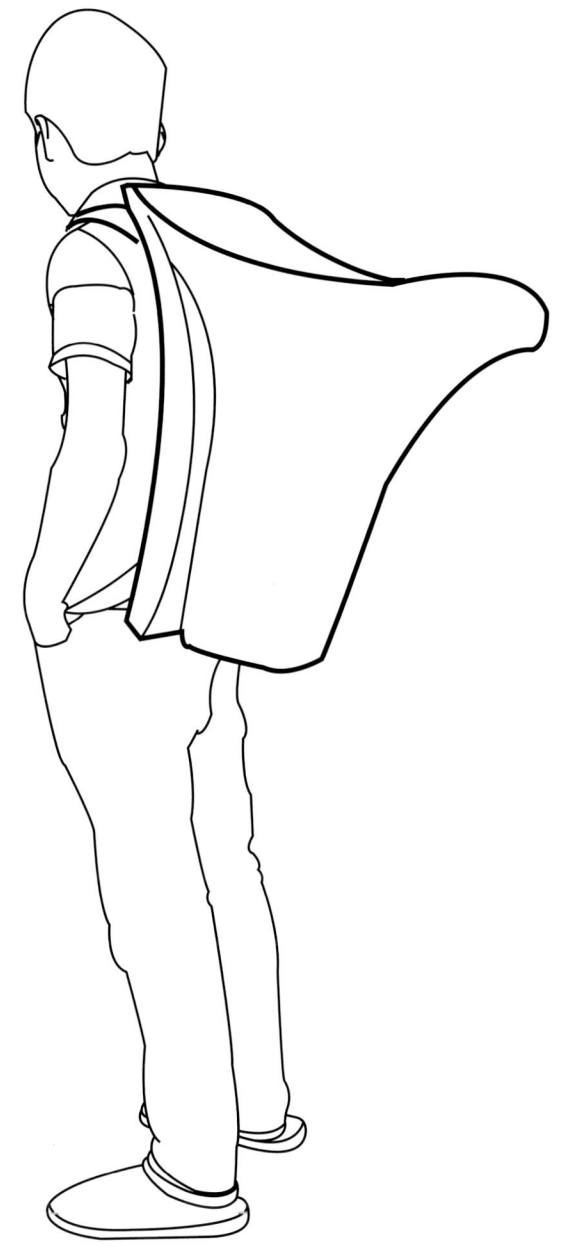

图四　仡佬族篾编扁背箩使用示意图

仡佬族篾编提篮

图一　仡佬族村篾编提篮主图

仡佬族篾编提篮是黔北地区人民生活中装载、搬运蔬菜、食物或小物件的手提器具，极为常见，材料取自当地的金竹，以竹篾经纬交错、细篾穿插等编织方式制作而成。本案例采自黔北务川县龙潭村。上口及底都是椭圆状，口部长轴和短轴分别为40厘米和20厘米，底部长轴和短轴分别是35厘米和16厘米，内深10厘米，整篮高27厘米，内底呈方块状，且在提篮的中部以四根竹条穿入底部而形成提把。

仡佬族篾编提篮分内外两层，内层以细篾条穿插密编，做工相对整齐、扎实、严密，避免装载一些细小的东西时下漏；而它的外层竹篾略大，交错编织形成篮架。在提篮的口、底部都是以圆篾环绕内卷收束，保证其使用的耐久性和安全性。在提篮外侧，整体构图形成三个部分，设计者在其中部，留有部分以竹篾交叉编织，外层镂空，与内层叠加形成的一条带状的十字纹路花纹图案，是实用功能之外的审美艺术。在其上下相连的部位，细篾穿插在粗篾之间，编织图案整齐，如此中间带状花纹突显，颇为出彩。

现今这种篾编提篮在黔北仡佬族地区仍然可寻，但市场上使用塑胶带进行编织的提篮也已走进千家万户。塑胶提篮外形和篾编提篮相似，但在制作技艺上没有篾编提篮精致，且提篮壁多为单层。

图片来源
图一　梁宏信　摄影
图二至图四　王文娟　制图

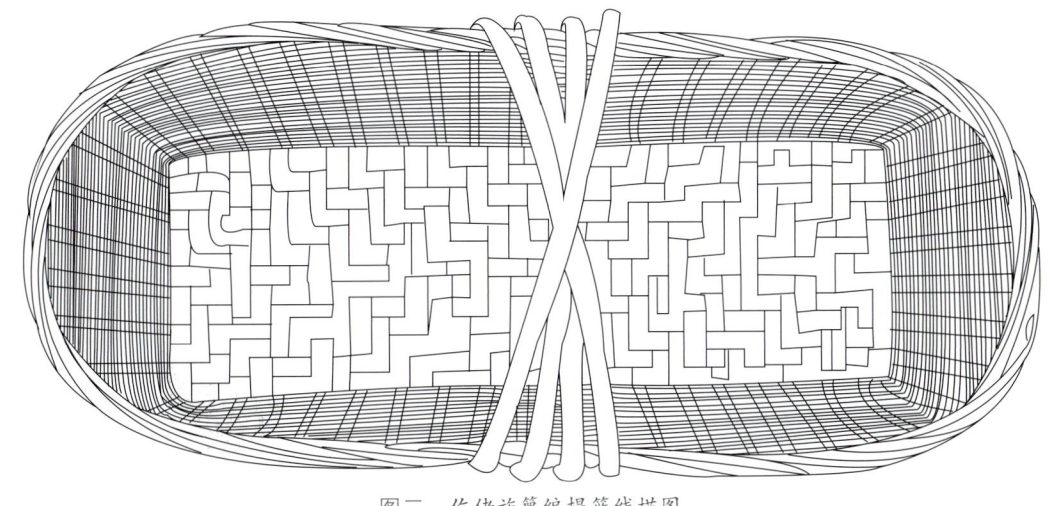

图二 仡佬族篾编提篮线描图

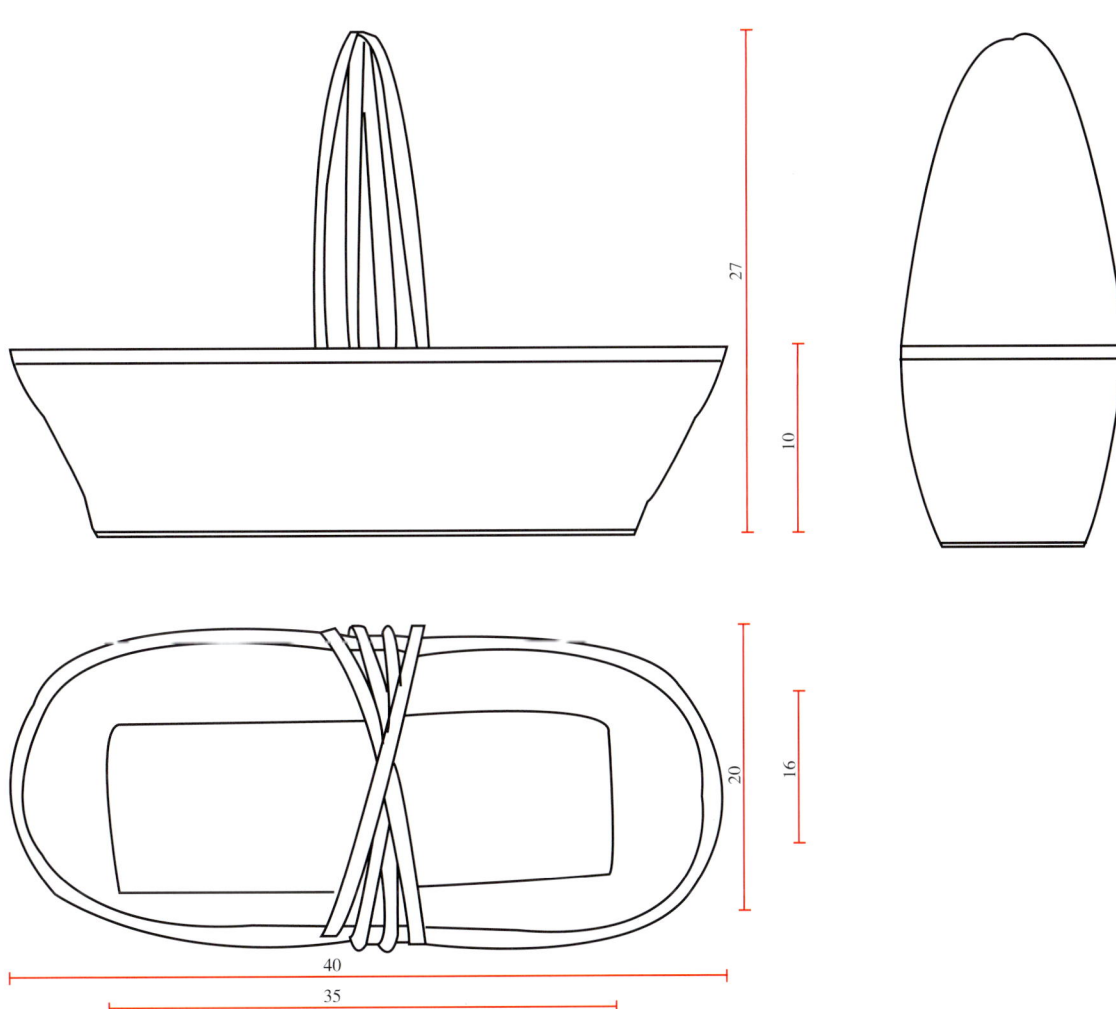

图三 仡佬族篾编提篮三视、尺寸图（单位：cm）

图四　仫佬族篾编提篮材质分析图

仡佬族篾编箩箕

图一 仡佬族篾编箩箕主图

篾编箩箕是一种外形特征与篾编圆形簸箕相似的篾编器具，它以竹篾为原料，编织成正圆形状，为仡佬族人民日常使用的一种篾编粮食晾晒工具。篾编箩箕与常见的晾晒粮食工具"晒席"不同，晒席呈方块席子形状，而篾编箩箕为圆形，边沿收束可以防止大风将所晒的食物吹散，但因其面积较之晒席小，因此多用来晾晒量小且易吹散的农作物，如芝麻、黄豆等。

篾编箩箕比一般的簸箕体积更大、更深，外层编织有一层篾编架子以支撑和固定其形状。原料为当地的金竹，金竹具有天然的韧性，不会轻易破裂和断开，可以承载有一定重量的物资。本案例采自务川县龙潭村，箩箕口径133厘米，高7厘米，结构简单实用，是传统的编织工艺产品，在当地人家都能找到，是他们用来摊晒谷物、黄豆、芝麻等农作物的主要工具之一。

在编织技艺上，篾编箩箕的编织较为精致，采用经纬篾条的编织方式铺展开来，至箩口处内收，将篾头回收藏到箩面下部，体现了较高的工艺技巧。编织花样极为整齐，中间以菱形为主图，有层次地向外展开，纹路清晰。竹篾正反面交错编织而构成条路清晰的鱼状花纹。篾编箩箕的底部外架，是一个呈螺旋状向外散开图案，它形成了箩箕的主要"骨架"，底部编织简单而侧面以细篾条穿插编织扎牢，使篾编箩箕形状更加稳固。

图片来源
图一 梁宏信 摄影
图二至图四 王文娟 制图

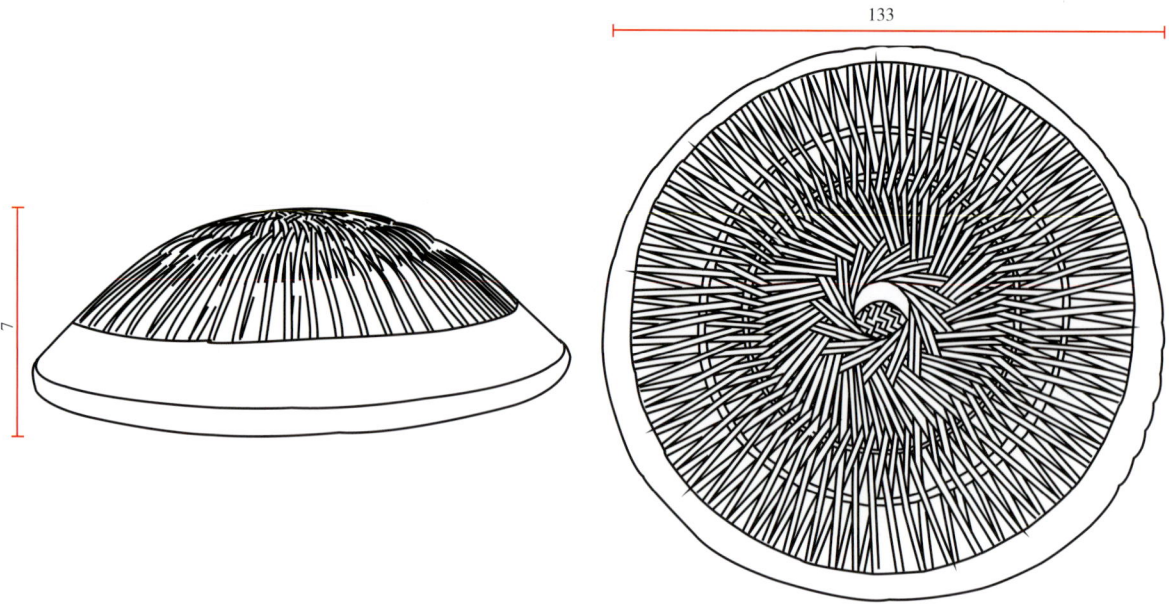

图二 仡佬族篾编箩箕视角、尺寸图（单位：cm）

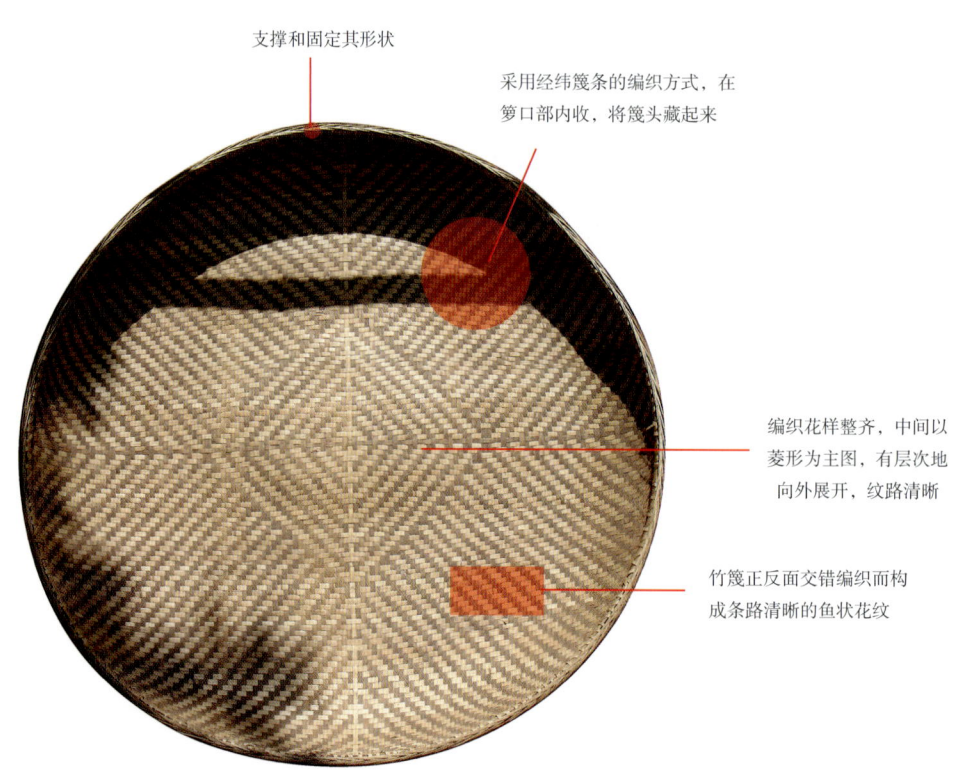

支撑和固定其形状

采用经纬篾条的编织方式，在箩口部内收，将篾头藏起来

编织花样整齐，中间以菱形为主图，有层次地向外展开，纹路清晰

竹篾正反面交错编织而构成条路清晰的鱼状花纹

图三 仡佬族篾编箩箕正面结构分析图

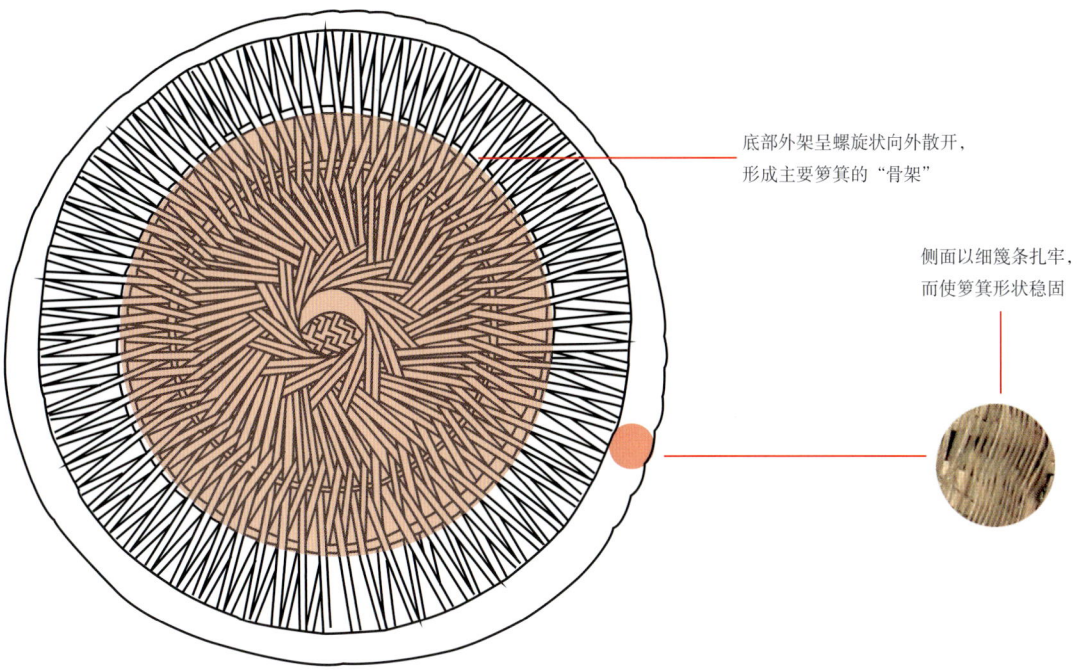

图四 仡佬族篾编箩箕背面结构分析图

仡佬族篾编麻丝背

图一　仡佬族篾编麻丝背主图

贵州有句俗语："高山苗，水仲家（布依族），仡佬住在山旮旯。"描述了贵州世居少数民族仡佬族的居住生态环境。绝大多数仡佬族居住在山旮旯的客观条件限制了这个民族"肩挑"的生产生活方式，使得他们在"背扛"的生产生活方式上得到更宽广的发展空间，因此该民族背上工具丰富多彩，特别是背篓的样式颇多。其中篾编麻丝背就是一种专门用来背运谷子、玉米及其他作物的器具，其圆口方底，以细竹丝紧密编织，整体厚实、稳重。

篾编麻丝背取竹篾编织，以经纬交织的编织方式制作而成。它以粗厚的竹篾为骨架，细软篾条穿插扎牢，使篾编麻丝背的整体形状得到稳固且不留缝隙。本案例采自务川县龙潭村，其口径61厘米，底部长29厘米、宽19厘米，高67厘米。该物件设计巧妙，其身部鼓胀，可以承载更多谷物的同时，还符合人体背负物体的基本特征，达到节省气力的功效。因为盛载谷物时重量主要集中于篾编麻丝背的上部，在背负时重量集中于人体的背部以上位置，背负起来相对舒适、能够节省气力。

务川龙潭村篾编麻丝背以细如"麻丝"的竹篾为主料，故此得名。细篾质地柔软，便于编织且韧性较好，编织形成的图案整体样式整齐。在篾编麻丝背的中部，以较薄且宽的竹篾交错编织一是为了背负时更舒适，二是形成的清晰斜状鱼纹图案也起到了一种装饰的作用。

图片来源
图一　梁宏信　摄影
图二至图四　王文娟　制图

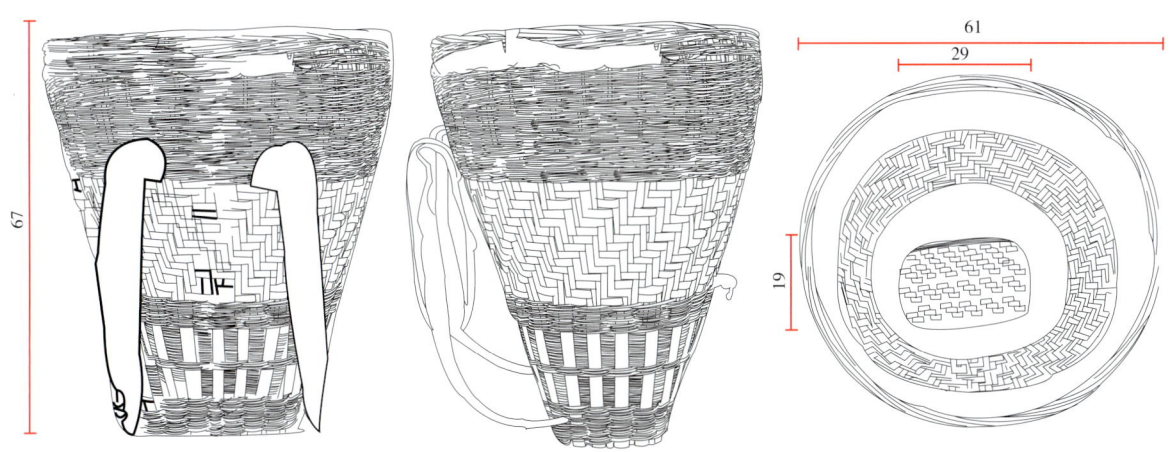

图二　仡佬族篾编麻丝背三视、尺寸图（单位：cm）

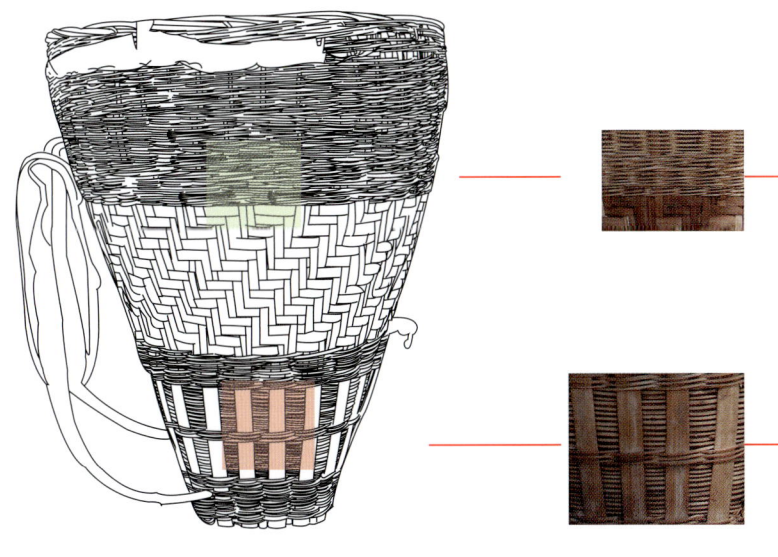

麻丝背口部、身部鼓胀，盛载谷物时重量主要集中于此，重量集中于背部以上，具有省力的功效，且便于山路行走。麻丝背以细如"麻丝"的竹篾为主料，故此得名。细篾软而便于编织，编织整体样式整齐，韧性强。在其中部，以较薄且宽的竹篾交错编织而构成清晰的斜状鱼纹图案，起到装饰的作用

丝背取竹篾而编织，以经纬交织的编织方式制作而成，粗厚的竹篾为骨架，细软篾条穿插扎牢，使其稳固且不漏谷物

图三　仡佬族篾编麻丝背材质分析图

第五章　仡佬族传统生产工具

仡佬族篾编背篓

图一　仡佬族篾编背篓主图

务川龙潭村篾编背篓是一种口宽底收，且口底皆呈方形的竹篾编织器具，它主要用来搬运猪草、干柴、菜类等物资。仡佬族的篾编背篓与篾编背篼或背筐不同，篾编背篼或背筐在设计、用篾及编织方式等制作工艺上十分讲究，且做工也更为精细；而篾编背篓的整体造型朴实，用篾和做工粗糙，是一种形象朴陋的生活器具。

篾编背篓以较厚实的竹篾编织而成，因此外观粗糙。本案例采自务川县龙潭村。物件上口长59厘米、宽54厘米，底部长27厘米、宽21厘米，篓高67厘米。整体以粗篾为主，棱角分明，线条生硬，为普通的家用篾编背篓类型。

篾编背篓是一件粗中有细的篾具产品，尽管其外观朴陋，但不乏艺术追求。篾编背篓制作时以巧妙的收篾手法将篾头收藏得天衣无缝，外观整洁利落；其样式简单的菱形花纹也为背篓铺上了一层图样的底色；在背篓的底部和中上部位各有一条带状的丝篾精编图案，是在菱形花纹底色之上的一种装饰。从各个部分的用篾功能角度来看，粗篾的交错编织无疑是背篓框架形成的基础，同时保证了背篓的耐用性及承载性；在粗篾之上以丝篾精编，将这些粗篾牢牢地绑在一起使背篓既美观又牢固。在背篓的口沿部分，设计者还外加了一条圆形的篾绳，避免使用者被粗篾的棱角割伤；而背篓的底部以粗大的竹钉收尾，也是一种固定和防磨功能的体现。

图片来源

图一　梁宏信　摄影
图二、图三　王文娟　制图

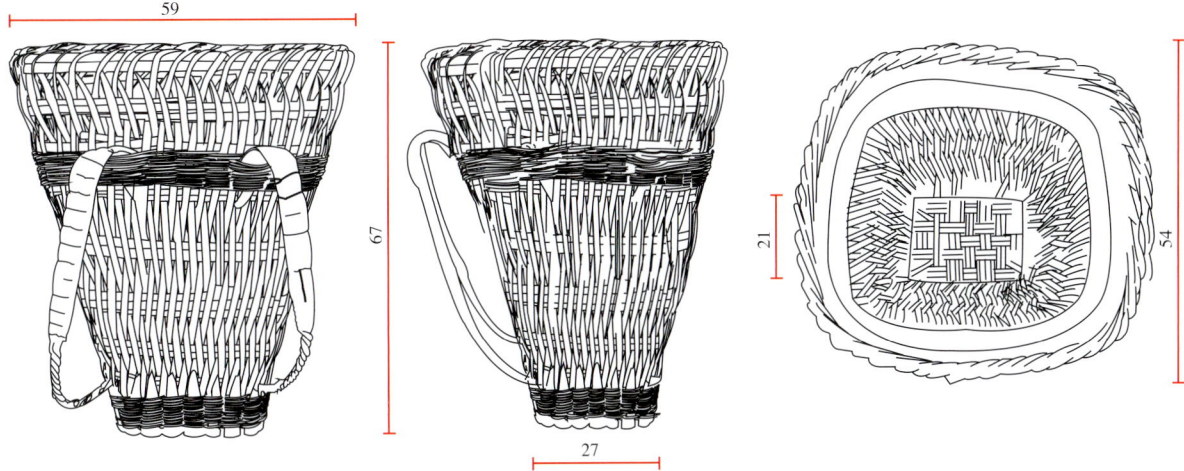

图二　仡佬族篾编背篓三视、尺寸图（单位：cm）

图三　仡佬族篾编背篓使用示意图

第五章　仡佬族传统生产工具

167

仡佬族篾编筲箕

图一　仡佬族篾编筲箕主图

篾编筲箕俗称"筲筲"，是民间用来淘米或滤水的一种篾编工具。篾编筲箕肚腹下陷，形状像铲子，以竹篾为主要原料编织而成，为仡佬族人民的传统篾质器具之一。除淘米的基本功能外，黔北、黔东北仡佬族人民在制作当地特色小吃豆腐花（豆花）时，也离不开篾编筲箕的辅助。

篾编筲箕以竹篾为原材料，是一种制作工序复杂的篾器具。在制作篾编筲箕时，先取成年且肉质较厚的竹子去枝、破碎、修整，作成宽、圆两种类型篾条，用宽篾为筲箕底部架子，与细圆篾以经纬交织的技法进行编织，在所需的宽处回圆篾，使其形成整齐的纹路。在筲箕底部制成之后，以两块粗厚的竹片内外包夹、以藤条或篾片收束使其肚腹下鼓形成铲状，再在筲箕外口处加绑一圈由圆篾编织而成的篾辫子，遮挡住粗糙的篾头。筲箕尾部拴一小节绳子，方便悬挂。本案例为务川县龙潭村村民家用篾编筲箕，肚宽43厘米、长46厘米、开口长16厘米，筲箕内深8厘米。

篾编筲箕的工艺设计体现了实用性和艺术美学的整体性结合。其中筲箕的整齐纹路及外口处以篾辫子覆盖收尾，既增加了实物的外在美感，同时也是为筲箕的耐用性及手握的舒适感着想。而以宽、圆两种竹篾交叉编织是出于物件实用性的一种思考，宽篾与圆篾之间的交织增加了篾编筲箕的漏水缝隙，与此同时，细篾之间的间隙较小又防止米或黄豆的下漏。可见，该物件的设计具有较高的工艺水平。

图片来源

图一　梁宏信　摄影

图二至图四　王文娟　制图

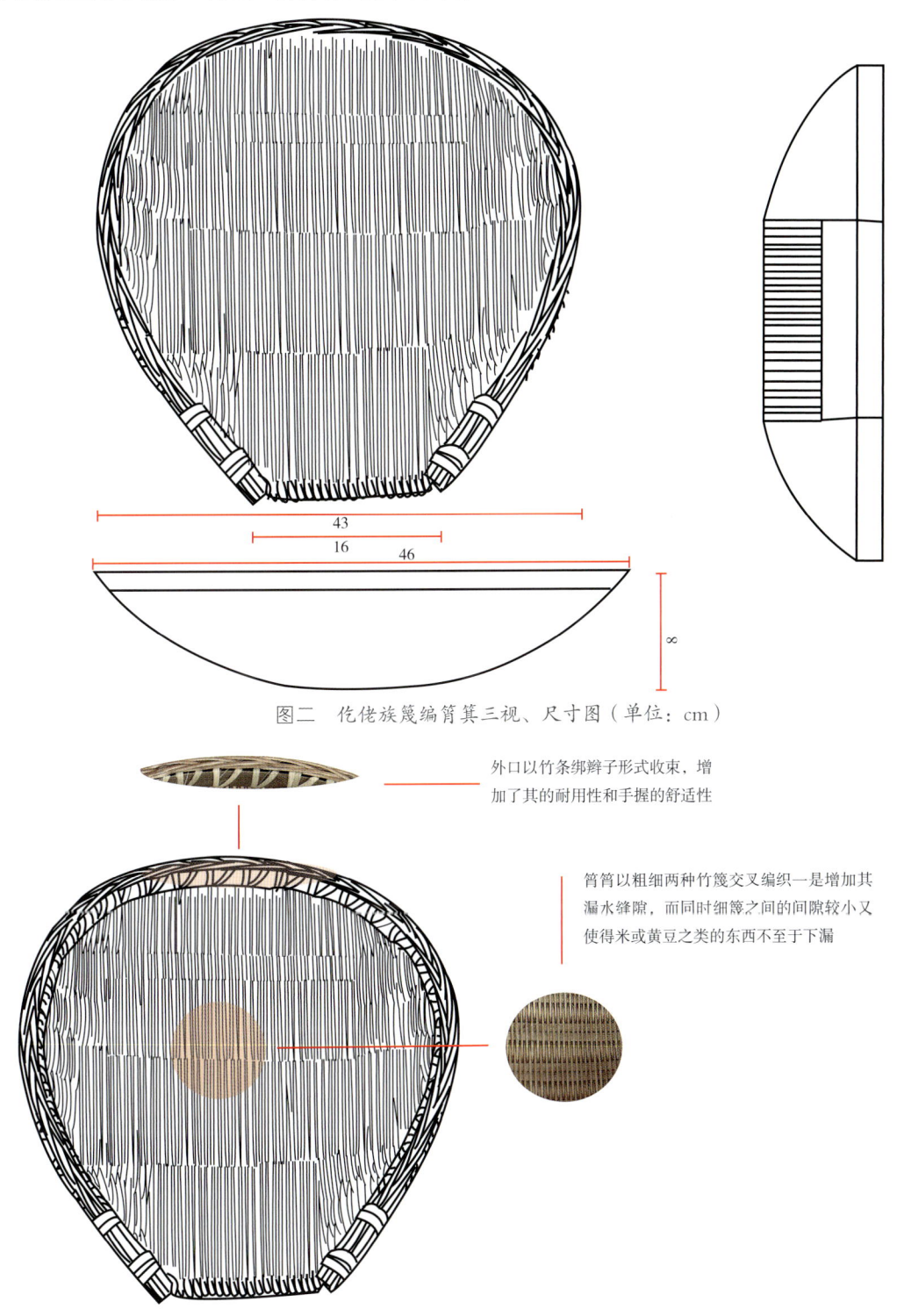

图二　仡佬族篾编筲箕三视、尺寸图（单位：cm）

外口以竹条绑辫子形式收束，增加了其的耐用性和手握的舒适性

筲箕以粗细两种竹篾交叉编织一是增加其漏水缝隙，而同时细篾之间的间隙较小又使得米或黄豆之类的东西不至于下漏

图四　仡佬族篾编筲箕材质分析图

仡佬族篾编小撮箕

图一 仡佬族篾编小撮箕主图

篾编小撮箕是黔北仡佬族民间一种用来协助装载谷物、猪草或垃圾的小型篾编工具。篾编小撮箕外形为铲状，底部方形，外口处以竹篾或藤子绑扎粗篾而成，在西南的部分地区称为"簸箕"。本案例为务川县龙潭村申佑祠堂博物馆收藏品，撮箕口宽28厘米，底长48厘米，深46厘米，为常见篾编小撮箕类型。

篾编小撮箕制作时主要以竹篾为原料，取成人一指见宽的竹篾薄片正反面交错编织。篾片的紧密编织在使用时可防止谷物、垃圾散落，而交错编织形成的清晰纹路图案，为撮箕整体增添装饰的效果。篾编小撮箕为铲状斜口，侧看为一个直角的三角形，其底部为长方形，可平稳放置。设计者在口部边缘处以两片粗厚的篾片包夹，用柔软的竹篾绑扎，对小撮箕形状进行固定的同时，还便于抓取和搬运。在篾编小撮箕的两个侧面，制作者以穿插的方式分别加入一块厚实的篾片，以增加篾编小撮箕外部形状的稳定性。

随着物质生活条件的改善，塑胶及铁质撮斗大量普及，篾编小撮箕受到了直接影响，在制作及使用上逐渐减少。现今，在黔北仡佬族家庭中，所使用的篾编小撮箕都是具有一定年龄的"老物件"，新的很少看到。

图片来源
图一　梁宏信　摄影
图二至图四　王文娟　制图

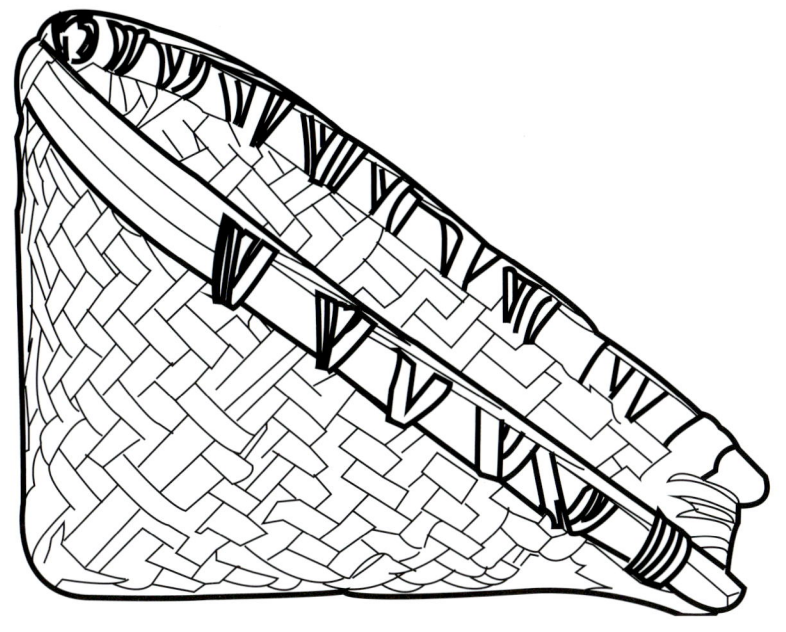

图二 仡佬族篾编小撮箕线描图

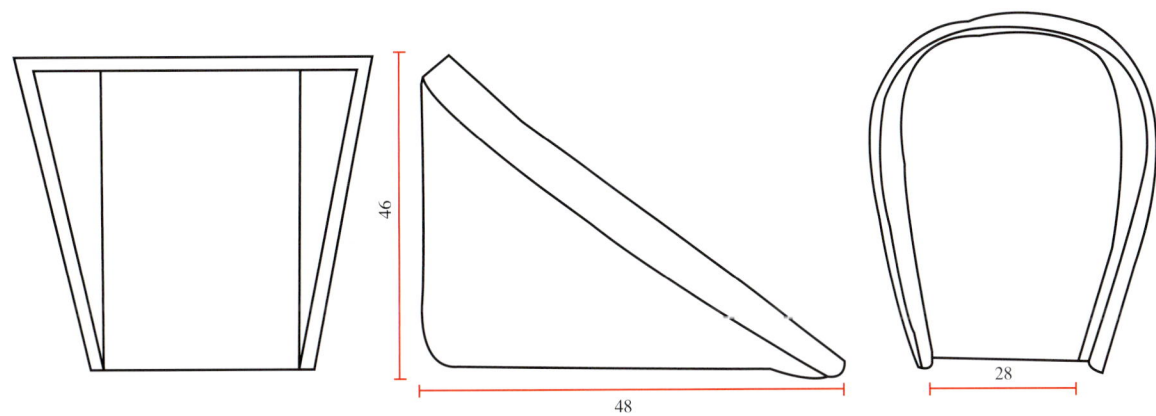

图三 仡佬族篾编小撮箕三视、尺寸图（单位：cm）

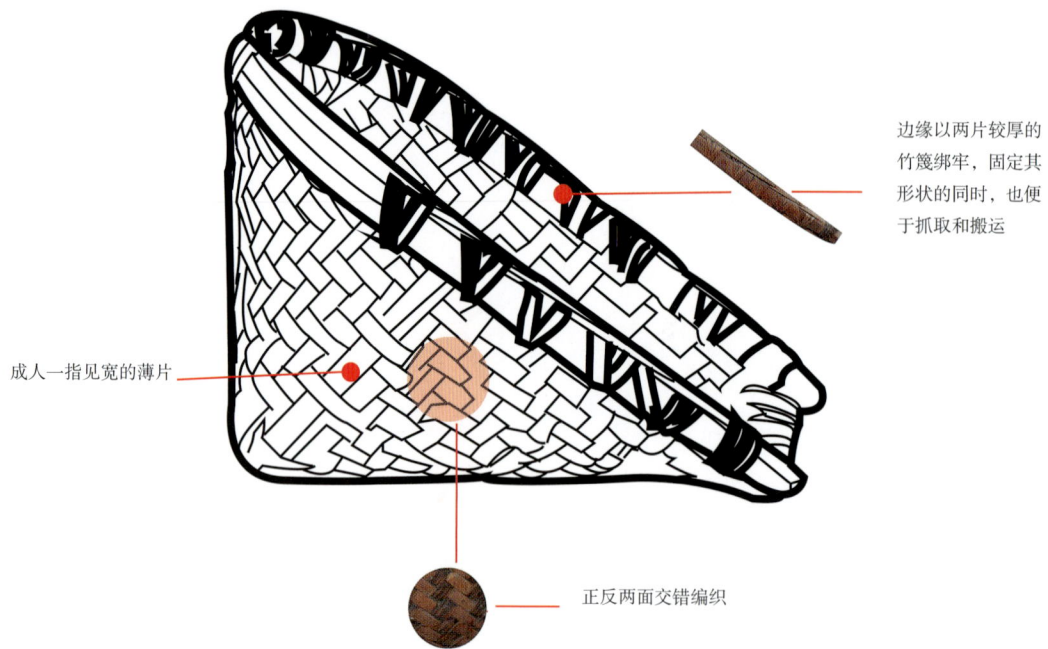

图四　仡佬族篾编小撮箕材质分析图

仡佬族篾编圆形簸箕

图一 仡佬族篾编圆形簸箕主图

仡佬族务川龙潭篾编圆形簸箕至今仍为许多家庭使用，它以竹篾为原料，编织成正圆形状，是仡佬族人民日常生活中一种常见的篾编粮食加工工具。俗称"簸簸"，主要用以去除谷物或米中的瘪谷及杂质，有时也用来摊晒谷物、黄豆、芝麻等，充当箩箕使用。

篾编圆形簸箕主要材质为竹篾，是一种双层篾编器具。为保证簸箕整体形状的稳定性，其外层用篾比较粗厚，以厚实的篾条为主。编织时，通常以一两条为一股，以七小股为一组，由三组篾片相互交错编织形成簸箕的外层；簸箕的内层则采用成人一指见宽的薄篾片为主，进行交叉紧密编织，直至口部内收，用粗厚的篾片做环包夹，再以藤条将两层绑牢形成簸箕边沿，即制成。本案例采自务川县龙潭村，其外径85厘米，内径83厘米，深5厘米，是黔北仡佬族家用簸箕的常见类型。该物件在工艺设计上颇为讲究，薄篾片的选用使簸箕内层具有较强的弹力，在抖动时易于将较轻的瘪谷或谷壳、糠等分离出去，留下干净的谷物。

务川龙潭篾编圆形簸箕具有其独特的形态，与居都篾编圆形簸箕有明显的不同。从结构上看，居都篾编圆形簸箕是一种单层的简易形态，而务川龙潭篾编圆形簸箕采用双层结构，设计工艺更为复杂；另一方面，务川龙潭村篾编圆形簸箕面积稍大，使得簸箕的弹力增加。再从其整体外形来看，务川龙潭篾编圆形簸箕的装饰明显，包括篾片之间紧密交织形成的鱼骨纹图案，和外层三组篾片的互扣图案，这些装饰是实用性基础之上的艺术追求。

图片来源
图一　梁宏信　摄影
图二至图四　王文娟　制图

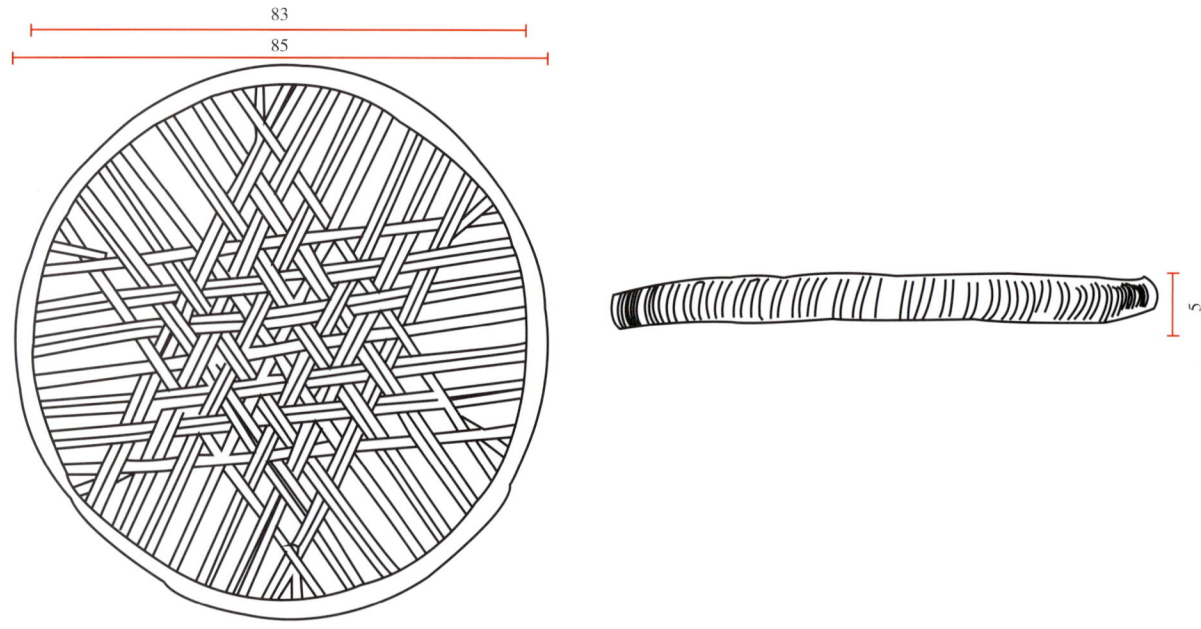

图二　仡佬族篾编圆形簸箕视角、尺寸图（单位：cm）

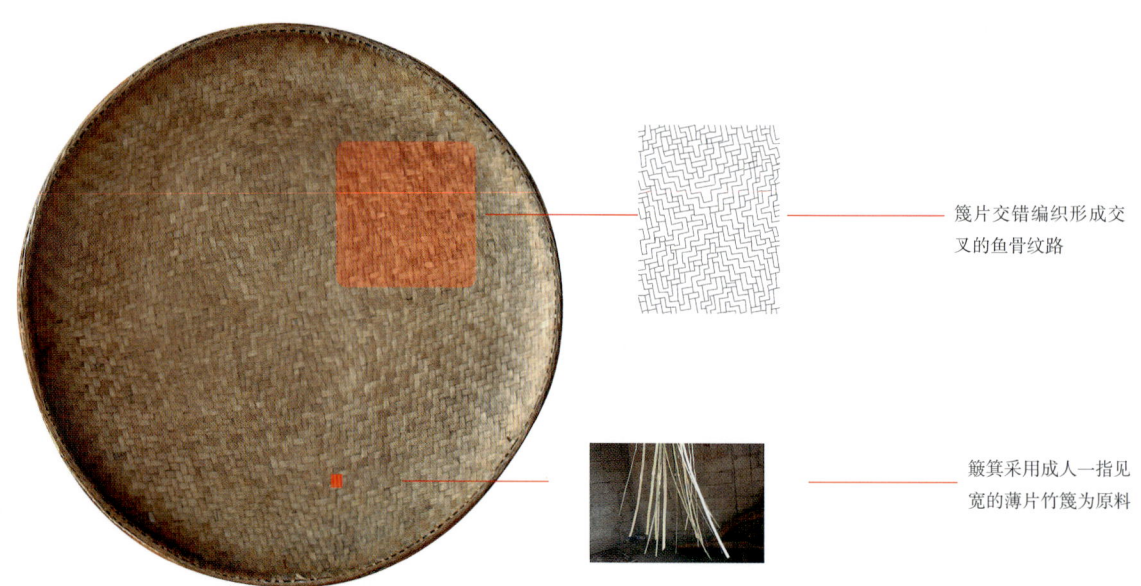

图三　仡佬族篾编圆形簸箕材质分析图

仡佬族背架子

图一 仡佬族背架子主图

背架子是仡佬族人民用来驮运东西的工具，又称"高架"。仡佬族生活的地区大多都是典型的喀斯特地貌，以石山居多，这种工具便于使用者在崎岖山路、山间及石缝间行走，是一种方便适用的传统工具，受仡佬族人民所喜爱。

本案例采自黔北务川县龙潭村。背架子以质地较轻且具韧性的野木为材料，两根长木前中后各锉方行小孔，插入木块加楔拴牢，组成一个长139厘米的梯形状架子，架子上部较窄，为18厘米，而下部开口要宽出许多，为42厘米。在架子中间至底部，左右分别绑牢两根棕绳作为背带。从生理学的角度考虑，人们在行走的过程中身体微微前倾，形成向前的力，使背脊弯曲而契合背架整体的弧形。同时，这种工具在托运东西时，物体的整体居于肩部以上位置，相对较节省力气。在六枝特区居都仡佬族的村寨里，背架子设计更进一步得到优化。人们在背架子贴紧腰部位置的两根横木之间，用竹篾薄片编织一块双层篾席作为垫背，这样在使用时既挡住了杂物的磕碰，还增加了人体背部与背架子的接触面积，使用起来更加舒适。

近些年仡佬族民间艺术家以背架子作为道具，编制了一套极具民族文化表现力的"高架舞"，结合仡佬族生活、恋爱和劳作的场景，形成独具特色的原生态艺术表现。

图片来源
图一 梁宏信 摄影
图二至图四 王文娟 制图

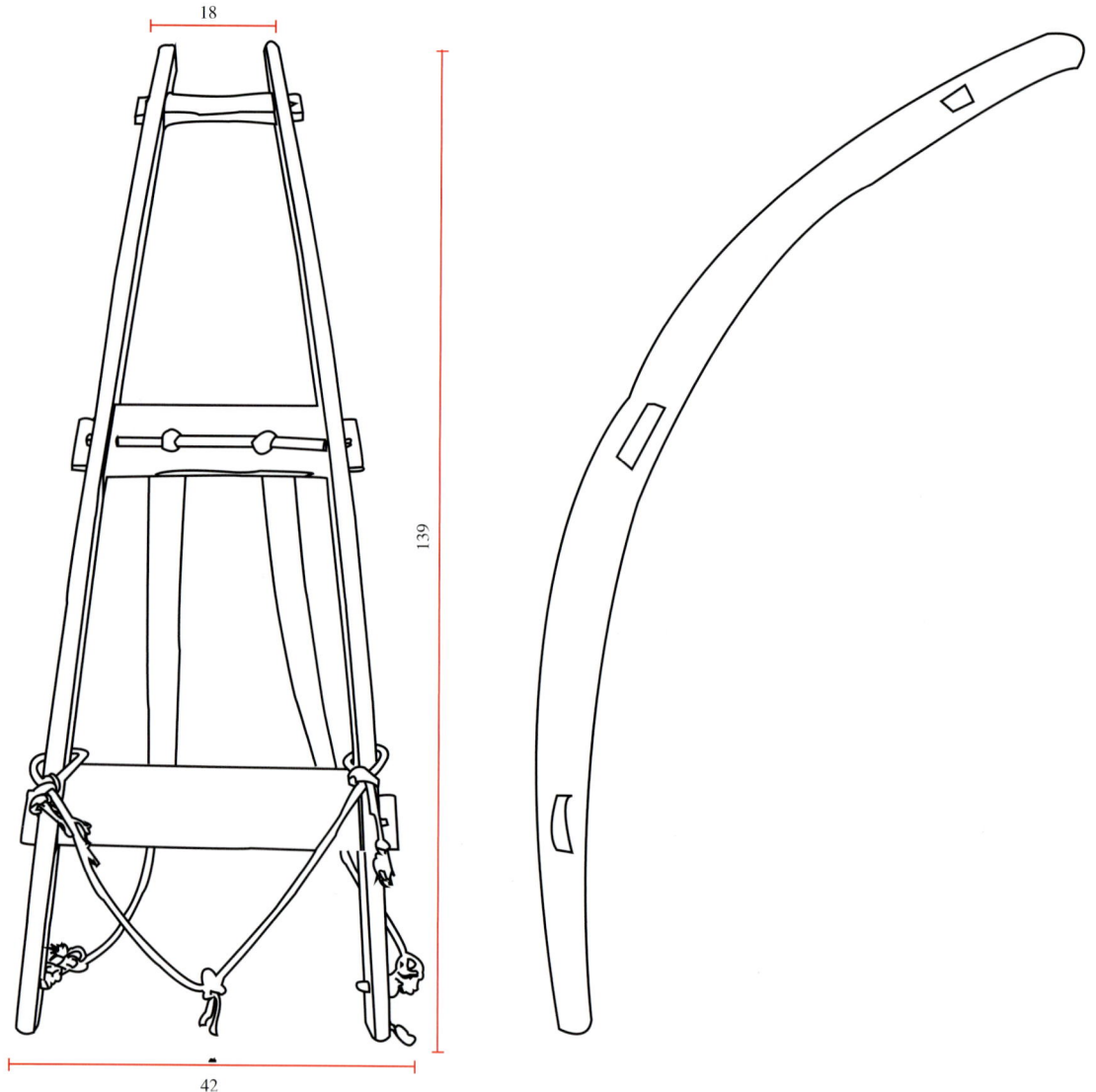

图二 仡佬族背架子尺寸图（单位：cm）

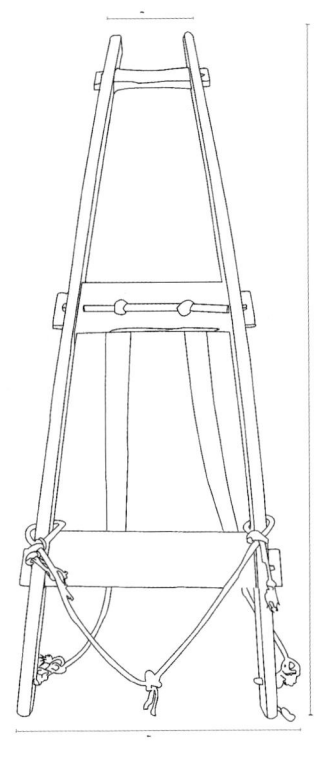

务川龙潭背架子　　　　　　　　　　　　　　六枝居都背架子

图五　仡佬族务川龙潭和六枝居都背架子对比图

仡佬族打杵

图一　仡佬族打杵主图

打杵是居住山区的仡佬族人民生活、生产中的一种辅助工具，特别是在人们背背篼上下山时，可作拐杖辅助人们行走，而休息时又可将其竖立于背篼底部，托住整个背篼使人的肩膀得以休息。

居住山区的仡佬族人民在搬运东西时多以背背的形式进行，因此其背上的传统用具品种丰富、类型多样。打杵作为这种背上民族传统的用具备受人们喜爱，当地人家家户户都有这种木制的打杵，且样式丰富，既有人工制作"组合型"，又有自然成形"天然型"，杵杆长短根据使用者的身高来进行裁剪。本案例采自务川县龙潭村，是经人工制作的组合型打杵样式，杵杆长69厘米，杵头宽36厘米、深22厘米。

仡佬族人民在背东西行走于山间时多需要打杵的辅助，休息时，他们只需将打杵立正挺住背底，支撑起背篼以减去肩膀承受的重量，让肩膀得以休息；当重新上路时，打杵又可以作为拐杖，让人们在崎岖山路上走得更加稳当。打杵反映了仡佬族人民的生活智慧。

图片来源
图一　梁宏信　摄影
图二至图四　王文娟　制图

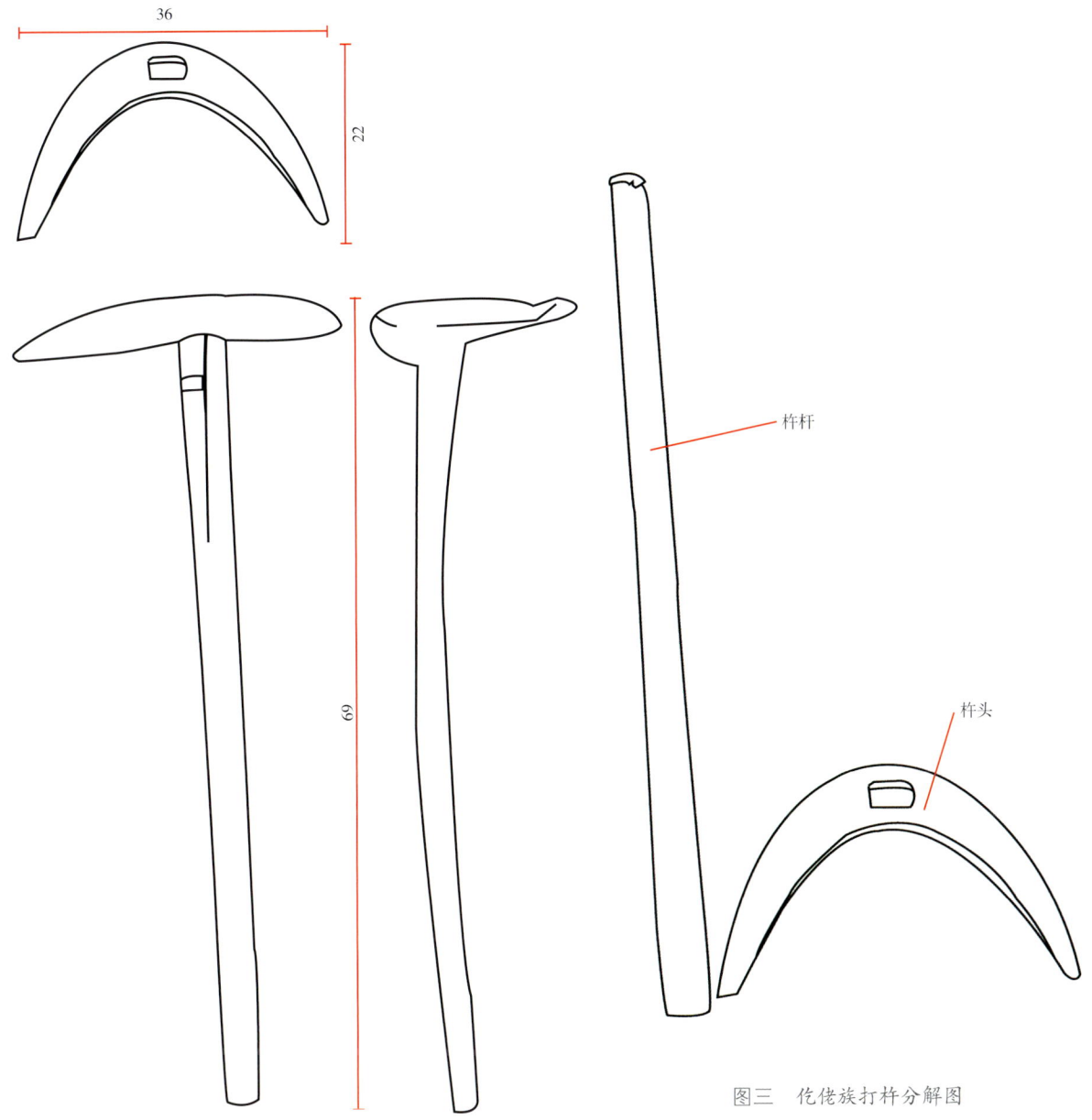

图二 仡佬族打杵三视、尺寸图（单位：cm）

图三 仡佬族打杵分解图

图四　仡佬族打杵人体功效图

仡佬族篾箩

图一　仡佬篾箩主图

　　篾箩是仡佬族平坝地区日常生活中在田间或是河沟捕鱼时，用来装活鱼的篾制器具。以苦竹篾编织，形状呈箩形，规格大小可以根据竹料和需要编织。本案例采自平坝县高峰镇大狗场仡佬族村寨。篾箩全是由竹篾编制而成，上宽下收，呈锥体状，上为25厘米的圆形口，高30厘米左右，底部锥柄大约6厘米。

　　篾箩用料主要是当地易取的苦竹，苦竹径小、篾质单薄，并非制作篾具的好材料，但因受到气候和地形的影响，当地并没有其他可以制作篾具的材料，因此仡佬族先民就地取材制作这种适合于田间捕鱼的实用器具。该物件制作相对简单。制作者先采下苦竹去掉节上面的刺，然后破开成篾，篾条一般宽3~4毫米；再取五六节长短的竹竿，由一头破成8或16支篾，破开至尾部留一个节，用之前制好的篾条，一根一根地由底部以经纬交织的编织方式向上编织，用篾逐步外展而使篾箩呈锥体状。到一定高度用一篾环固定口部，然后回收经线上的篾条，即可制作完成。在使用时，仡佬族篾箩底部的锥柄插入泥中，使其固定在泥地里，水可以顺着篾与篾之间的间隙流入，捕到的鱼不至于缺水死亡。该物件适合南方水田地区使用。

图片来源
图一　梁宏信　摄影
图二、图三　王文娟　制图

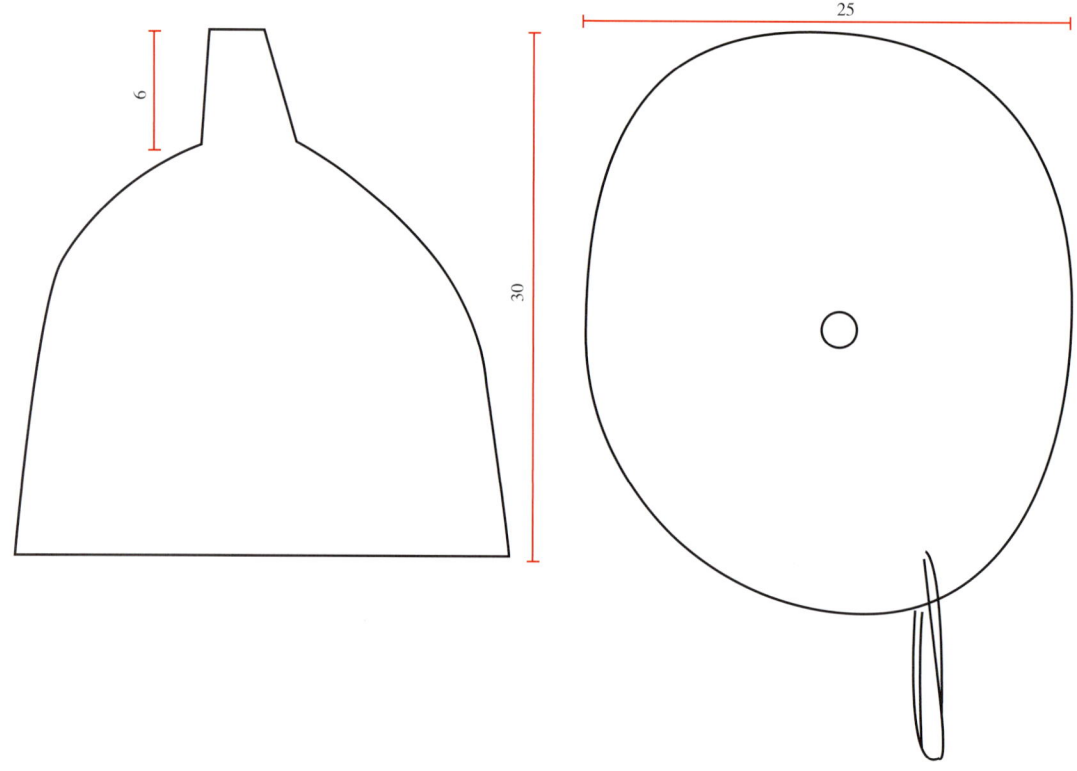

图二　仡佬族篾箩视角、尺寸图（单位：cm）

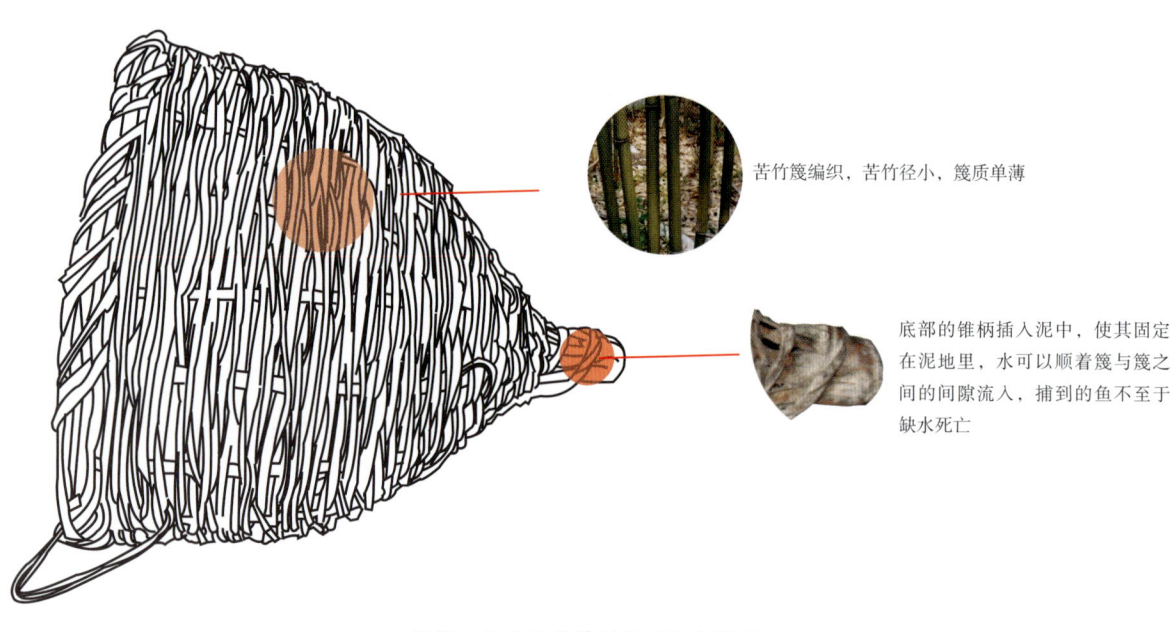

苦竹篾编织，苦竹径小，篾质单薄

底部的锥柄插入泥中，使其固定在泥地里，水可以顺着篾与篾之间的间隙流入，捕到的鱼不至于缺水死亡

图三　仡佬族篾箩材质功能分析图

仡佬族手提撮箕

图一　仡佬族手提撮箕主图

手提撮箕是撮箕使用方式的一种改进形式，在原有撮箕箕身的基础上用篾条绑扎一个提把，方便抓举。手提撮箕是仡佬族平坝地区人民常用物件，在洗衣时装载或搬运衣物，甚至有时候还拿来做菜篮子使用。这种篾制器具质地轻巧，制作起来方便，较适用于山间行走。

本案例采自贵州省平坝县高峰镇大狗场仡佬族村寨。手提撮箕一般以拇指粗细的野木杆做口架，苦竹篾条经纬交织编织而成。撮箕长46厘米，连把高30厘米，后部深16厘米，前部较浅且口部微微内收而使其腹部鼓胀，形成槽型；口宽为26厘米大小，由口部向内23厘米左右装上篾编提把。该物件的制作从物理学的角度考虑到了整个撮箕载物时的平衡问题，制作者将手把安在撮箕腹部靠后位置，这样提物时，整个撮箕会处于一种平衡的状态，不至于重力压前而外倒，重力压后而费力；而手把的大小得当，握力处的宽度适合成人手掌大小，便于抓举和用力。特别是手提撮箕提较重的衣物时，撮箕正好落于人体膝盖外侧，处于人体使力比较佳的位置高度上，同时人体在行走的时候微侧，撮箕紧贴膝盖外侧正好使其稳定，这是手提撮箕较为巧妙的设计。

手提撮箕在现今的大狗场仡佬族村寨仍被普遍使用。它的设计更多地考虑到生活实用问题，而在手把的制作中也融入了制作者的审美情趣。手柄以三四只较粗的篾条为骨架，再以细小的篾条绑扎，这样既使得手把稳固，同时也使其更加美观。

图片来源
图一　梁宏信　摄影
图二至图四　王文娟　制图

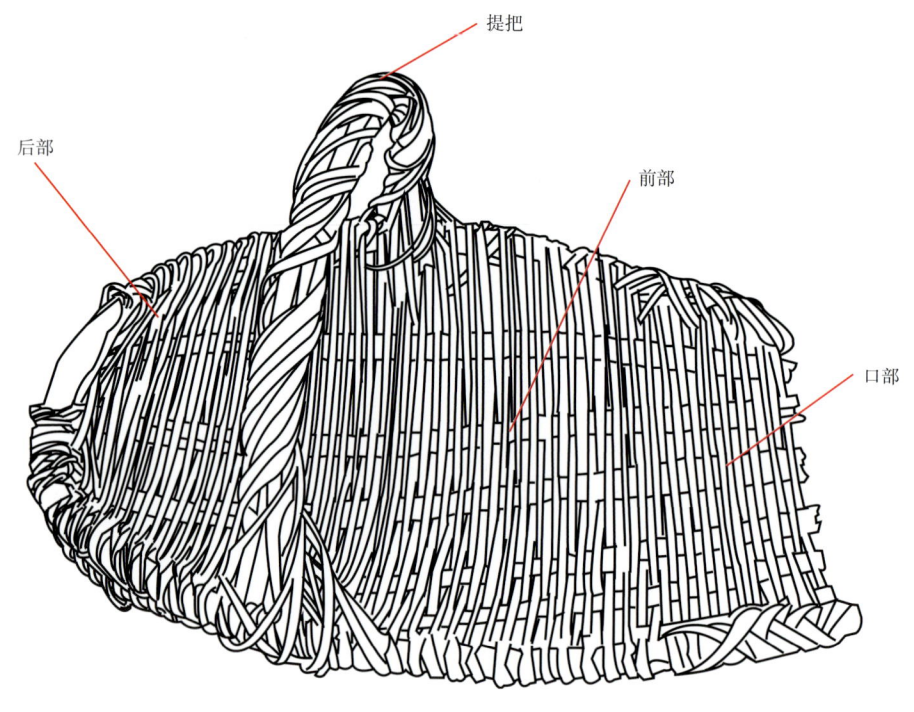

图二　仡佬族手提撮箕结构名称图

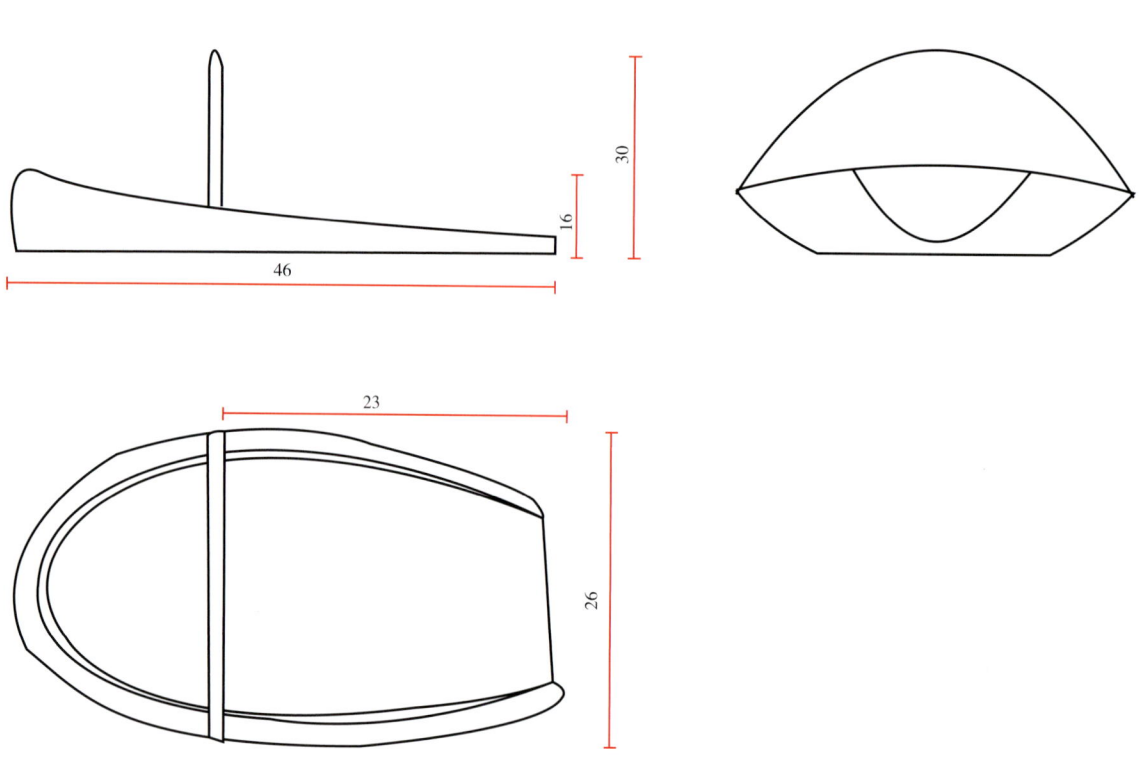

图三　仡佬族手提撮箕三视、尺寸图（单位：cm）

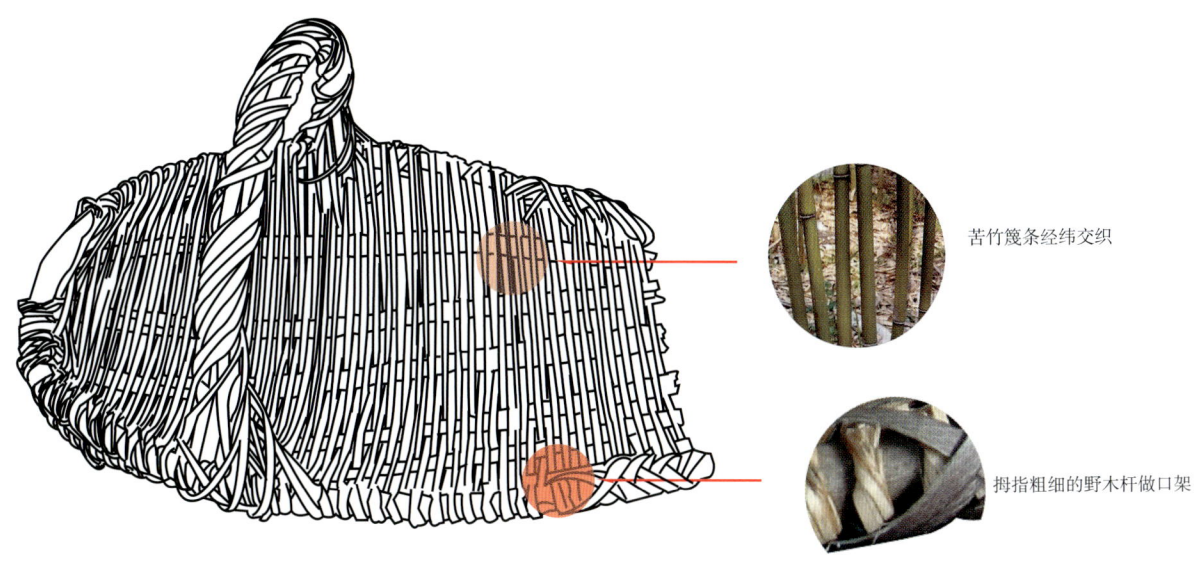

图四 仡佬族手提撮箕材质分析图

仡佬族居都弯刀

图一　仡佬族居都弯刀主图

在六盘水市六枝特区居都寨子的前后生长着茂密的竹子。这些青翠欲滴的竹子不仅美化了村寨环境，还在很大程度上维护着居都仡佬族人民的生存，造就了居都仡佬与其他支系仡佬不同的一面，他们以善制竹器而著称，被称为"篾仡佬"。因此，其制篾工具丰富，其中居都弯刀是一种刀尖弯曲、头部宽大的刀具，弯刀刀面宽而薄，和普通镰刀类似，故又称为"弯镰"。在制作篾具时，主要用弯刀来砍竹、破碎和修篾，是居都仡佬族传统制篾工具之一。本案例采自贵州六盘水六枝特区居都村寨，为村民李友亮老人使用。刀长23厘米，刀头部宽7厘米、身部宽4厘米，刀尖长4厘米、柄长8.5厘米，是常见的弯刀类型。

居都弯刀用来破篾时是以单手持刀，通常是左手持竹，右手手掌抓住刀头部、胳肢窝夹住刀柄，将其横跨在手臂之间，通过手腕和手臂向内使力剥开竹子；而修篾时亦是单手持刀，通常是右手抓牢刀柄，左手使力将篾条过刀面或右手使力破开篾肉。居都弯刀的工艺设计非常讲究实用性。其刀尖弯曲，与刀锋垂直，弯曲处突出呈弧状而形成弯刀的头部。此处的刀面宽大而厚实，除了便于在破篾时手抓和使力外，厚实的头部还能增加刀头部的重量，挥刀砍竹时更加容易入刀，节省气力；而弯刀刀面宽薄，是为了更方便破篾而设计：一是方便入刀，二是宽薄的刀面使得刀锋入篾后不会将篾肉分得太开，以保证篾条在破开时篾肉的完整性，而且宽薄的弯刀使用起来也更为轻巧、灵便；弯刀刀柄是传统的管状铁手柄，减轻刀身重量的同时，也增加了它的安全性和耐用性，胳肢窝夹住刀柄时也更加舒适。

图片来源
图一　梁宏信　摄影
图二至图四　王文娟　制图

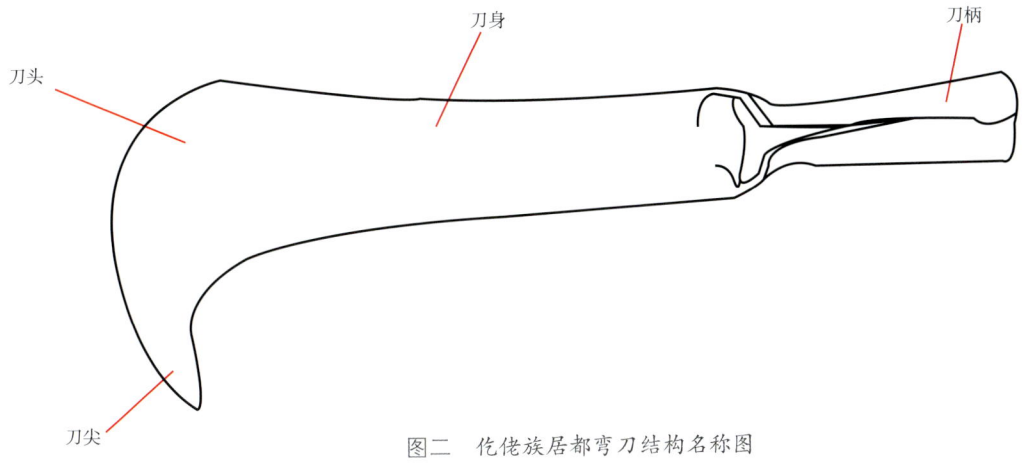

图二 仡佬族居都弯刀结构名称图

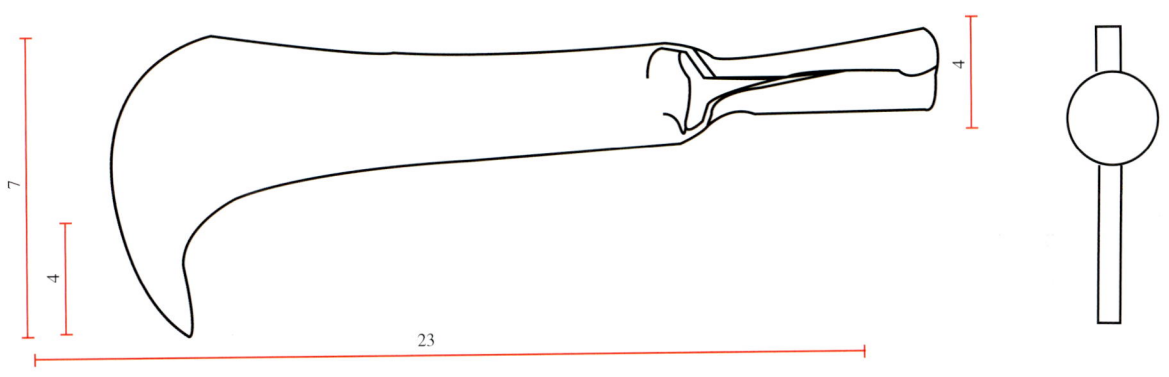

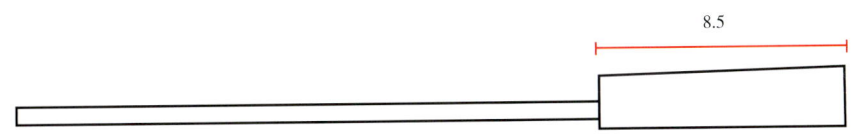

图三 仡佬族居都弯刀三视、尺寸图（单位：cm）

第五章 仡佬族传统生产工具

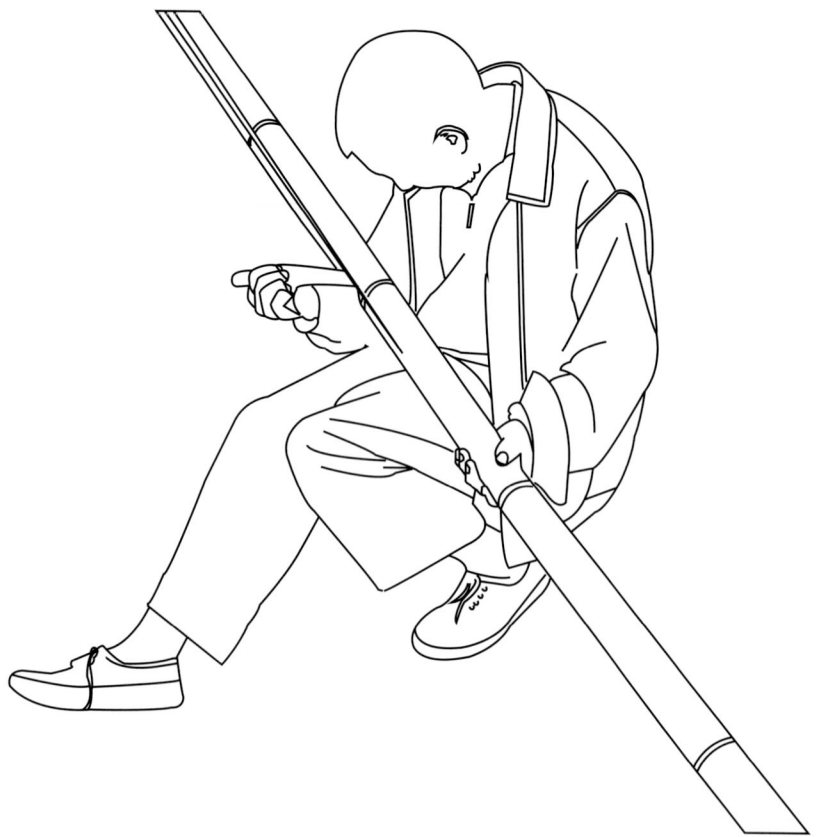

图四　仡佬族居都弯刀使用示意图

仡佬族居都穿刀

图一　仡佬族居都穿刀主图

居都仡佬族传统的制篾工具丰富，其中穿刀是一种"Z"字形木柄铁质刀具，主要用于制作花箩、夹背、背箩等竹器时，穿引粗厚篾片以搭建起篾器架子的工具，故称"穿刀"。穿刀刀面有成人两指见宽，厚实富有质感，刀尖锋利而刀锋粗钝，为常见的锥刀形状。本案例采自贵州六盘水市六枝特区居都仡佬族村寨。该物件为常见的穿刀类型，其刀面长21厘米，腹宽4厘米，柄长8.5厘米，配有由竹片制成的刀鞘，保证其存放的安全性。

居都穿刀的使用主要与粗厚的篾片有关，因此其刀面比较厚实，主要考虑其分篾形成的空间问题，穿过之处留下足够的空间让粗篾片顺利插入，减少制作时的麻烦。除此之外，穿刀的"Z"字设计及木质短柄都是极为人性化的设计考虑，"Z"状的穿刀以其弯曲处抵住食指外侧便于使力，同时，"Z"状设计使手柄与刀面呈平行状，使用起来更加安全。而其木质刀柄手抓起来更加舒适，用力时也更加放心，不怕被坚硬的棱角割伤。

居都穿刀尽管外观朴陋，但在花箩、夹背、背箩等竹器的制作中功能非常重要。通过穿刀的穿引，将粗厚篾片插入篾器结构之中，搭建起篾器架子，既可以增加篾器的稳定性，同时还可以减轻篾器的磨损。

图片来源
图一　梁宏信　摄影
图二至图四　王文娟　制图

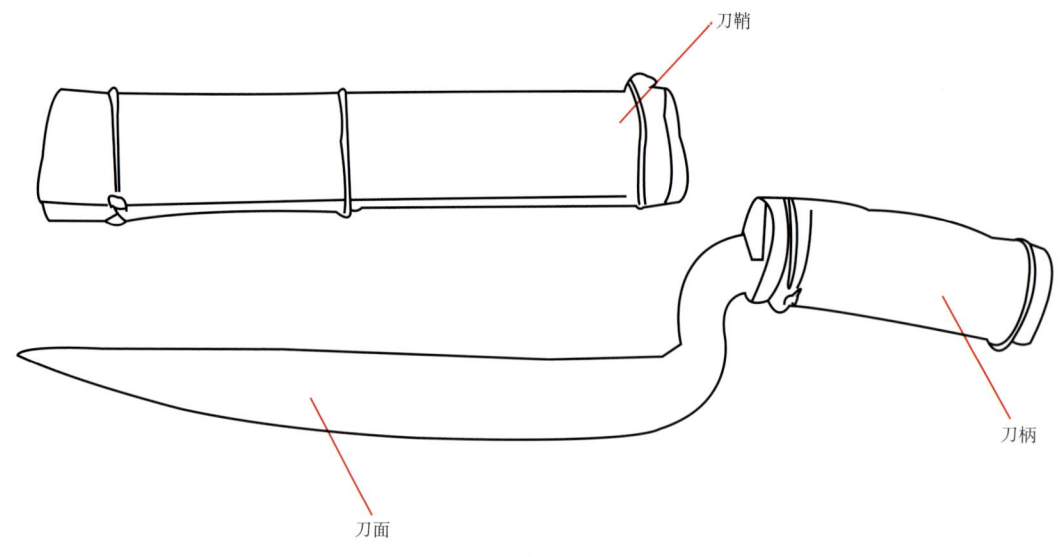

图二 仡佬族居都穿刀结构名称图

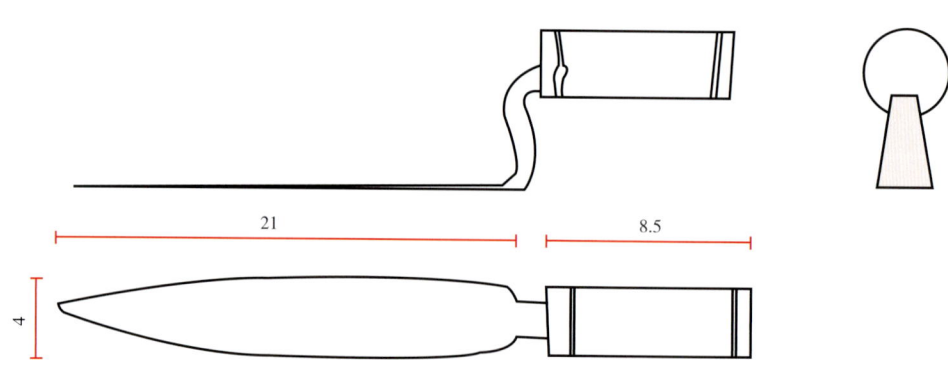

图三 仡佬族居都穿刀三视、尺寸图（单位：cm）

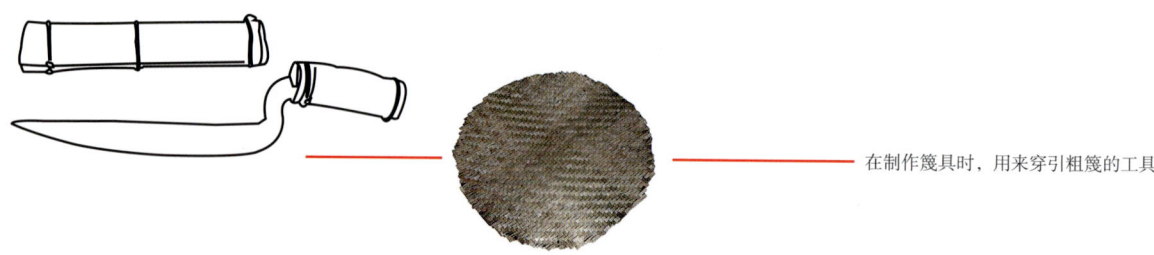

图四 仡佬族居都穿刀功能图

仡佬族居都叼刀

图一 仡佬族居都叼刀主图

居都叼刀是一种"Z"状的突心铁质工具，它集刀与锥于一身，或称"叼锥"，一端为锥，一端为锉刀，是传统的制篾工具之一，主要用来叼开紧压的篾条，方便篾线穿插编织。本案例为六盘水市六枝特区箐口乡居都村李友亮老人的制篾工具。叼刀长24厘米，其折处长约4厘米，锉刀口宽1厘米。

叼刀两端的形状不一，各自的用途也会不一样。其中锥状一端主要用于叉开扩大篾条间的缝隙，以方便篾条穿插通过；而另一端的锉刀，主要用于叼开两片紧压的篾片，使它们中间产生缝隙，篾条穿过后将锉刀收出，篾片之间恢复到原来的状态。此二者功能的结合，以使穿插编织技术得以实现。在丰富的居都仡佬族篾编器具形态中，几乎每一件制成品都有叼刀的使用痕迹，这也从一个侧面反映了居都仡佬族篾编器具中穿插编织技术运用的普遍性。

图片来源
图一　梁宏信　摄影
图二至图四　王文娟　制图

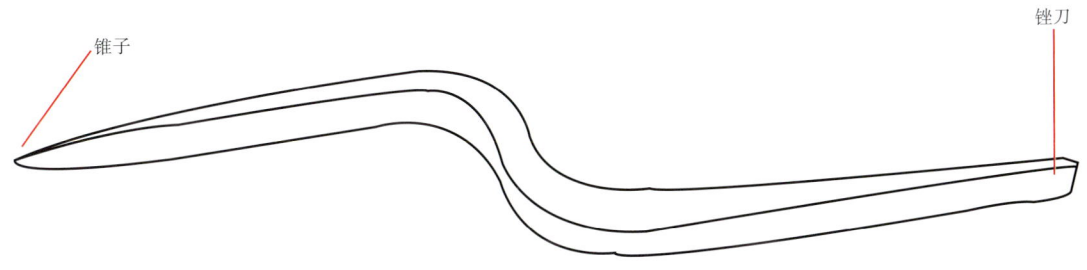

图二 仡佬族居都叼刀结构名称图

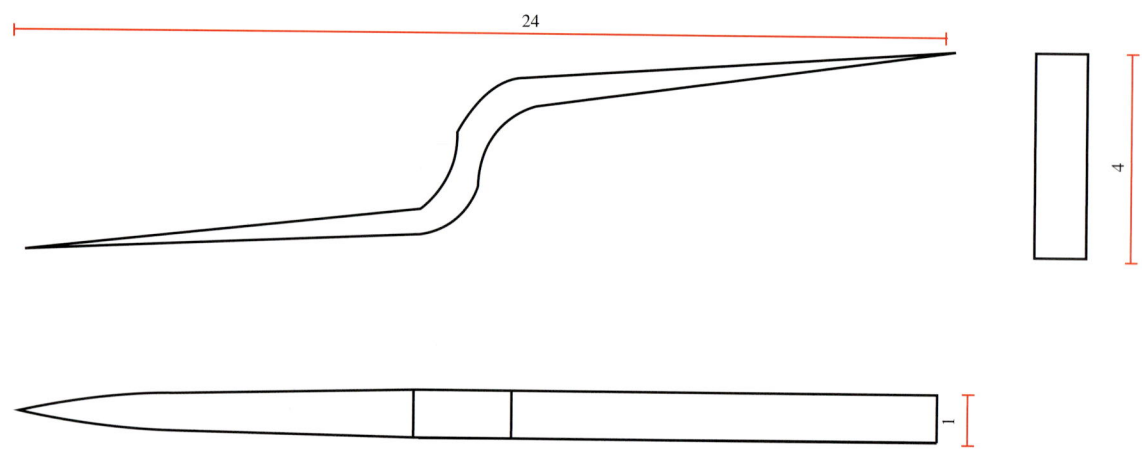

图三　仡佬族居都叼刀三视、尺寸图（单位：cm）

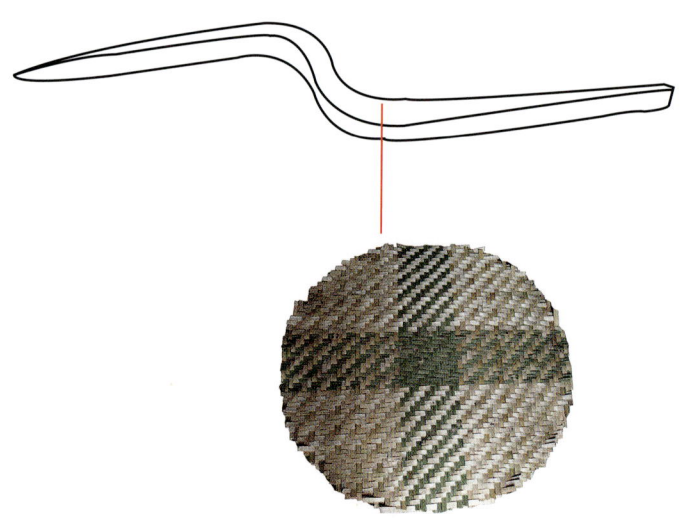

在制作篾具时，用来穿引竹篾的锥形工具

图四　仡佬族居都叼刀功能图

仡佬族居都引瓢

图一　仡佬族居都引瓢主图

居都引瓢是仡佬族传统制篾工具之一，其外形类似普通铁质汤勺。因其外观为瓢状，而形象地称之为"引瓢"。引瓢瓢柄弯曲，物件整体呈"W"状，形似蝌蚪。在竹篾穿插编织的过程中，为避免篾头深插其他篾线之下，而使用引瓢将其牵引出来。本案例采自六盘水市六枝特区箐口乡居都村，为李友亮工匠的制篾工具，瓢长6厘米，腹宽2.5厘米，柄长10厘米，其中折处长2.5厘米。引瓢一般单独使用或与制篾工具叼刀联合使用。

在制篾过程中，一般情况下制篾工匠可以直接手工完成穿插编织，但在篾间空隙较小、篾头过软或过硬时就会使用引瓢来进行牵引。从工艺设计的角度来看，制篾工具引瓢的整体设计有两处在功能上尤为突出：一是瓢柄处的曲折设计，这种设计结合了人体手指的具体使用情况，使用时一般以拇指、食指、中指或无名指夹住瓢柄，其弯曲处正好提供了便利，避免直条型瓢柄使用过程中手指上下滑动无从着力的尴尬；二是瓢状设计，这一设计巧妙地避开了篾头两侧滑开的现象，使被牵引的篾头顺利地沿着瓢内壁的凹槽处爬出。此二处为引瓢设计工艺的特点。

图片来源

图一　梁宏信　摄影

图二至图四　王文娟　制图

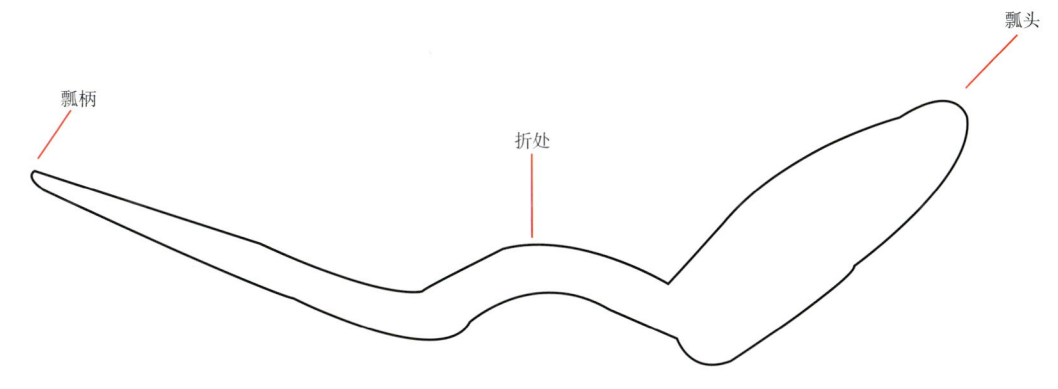

图二　仡佬族居都引瓢结构名称图

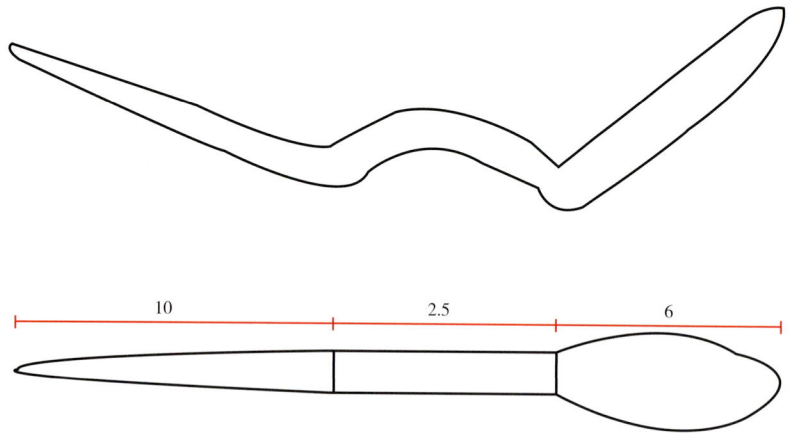

图三 仡佬族居都引瓢三视、尺寸图（单位：cm）

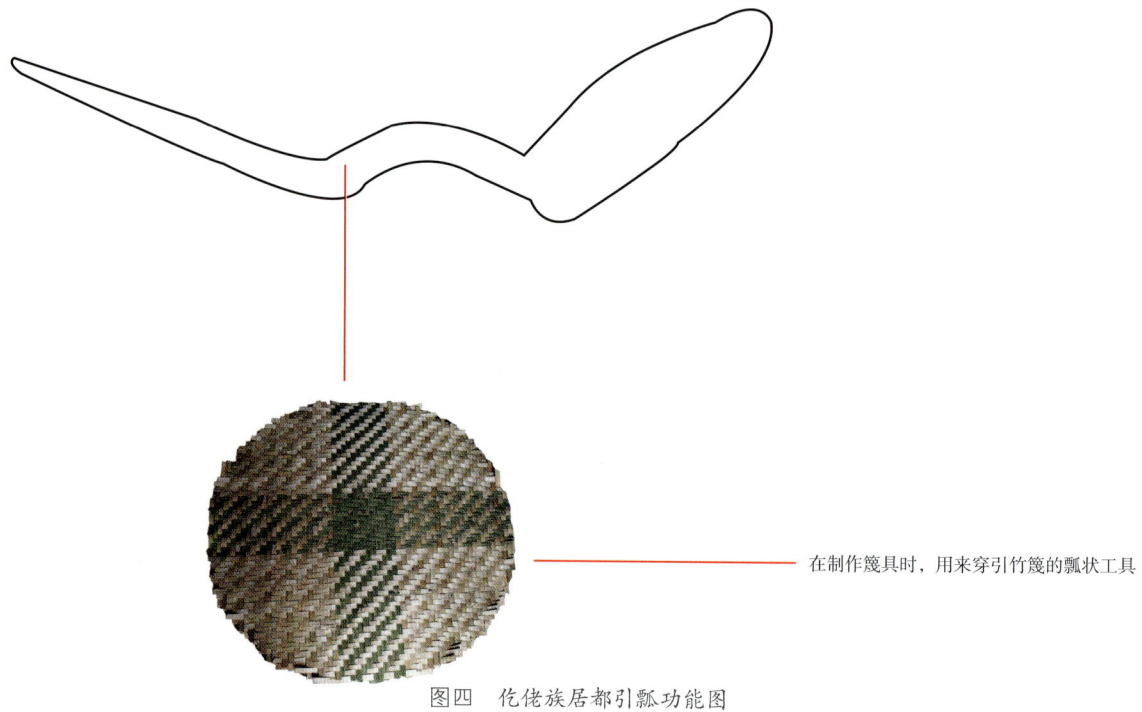

在制作篾具时，用来穿引竹篾的瓢状工具

图四 仡佬族居都引瓢功能图

仡佬族居都锥子

图一　仡佬族居都锥子主图

居都锥子是一种短小的"Z"字形木柄铁质制篾工具。在簸箕、筛子、夹背等篾器盘口或扎背带等工序中，以锥子扎篾钻孔方便藤条穿绕绑扎。锥子整体短小，锥尖锋锐且刀身呈菱形。本案例采自六盘水市六枝特区箐口乡居都村。锥子刀面长8.5厘米，锥面宽1厘米，折处长4厘米，柄长10厘米。

锥子个体短小，锥尖锋锐而刀身呈菱形，便于扎穿篾面。在整体的设计上，它以"Z"字呈现出来，"Z"状的锥子以其弯曲处抵住篾面及人体食指外侧，使用起来也更加安全。它的木质手柄呈椭圆形状，手抓起来舒适，也更便于使力。锥子整体后重而前轻，使用起来更加轻巧，且持握手感好。

锥子多使用于篾器盘口或扎背带等工序中，其扎篾钻孔、穿引篾条的功能非常重要。特别是在簸箕与筛子制作中，绑扎式盘口使簸箕与筛子口部收束竖立起来，以形成簸箕与筛子基本形状；而在花箩、背箩及夹背等篾器制作中，则主要使用锥子来辅助安装背带。锥子小巧却作用重大。

图片来源
图一　梁宏信　摄影
图二至图四　王文娟　制图

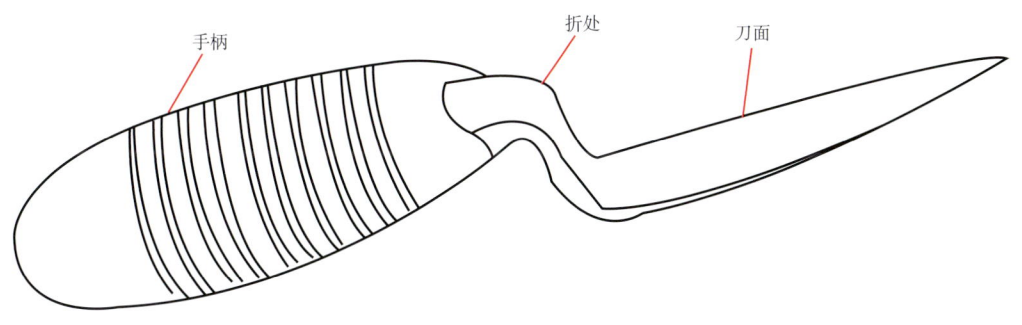

图二　仡佬族居都锥子结构名称图

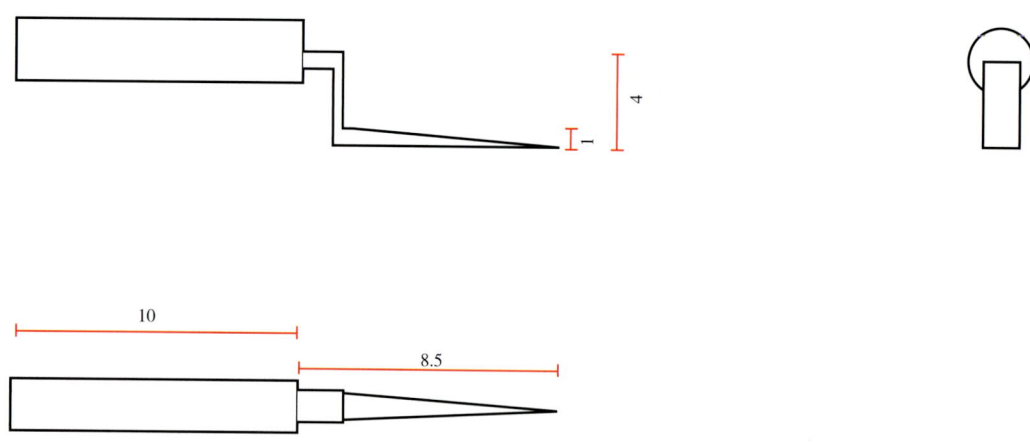

图三　仡佬族居都锥子三视、尺寸图（单位：cm）

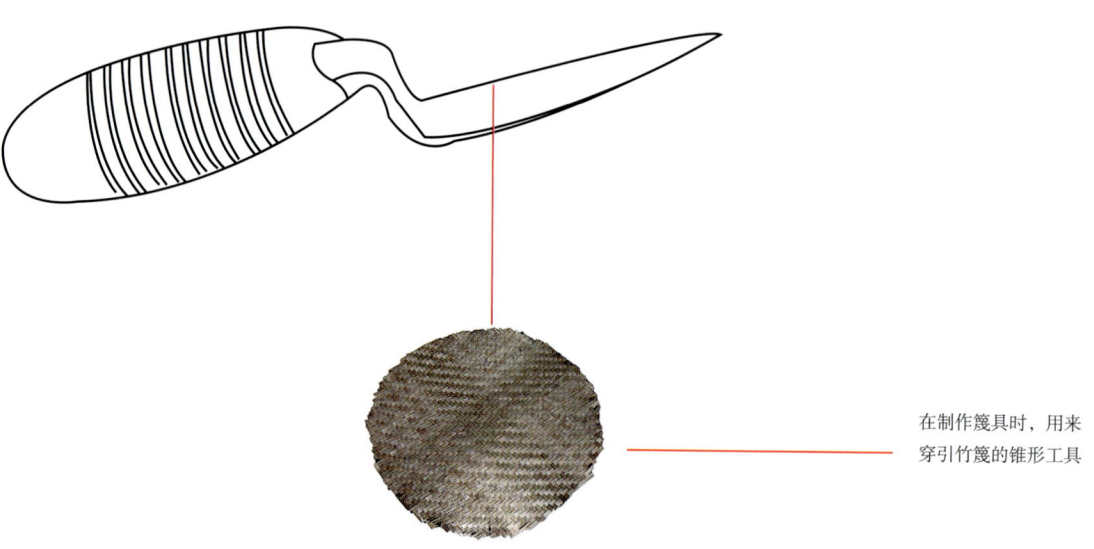

在制作篾具时，用来穿引竹篾的锥形工具

图四　仡佬族居都锥子功能分析图

仡佬族丫口挖锄

图一　仡佬族丫口挖锄主图

丫口挖锄是一种传统的翻土工具，适用于山区土质较硬或掺沙较多的土地，仡佬族道真地区人民普遍使用这种工具，这也从另一个侧面反映了他们生活环境的基本特征。本案例采自道真县三桥镇接龙村。挖锄主要材质为木杆和铁，样式轻便灵活。铁制锄面打造成两条手指粗细的铁丫，丫长34厘米、宽约为1.5厘米，间距6厘米，挖锄整体长104厘米。设计者从土质结构出发设计这样的锄头，使得人们在使用时比较省力，且易切入沙土。翻出的土即为碎土，不需要再拍散，减少了使用者的工作程序，使用起来也更加方便、快捷。

道真仡佬族生活的地区为典型的喀斯特地貌，土壤贫瘠，主要集于石缝之中；他们的农业生产区域里石头较多，在挖地时随时会碰到石头，使用块状的锄头挖地，用力过猛会导致锄头使用者受伤。而挖锄的设计正好避开了这一点，其着力点接触面较小，有效地消解了阻力的反作用，这样使用起来更加放心、省力。加上锄面呈丫状，重量较小，使用起来比较灵巧，也便于在石缝间劳作。该物件在设计上集方便、轻巧、安全、实用于一身，适合当地仡佬族人民农业生产使用。

图片来源
图一　梁宏信　摄影
图二、图三　王文娟　制图

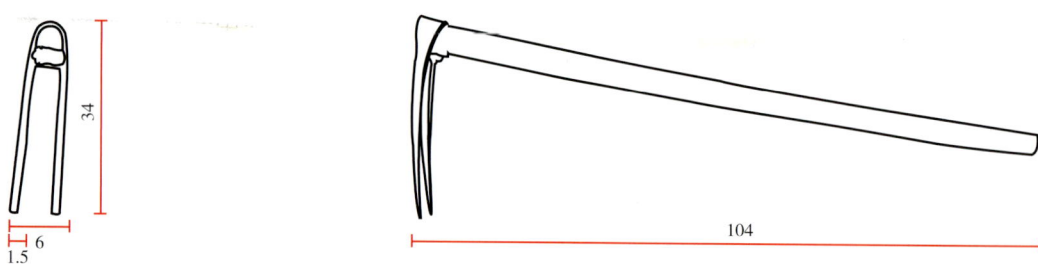

图二 仡佬族丫口挖锄视角、尺寸图(单位:cm)

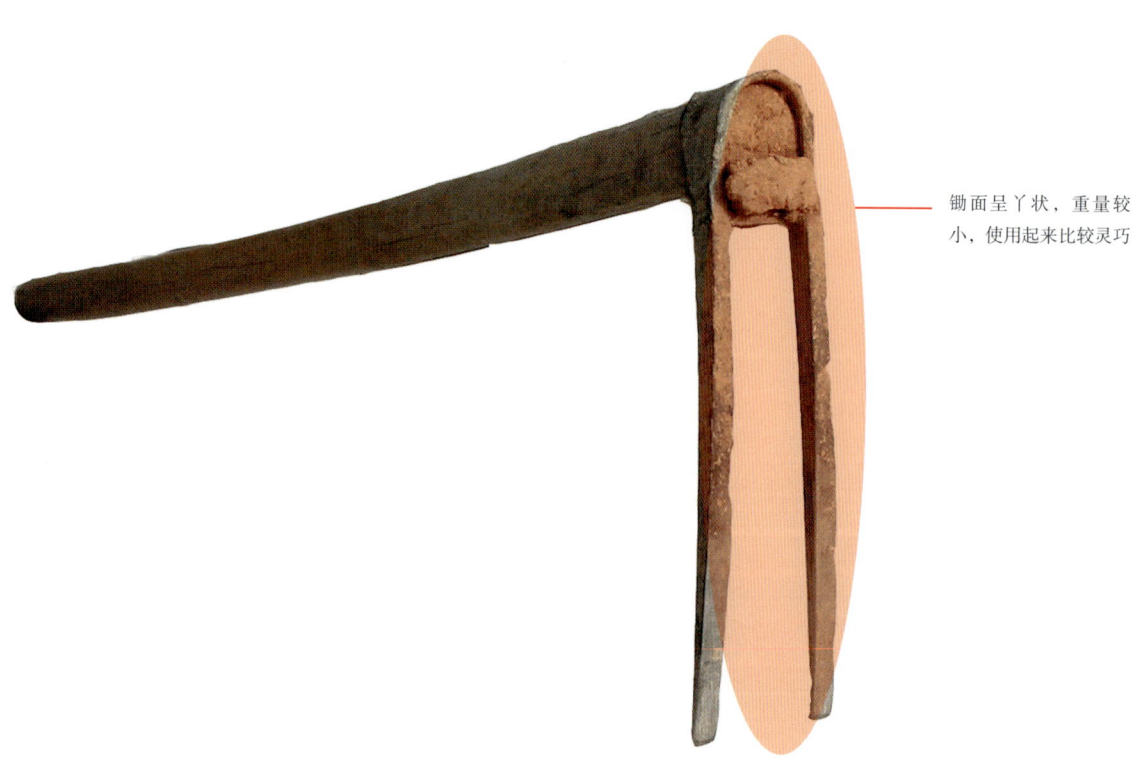

锄面呈丫状,重量较小,使用起来比较灵巧

图三 仡佬族道真挖锄分析图

仡佬族柏香木铧口

图一　仡佬族柏香木铧口主图

柏香木铧口是务川龙潭当地农业生产中的主要工具。它的木架为柏香木材质，厚重而扎实，分别由四个部分组成：铧口、铧口架、打脚和加担。其中铁质铧口呈锥形、边沿处锋利，被固定在铧口架的底部，翻土时铁铧锋口入土，泥土沿铁铧铧面向外翻出。铧口架结构比较简单，由两块粗条木料组合而成，架底用料更宽厚，可使向前运动的铧口保持稳定性。铧口架的整体重量主要集中于后部和底部，这样既便于铁铧锋口入土、节省气力，同时也便于架子平稳立放。打脚和加担都是套在牛马身上的木架子，用绳子将其与铧口架连接起来，一齐组合成这种农业生产中的传统翻土工具。本案例为务川县龙潭村申佑祠堂博物馆藏品，铧口架横臂长132厘米，架高90厘米，架底宽24、厚13厘米，打脚长68厘米、径5.5厘米，加担（又称牛丫）口宽65厘米、高40厘米。该物件为传统的柏香木材质铧口类型。

柏香木铧口是一个结构复杂的农用工具，由多个部分组合而成，部件零散而各具特色，但各个部件的棱角经过处理后，使过渡处的线条变得柔和，减少了粗木架本身的粗犷感，是制作者在实用基础上加入了自己的审美意趣，将农具与美学艺术结合起来，体现了一种朴实的生活艺术追求。

铧口的工艺设计基于其实用性。设计者从力学的角度考虑，将铧口架上的横臂设成弧状、向下压低，牛马通过加担作用于铧口架时，下压的横架受力点与牛马的拉力点在相对低的高度保持平衡，使牲畜的作用力可以比较有效地作用于下端的铁铧，可以节省牛马的气力，为长时期的劳作提供保障。同时，在铧口架的顶部，设计者将手托的部位设计为一个球体，便于使用者抓稳、抓牢。

图片来源
图一　梁宏信　摄影
图二至图四　王文娟　制图

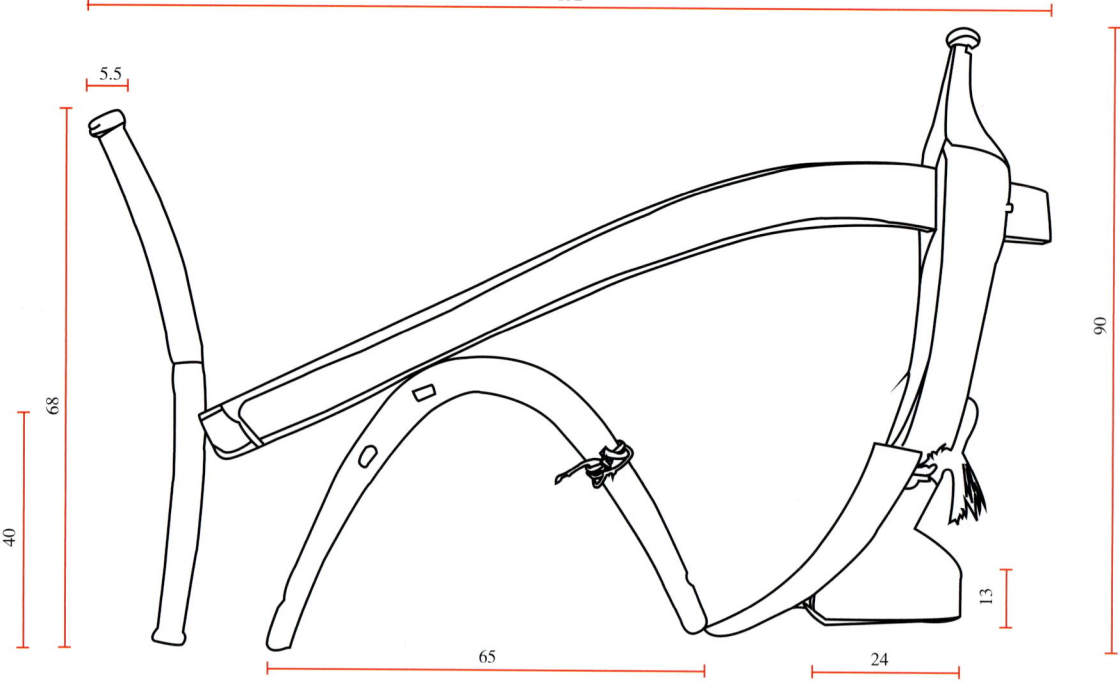

图二　仡佬族柏香木铧口分解、尺寸图（单位：cm）

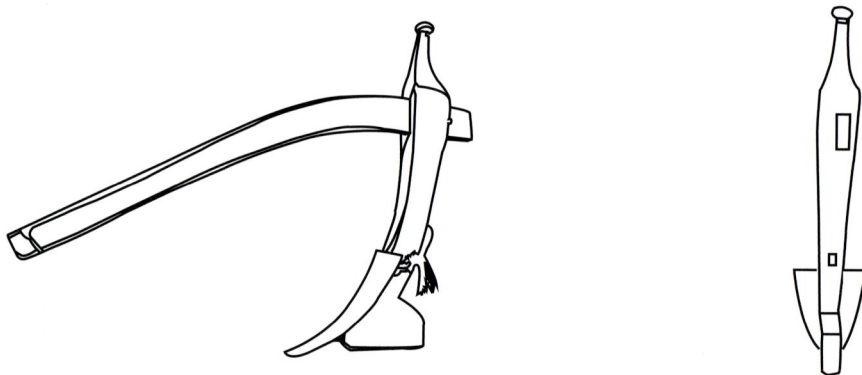

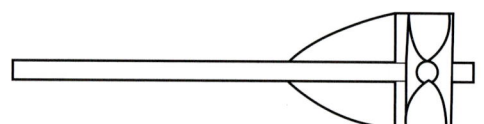

图三　仡佬族柏香木铧口三视图

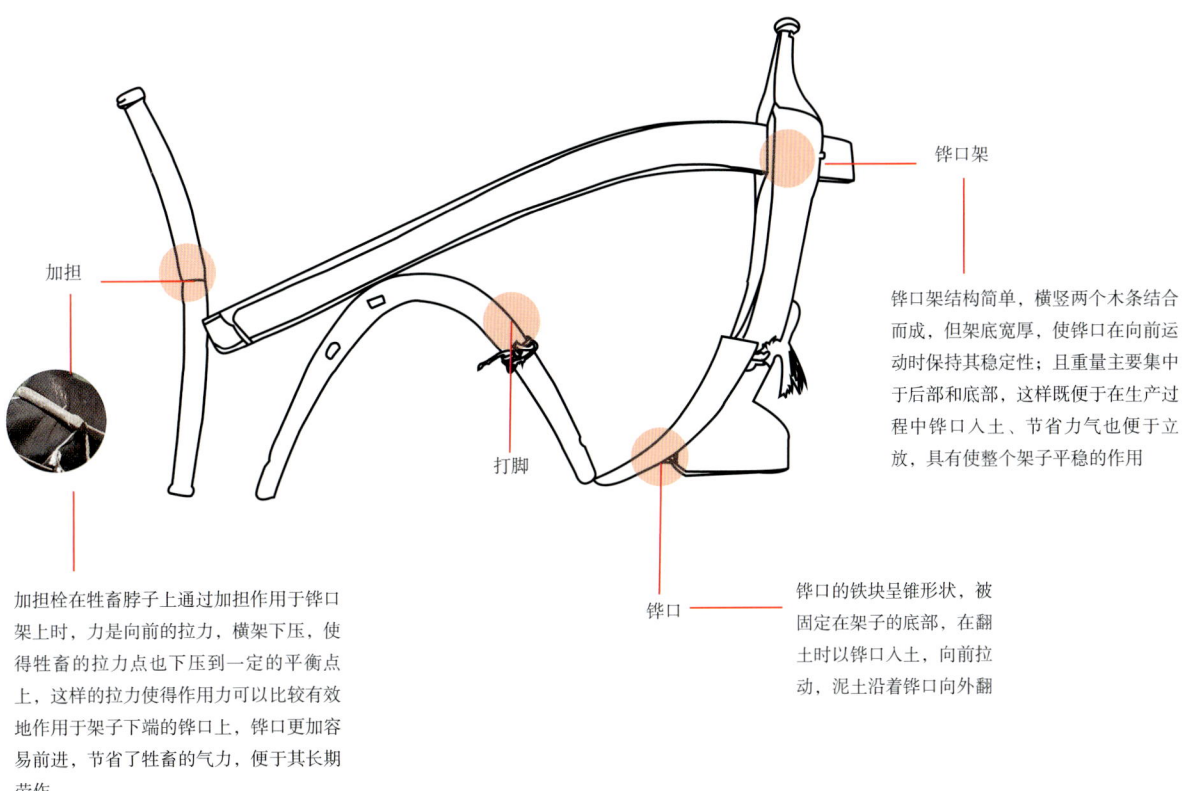

图四　务川龙潭村柏香木铧口结构分析图

仡佬族双排钉耙子

图一　仡佬族双排钉耙子主图

耙子是一种重要的表土耕作农具，在传统的农业生产中，通常以犁翻土，以耙捣泥、匀平，可见耙子主要在碎土和匀泥环节上发挥作用。耙子使用时，一般以牛、马等牲畜为动力，拉动其前进将田土碾碎、捣烂，再将其匀平整，才在上面插秧种苗，即称之为"耙地"或"耙田"。仡佬族双排钉耙子与普通常见的单排钉耙子不同，它底部设置有双排钉齿，整个物件的体积也比单排钉耙子大出许多。

仡佬族双排钉耙子以柏香木为主要原料，规格可根据需要打制。这种耙子底部设计较为复杂，以两条长方木条与四条短方木条合角斗榫的方式组合成一个矩形的耙盘，耙盘前后两条长方木条上都设置有钉齿，前七后八、交错排列。本案例采自道真县接龙村。长方木条长108厘米，短方木条长30厘米，各方条宽8厘米，短方木条之间的间距24厘米。这样的设计主要考虑到加重耙盘的重量以便于深耕。柏香木质地较重，正好可以加重耙盘底部的重量，在使用耙子耙田时，使用者不需要再过多地使力下压，可节省气力；其次双排钉耙子使用起来，既满足了全面"扫荡"的功能，又避免了单排钉耙子排钉过密带来的阻力问题。这种设计集深耙、全面耙、省力于一身，大大提高了耙地工作效率。

耙子上半身极为简单，耙高67厘米，耙盘以上的架高47厘米，架子的握柄长40厘米，其设计的高度符合成人人体的生理特征，在使用时只需身体微曲抓住握柄，这样使用时身体曲度更为自然，可避免长期劳作给腰部带来压力，造成身体的疲乏。同时，耙身微微后仰呈弧状，使用时使人体与耙子的钉齿之间保持一个安全的距离。由此看来，这种耙子的设计全面地考虑到农业劳作的具体问题，是一项以实用、安全、省力、高效为目标的设计成品。但该物件过于笨重和庞大，搬运起来极为不便，是该设计的不足之处。

图片来源
图一　梁宏信　摄影
图二、图三　王文娟　制图

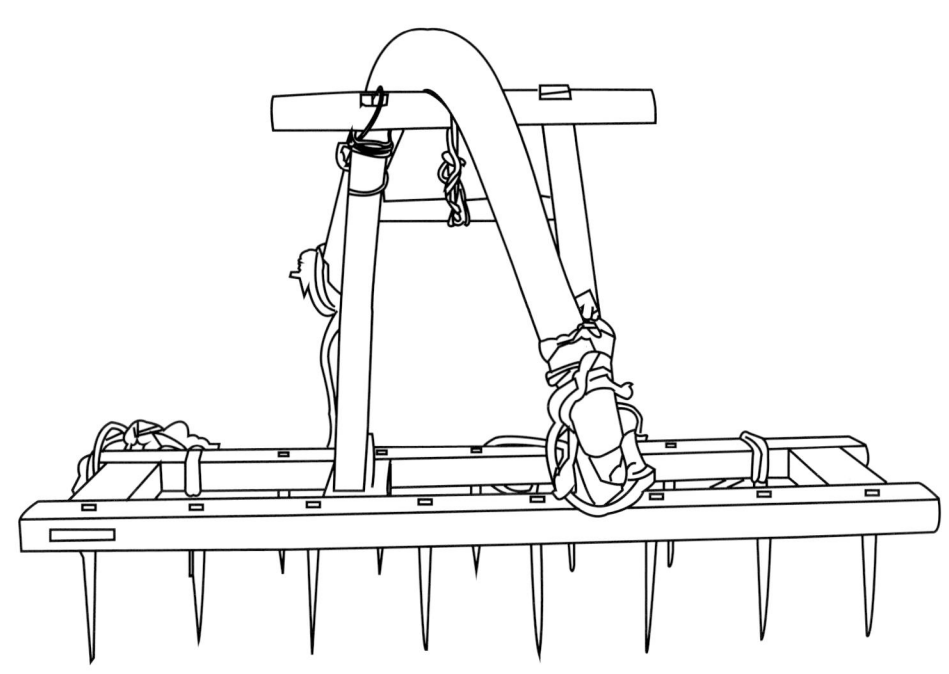

图二　仡佬族道真接龙双排钉耙子线描图

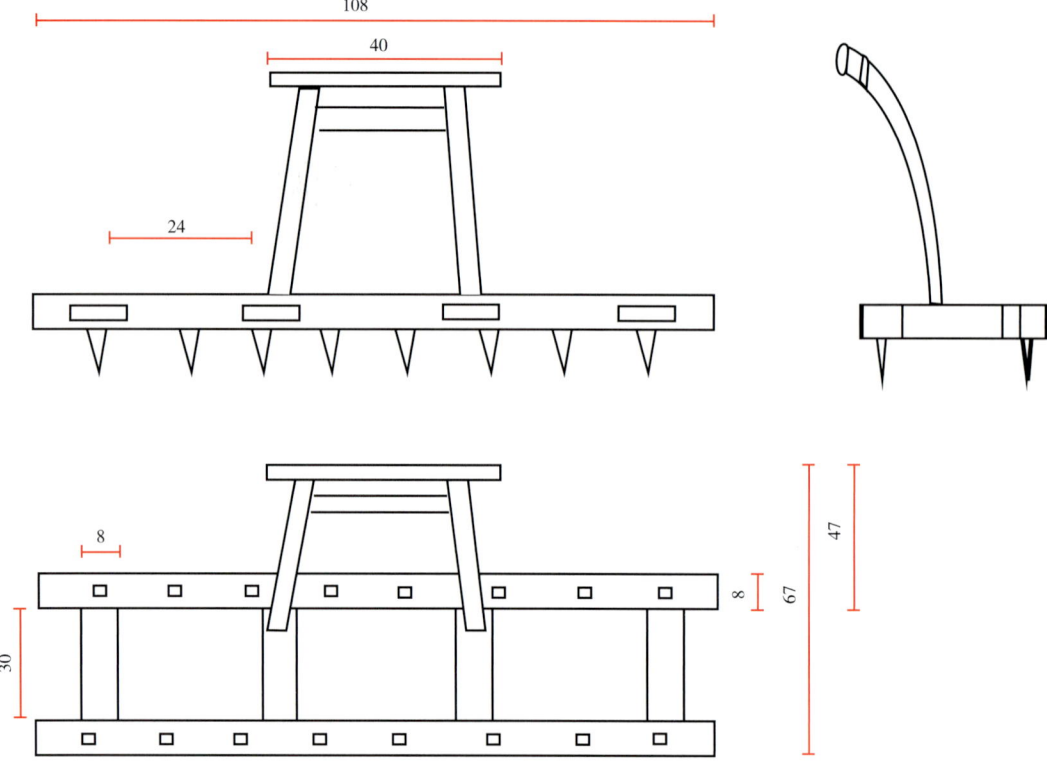

图三 仡佬族双排钉耙子三视、尺寸图（单位：cm）

仡佬族杉木秧船

图一　仡佬族务川龙潭杉木秧船主图

杉木秧船是一种协助搬运秧苗及肥料于田中的小型船具，俗称"秧船"，常见于南方水稻耕种区。现今部分农村地区在田间劳作，运送秧苗所使用的大盆即是当代社会秧船的一种形态。秧船一般以杉木等质地较轻的木料为材，在田中移动起来更加方便。本案例为务川县龙潭村申佑祠堂博物馆藏品，船长74厘米，船腹宽35厘米，尾宽30厘米，深16厘米，是杉木材质的秧船类型。

杉木是我国南方主要的用材树种，风干后的木料纹理通直、结构均匀且质地轻巧，是打制秧船的最佳材料，务川龙潭村杉木秧船的材质正是这种杉木木料。在制作秧船时，通常会选取较薄的杉木木板，根据需要以合角斗榫的方式打制成不同规格的秧船。

秧船腹鼓而首尾上扬，这样的造型设计无疑是为了方便于秧船的前后移动；而在秧船的底部，制作者另外加钉了两条平行的滑橇，以加强秧船地板的稳定性同时，使秧船在泥水中移动更加顺利。

秧船的设计是南方水稻耕种区民族的智慧之举，设计者从船的形态中找到灵感，将其缩小而形成便于水田中移动的秧船，协助搬运秧苗及肥料。在插秧的劳作中，人们一边后退一边推着秧船行走，随手即可获取秧苗，大大地提高了劳动的效率。

图片来源
图一　梁宏信　摄影
图二至图四　王文娟　制图

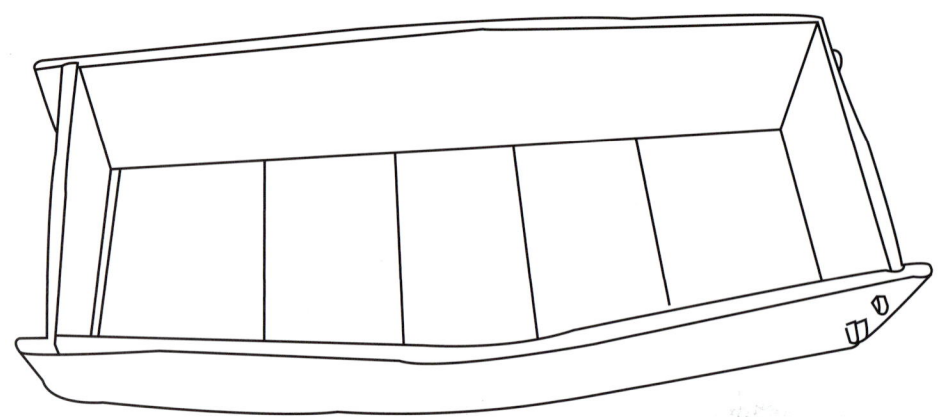

图二　仡佬族务川龙潭杉木秧船线描图

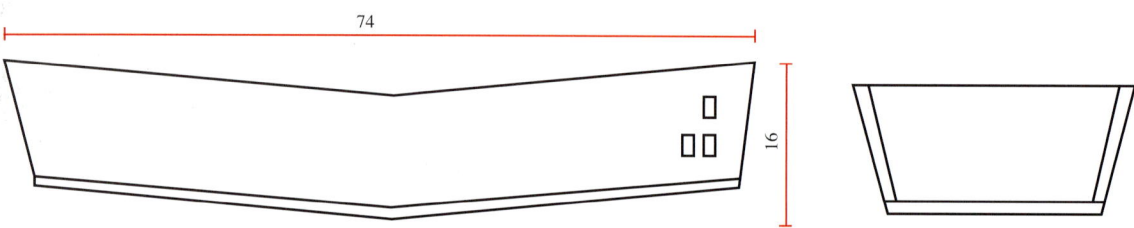

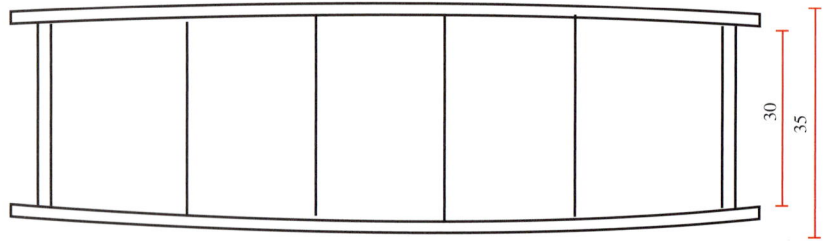

图三　仡佬族杉木秧船三视、尺寸图（单位：cm）

秧船以杉木等质地较轻的木料为主要材质。杉木木质轻浮力较好，在田间推动时不会破坏到土壤，影响土质结构。人们在插秧时一边后退一边推着秧船走，这样方便获取秧苗

图四　仡佬族务川龙潭杉木秧船材质分析图

第五章　仡佬族传统生产工具

仡佬族柏香木打斗

图一　仡佬族柏香木打斗主图

打斗是一种口宽底窄的四方体、船状器具，农业生产活动中用以辅助脱粒；同时这种船形打斗还是早期务川仡佬族人民清洗丹砂的传统工具。它以柏香木或杉木为材料，采用合角斗榫方式组合成四面宽度相近的方形船状容器，部分地区称之为"谷桶"或"打桶"，黔北、黔东北仡佬族人民称其"打斗"或"挞斗"，至今部分地区仍在使用。

仡佬族人民生活的地区多以山地为主，这样的生产条件使得"打斗"这种结构简单、易于搬动的脱粒工具获得了广阔的发展空间。它的主要材质是杉木或柏香木，简易的构成便于搬动，成为秋收时节的"好帮手"。本案例采自道真县三桥镇接龙村。打斗口长106厘米、宽101厘米，斗高51厘米、深45厘米，木耳长17厘米，为柏香木材质打斗类型。从所示物件可以看出，打斗口宽而底部收束，口底是宽度相近的方形，侧板以合角斗榫的方式加楔扣牢，形状稳定。打斗整体与底部的衔接也是以斗榫、加楔的形式扣牢，使底部和侧板连为一体，展现了工匠巧妙的设计艺术。另外，打斗底部平行套有两根比较粗厚的类似雪地橇的木条，在增加打斗底部与地面距离的同时，也为打斗移动提供便利；而在打斗侧板上端两侧留有两对板耳，作拖动打斗的手柄。将这两个设计结合起来使用，更方便使用者拖拉打斗移动。可见，打斗的整体设计既考虑到了当地仡佬族人民的生存环境，还具体地针对田间劳作时的场景，具有现实意义。

打斗的使用方法比较简单，使用者持稻穗立于打斗一面以谷穗敲击斗壁，利用冲击力进行脱粒。而黔北、黔东北仡佬族人民在使用打斗时，在打斗中安上一个斗架来辅助脱粒；另外还用篾编竹席将斗架三面围住，防止谷子散落打斗外。

图片来源
图一　梁宏信　摄影
图二至图四　王文娟　制图

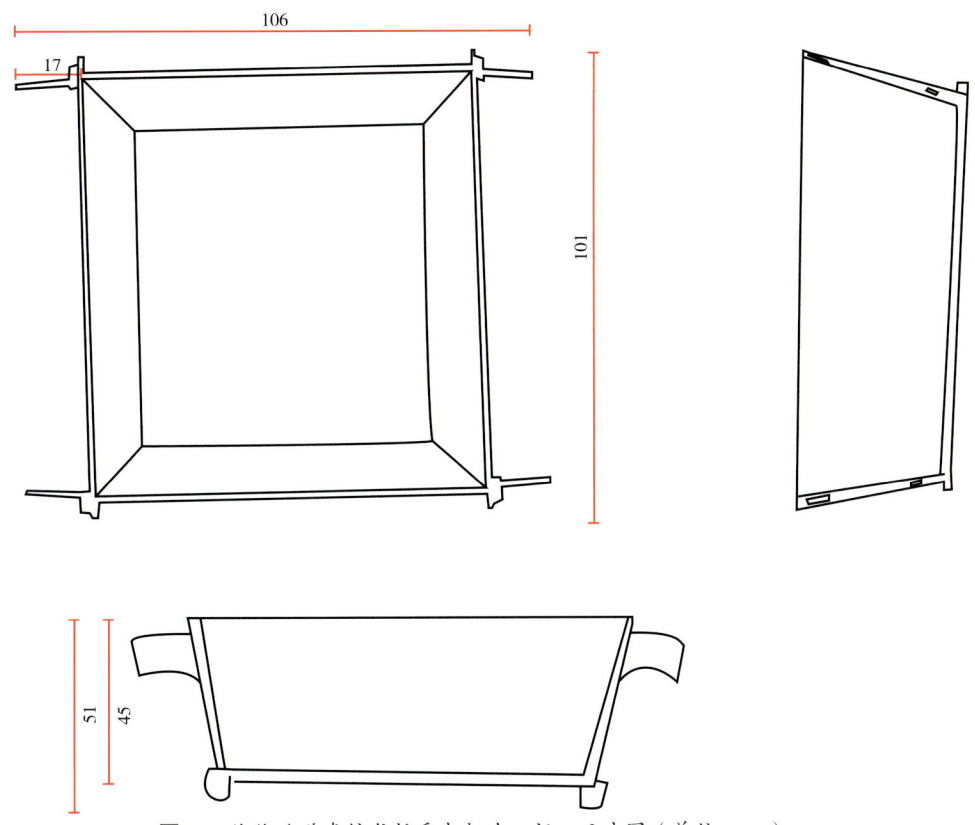

图二　仡佬族道真接龙柏香木打斗三视、尺寸图（单位：cm）

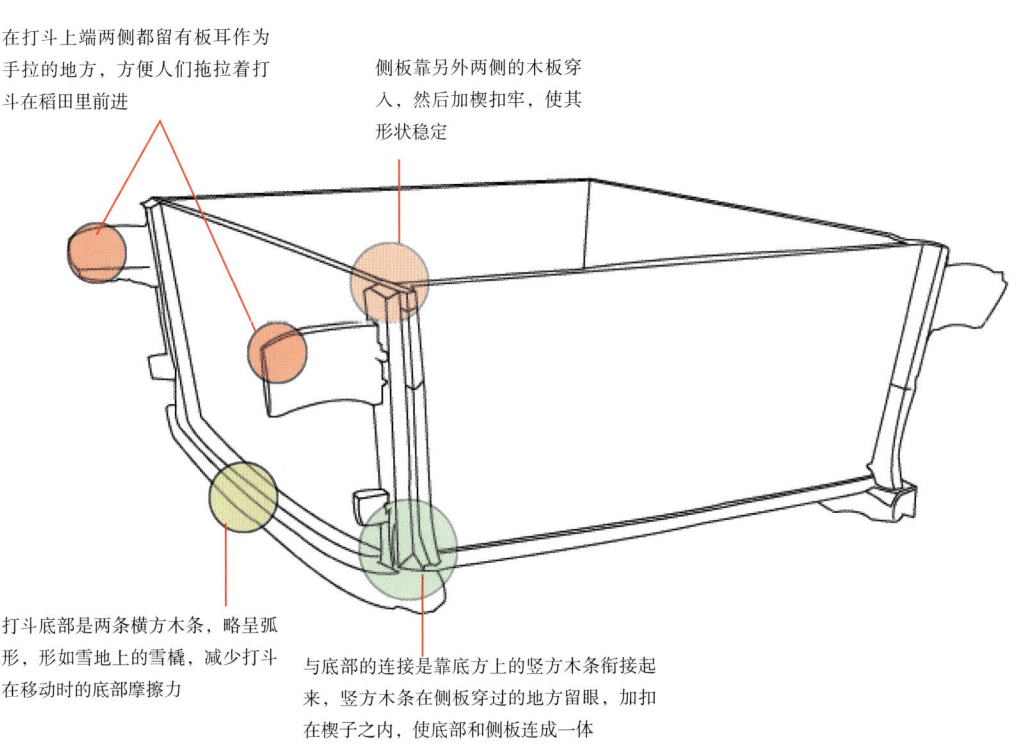

图三　仡佬族柏香木打斗结构分析图

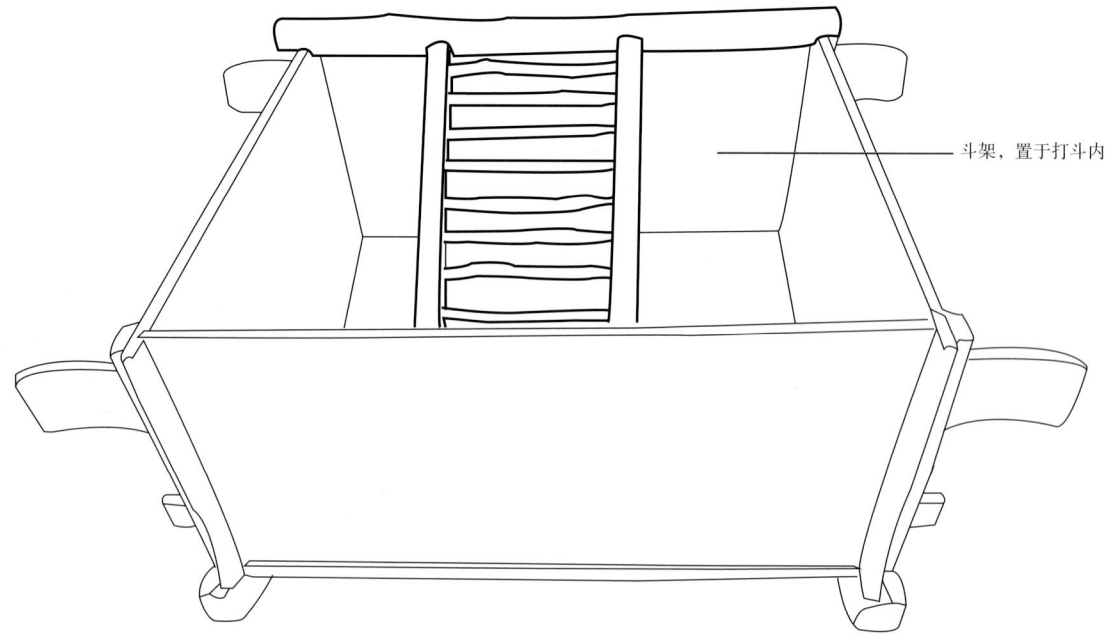

图四　仡佬族柏香木打斗使用示意图

仡佬族打斗斗架

图一 仡佬族打斗斗架主图

打斗是一种口宽底窄的船状器具，在农业生产中用以辅助稻谷脱粒，俗称"谷桶""打桶"或"挞斗"。黔北、黔东北一带仡佬族民众在制作打斗时，多以柏香木或杉木为材料，将粗板修整之后，以合角斗榫方式组合成方形船状器具，一些乡村至今仍在使用。而斗架就是安装在打斗内，加快稻谷脱粒速度、协助打斗完成脱粒工作的一个梯形木架子。

打斗斗架用料极为讲究，主要是一些木质坚硬的野生木料，这些木料耐磨性能好，比较耐用；加之其质地较重，使用起来稳重而安全。斗架的规格通常是根据需要匹配的打斗大小来决定，前臂及后臂的长度需与打斗口宽及内底长度吻合，这样可防止斗架摆动。因此，其整个外观上宽而底收，为横竖斗榫梯形结构。本案例采自道真县三桥镇接龙村。该物件前臂长108厘米、后臂长53厘米，高80厘米，其前口及后口分别为43厘米与30厘米，为仡佬族家庭使用的普遍类型。

斗架结构简单，易于制作，实用性极强，既可有力地分担打斗壁板的磨损压力，增加打斗的使用寿命；同时还大大地加快了稻谷的脱粒速度，提高了生产效率。因此可以说，斗架是传统农业生产工具的一次"革新"，除在生产效率上实现其价值之外，在工艺设计上也体现着人性化的一面：在使用时，前臂朝上紧扣打斗壁口，后臂贴紧底部形成斜状，打谷者站在前臂一侧顺着下敲谷穗，使谷粒落入打斗之中；而且，斗架设计者将架子中部抬高呈弧形微拱状，可避免使用者的手敲到打斗沿或斗架上，是一项集实用与工艺于一身的设计。

图片来源

图一 梁宏信 摄影
图二、图三 王文娟 制图

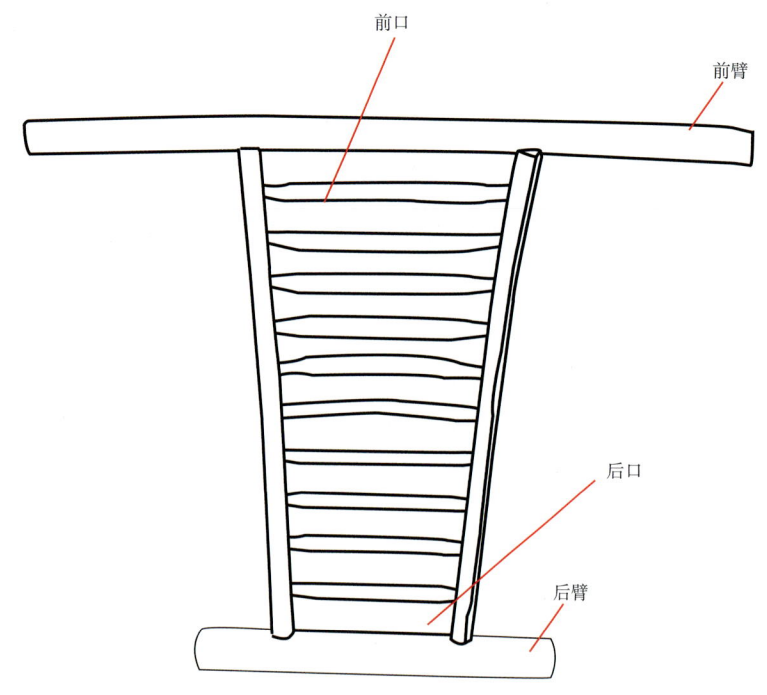

图二 仡佬族打斗斗架结构名称图

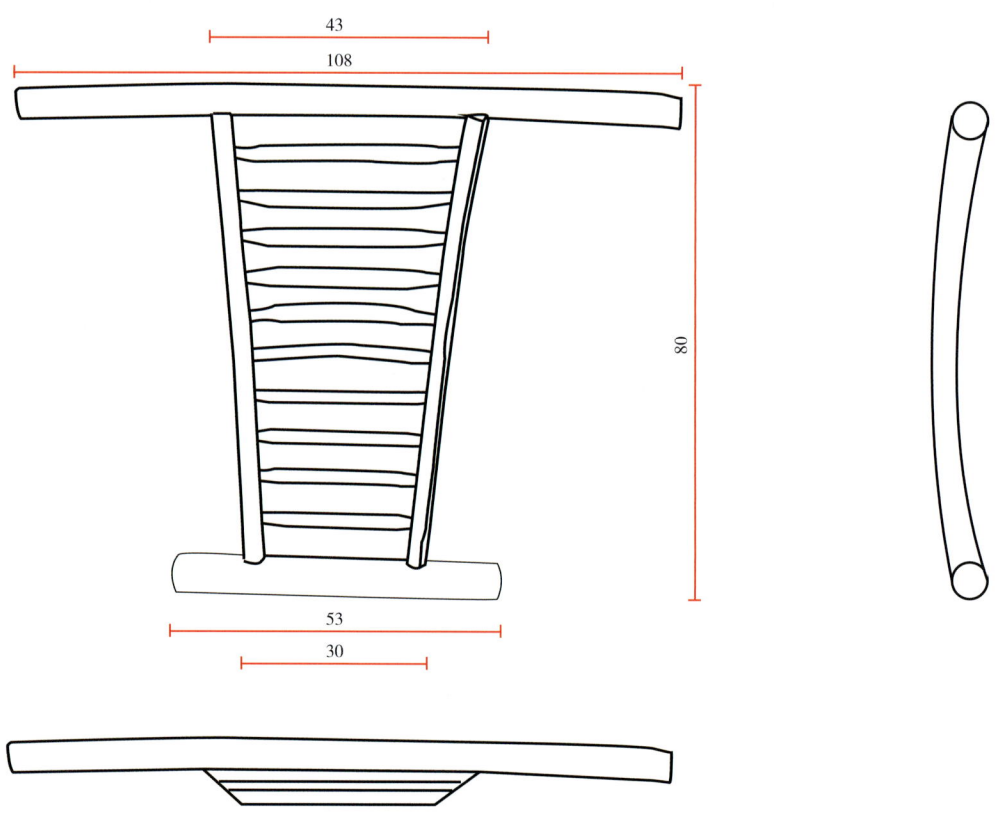

图三 仡佬族打斗三视、尺寸图（单位：cm）

仡佬族连枷

连枷是农业生产活动中，主要用以辅助小麦、玉米、豆子或芝麻等脱粒的传统农具，通常是以一根长两米左右的竹竿连接一组杂木短杆（敲杆，长90厘米左右，宽10厘米）构成的一种拍打工具，俗称"连杆"，古称"连挺"。《墨子·备城门》中载："二步置连挺、长斧、长椎各一物；枪二十枚，周置二步中。"连枷还被当作主要的战争武器使用，战士手握连枷长杆，挥动杆子可攻击敌人，使用原理与双节棍、流星锤等武器相同。

连枷主要材料是当地易取的竹竿和野木，规格不一，制作者可以根据需要而定。本案例采自道真县三桥镇接龙村涂运木家。连枷长杆为长230厘米的竹子，杆头40~50厘米处去掉部分竹肉，过火将其弯曲成弧形的套口，套牢长25厘米长短、直径4厘米的圆木料。圆木一头锉眼插入三根长90厘米左右的野木竿子，以麻线绑牢；而另一端修去部分木肉、留结，塞入竹竿的套口，用绳子将套口绑扎实。使用时，圆木可以360°转动，借用人体给出力量的惯性，拍打在麦秆、玉米棒子、豆荚等上面，将颗粒拍打下来。因此，连枷在使用时，以双手抓握竹竿尾部，使劲甩开杆头的"敲杆"，使敲杆在外力的作用下迅速甩出去，打在玉米、黄豆或芝麻的外壳上。由此可见，设计者正是从惯性的角度而设计出这种工具。

当然，连枷的使用技术并不简单，需要掌握使力的技巧及连枷的使用原理。娴熟使用者在使用时借用连杆的惯性十分节省力气，富有效率，而"外行人"使用起来吃力且很容易伤着自己。

图片来源
图一　梁宏信　摄影
图二至图四　王文娟　制图

图一　仡佬族连枷主图

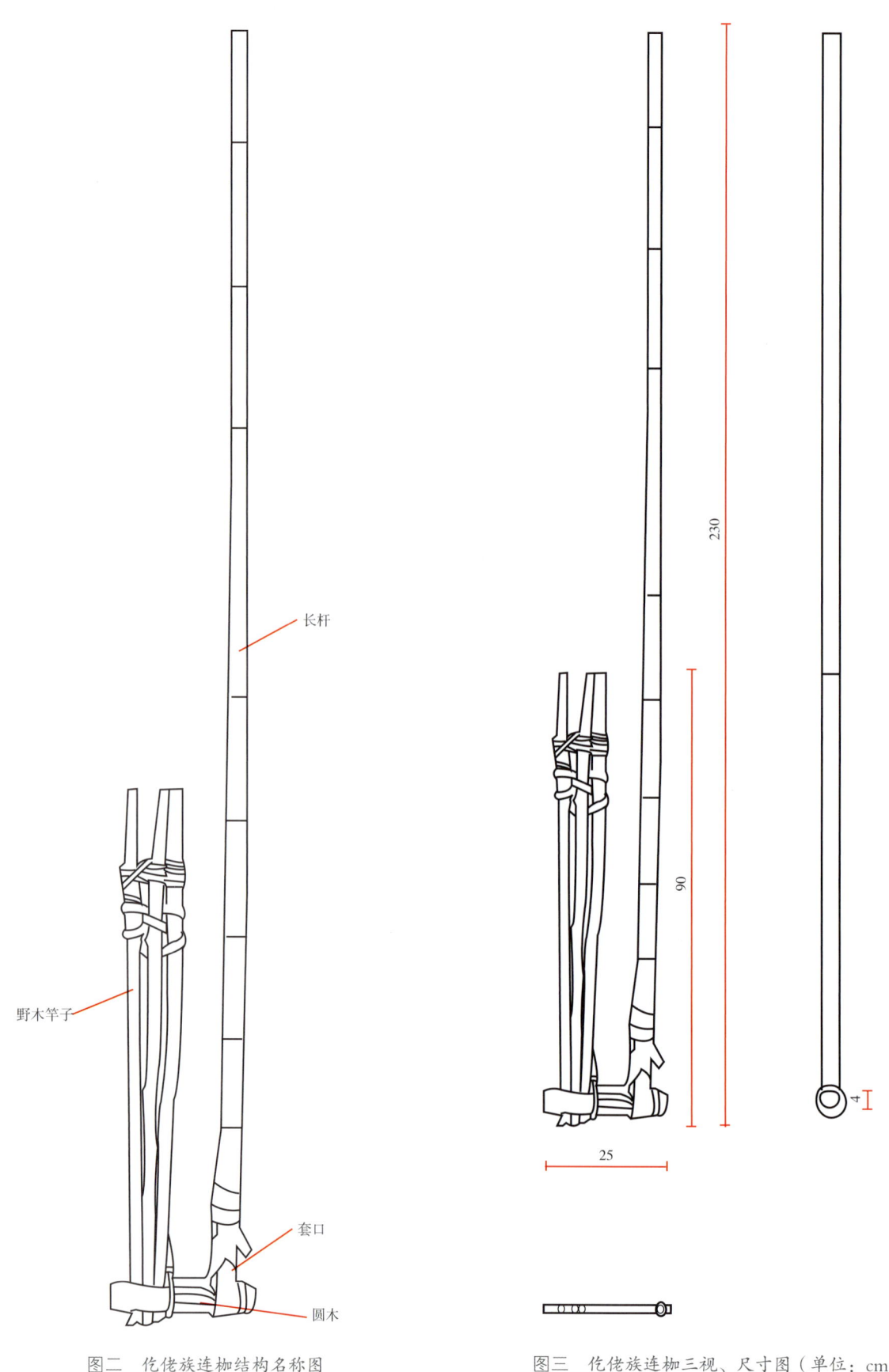

图二　仡佬族连枷结构名称图　　　　图三　仡佬族连枷三视、尺寸图（单位：cm）

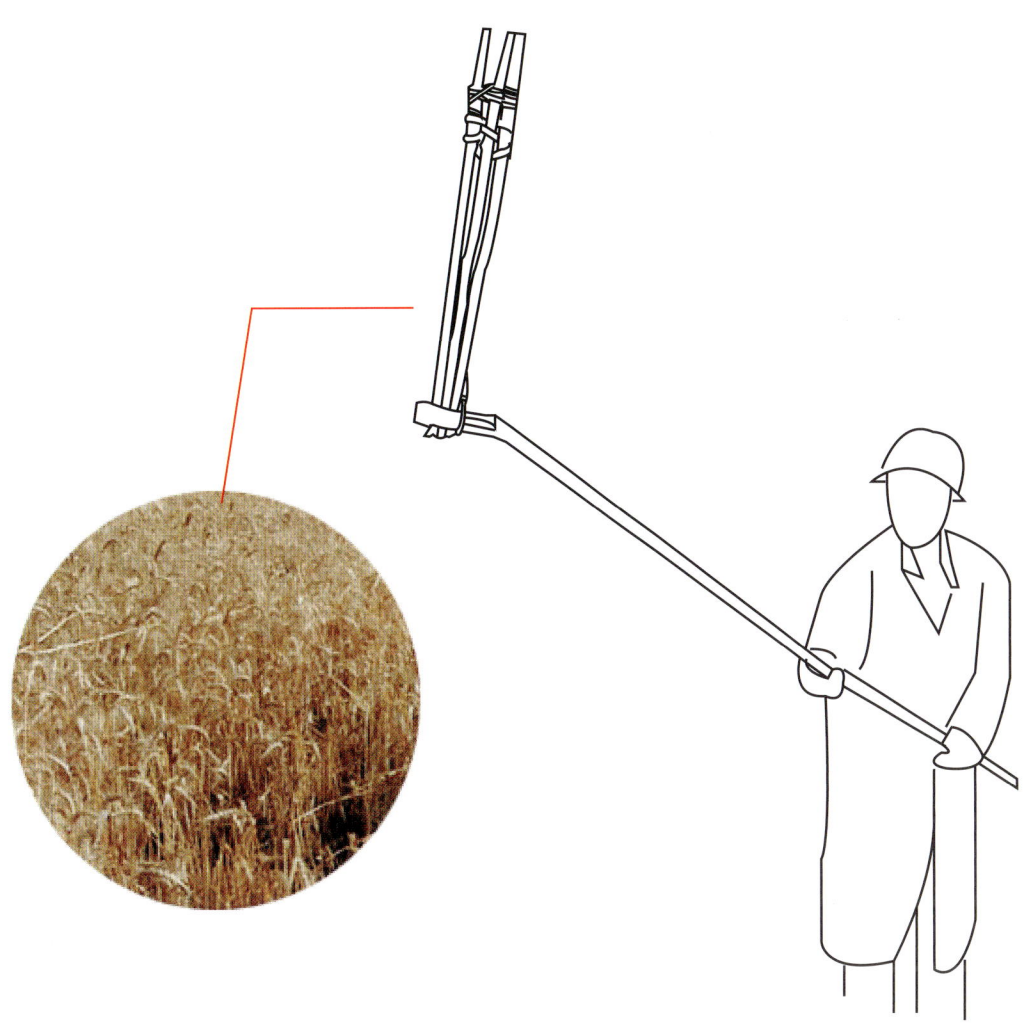

图四　仡佬族连枷使用示意图

仡佬族竹制打瓜耙

图一　仡佬族竹制打瓜耙主图

竹制打瓜耙是一种以拍打发声来驱逐野兽和鸟类的传统工具。早期仡佬族先民以其驱赶破坏庄稼的猴子、老鹰、小鸟等，在打猎时也可以用来"赶山"，使猎物集中。打瓜耙的主要原料为竹子，由中间破开至底部留节形成两块相连的竹片，使用时两块竹片相互敲击而发出"啪啪"声响，以此来驱逐野兽和鸟类。

竹制打瓜耙制作工序比较简单，根据需要可大可小、可长可短。本案例是务川县龙潭村申佑祠堂博物馆收藏品。竹管直径6厘米，长80厘米，柄长19厘米。制作者取三节竹筒，从中间破开至尾部留节，两瓣靠底部留有手柄。使用时，抓牢手柄，用力抖动使两块竹片相互敲击就能发出"啪啪"的声响，声音清脆且具穿透力，鸟类和野兽因此受惊逃窜。这种工具制造简单，原料易寻，使用方便，运用广泛。

生活产生艺术，民间艺术家将集体性打瓜耙行动改编成黔北仡佬族独具特色的民族舞蹈"打瓜耙"，在舞台上极具表现力。打瓜耙民族舞由多人参与，根据情节的变化抖动打瓜耙，节律整齐，是当下具有仡佬族特色的民族舞蹈之一，而打瓜耙也成为传统的民族乐器。

图片来源

图一　梁宏信　摄影

图二、图三　王文娟　制图

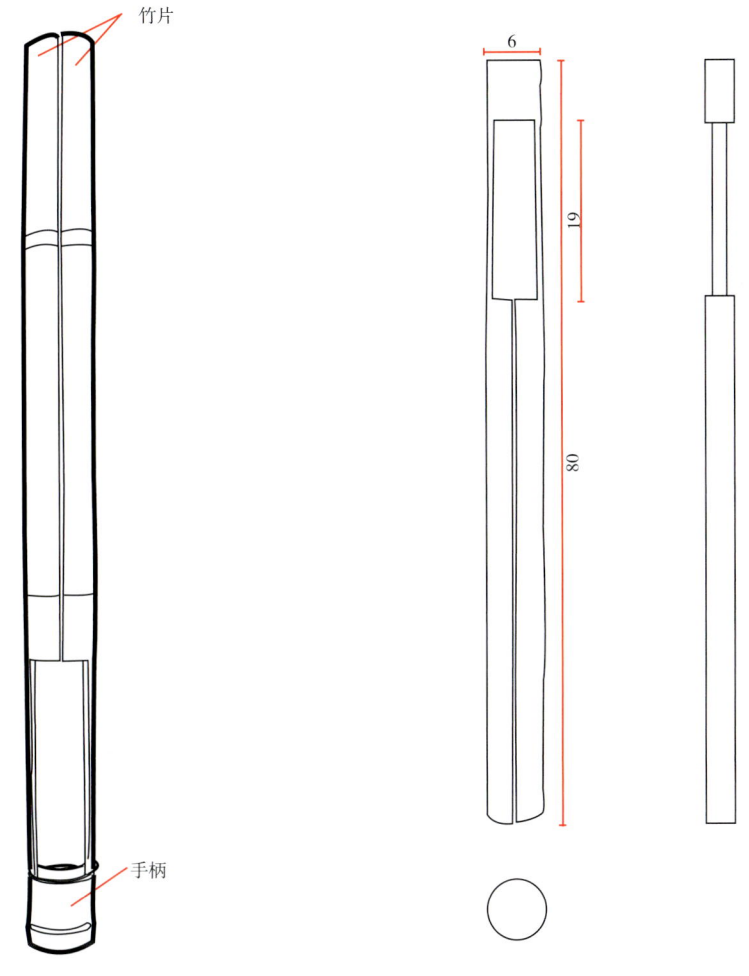

图二　仡佬族竹制打瓜耙结构名称图

图三　仡佬族竹制打瓜耙三视、尺寸图（单位：cm）

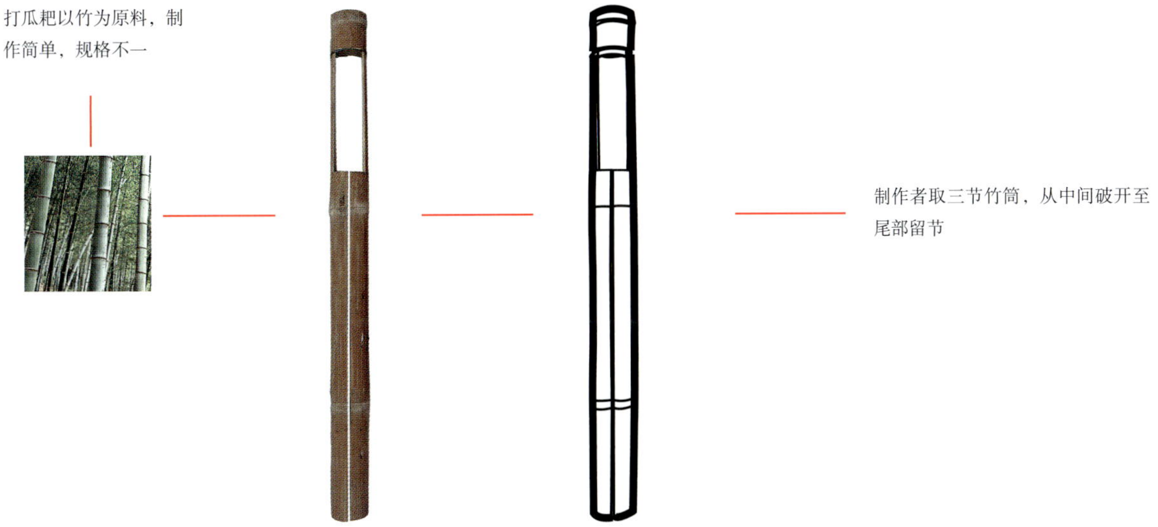

图四　仡佬族竹制打瓜耙材质分析图

第五章　仡佬族传统生产工具

217

仡佬族一字双钩竹担

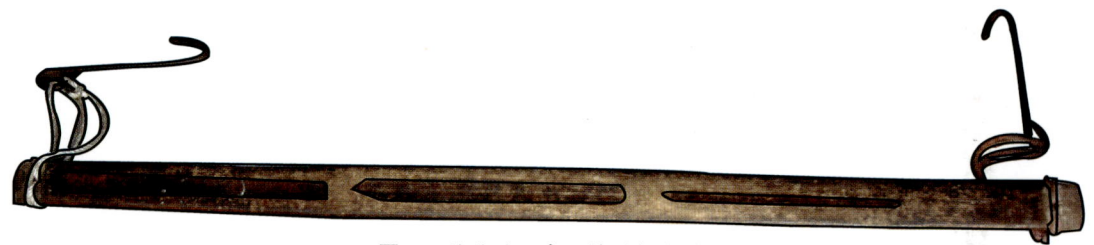

图一　仡佬族一字双钩竹担主图

一字双钩竹担通常为居都仡佬族妇女挑水、担猪食所使用的担子。这种担子以绵竹为料，一字形、扁状，因此当地人统称"扁担"。一字双钩竹担与常见的扁担不同，在一字形扁担的基础上做了进一步的加工，两端钻孔、绑绳、拴钩而成，增加了扁担的防滑功能。

居都仡佬人在制作这种一字双钩竹担时，主要选取具有一两年生长期的老绵竹为原料，这类竹子黏性较好，不易折断。生长期太长或太短的竹子黏性都会比较差，竹质脆弱，不能承担过多的重量，都不宜做扁担。即便是适合的绵竹，也并非所有的竹节都能用以作为原料，人们通常会选取去底部老节之后、柔性和黏性都较适宜的竹节为料。太靠近根部，竹节太密且柔和性、黏性不好；而太靠近梢部，竹节竹肉太薄，都不宜作料。只有中部靠根的部分竹节，其节长、柔和性和黏性适当，是做扁担的最佳材料。

在制作一字双钩竹担时，通常取120厘米的竹竿，两端留有竹结，破开后取7厘米宽的竹片，经过休整后成一字形扁担。再在顶端竹结内部钻孔，取50厘米绳子两根，分别从孔内折两段绑在担端，尾部拴上早先准备好的23厘米长的铁钩子即制成。一字双钩竹担在设计上更加注重实用性，其两端的钻孔和绑绳是为了防止在挑水或担猪食的时候绳头从扁担端滑落，使用者不必分心照顾担头，专心行走即可。而另一方面，一字双钩竹担的使用者主要是妇女，在担子的两端拴长钩可以减轻妇女使用者起肩的用力。如今，一字双钩竹担普遍被利用到许多生产性行业当中，如乡村建筑业。

图片来源
图一　梁宏信　摄影
图二至图四　王文娟　制图

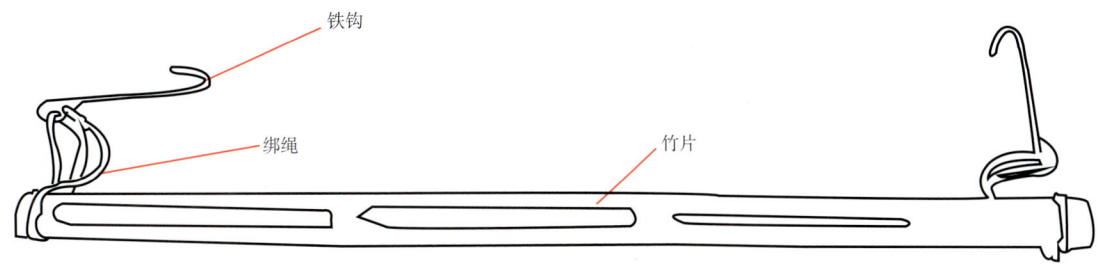

图二　仡佬族一字双钩竹担结构名称图

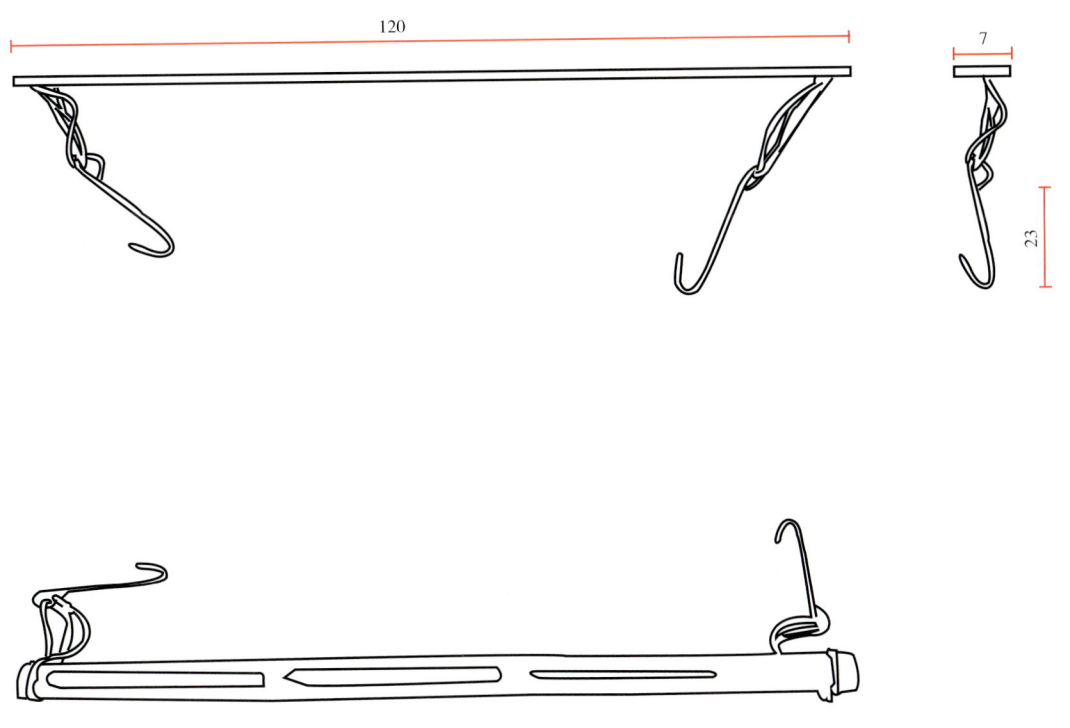

图三　仡佬族一字双钩竹担三视、尺寸图（单位：cm）

图四　仡佬族一字双钩竹担使用示意图

仡佬族木制风簸

图一　仡佬族木制风簸主图

木制风簸是一种协助去除谷物或白米中杂草、瘪谷、糠等杂质的传统工具。与簸箕原始性的除杂方式相比，风簸采用一种更具"现代性"的"机械化"生产方式，大大提高了农业生产的工作效率。风簸一般以木质材料打造，风箱内置摇扇，用手摇摆风扇出风辅助去除杂质。

风簸四足而立，以木方条斗榫加楔方式组合成架。风簸内置风箱，与风箱平行设有2至4个出口，分别有出米口、出糠口和出瘪谷口等。在风簸顶部设有谷物入口，口宽而颈窄，口底以一小块木板堵牢，在使用时调解木板的缝隙按量放行，摇动风箱里面的风扇，借风力将谷或米中的瘪谷或糠分离出去。尽管风簸使用原理简单，但其结构复杂。本案例采自务川县龙潭村，入谷口长95厘米、宽46厘米，中部方条长183厘米，风箱直径为73厘米，底部木腿间距84厘米、宽距30厘米，为杉木材质风簸，设有出米口、出瘪谷口及尾部的杂质口各一个。

近年来，随着铁皮风簸及电动风簸在乡村市场的走俏，加之现代性工具打谷机和打米机都具有分离杂质的功能，木质风簸逐步走向没落，失去了其原有的市场。但木质风簸的出现和运用是农业生产活动中的一大进步，是不容置疑的事实；其设计工艺上所展示的更是一种极高的传统木工工艺水平。

图片来源
图一　梁宏信　摄影
图二至图五　王文娟　制图

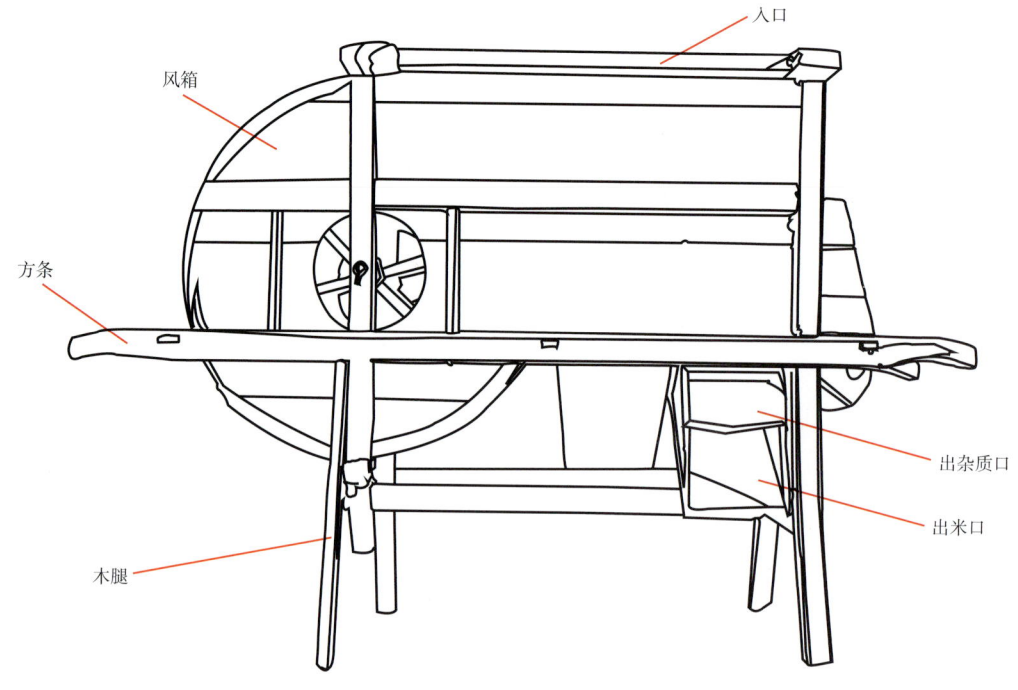

图二　仡佬族木制风簸结构名称图

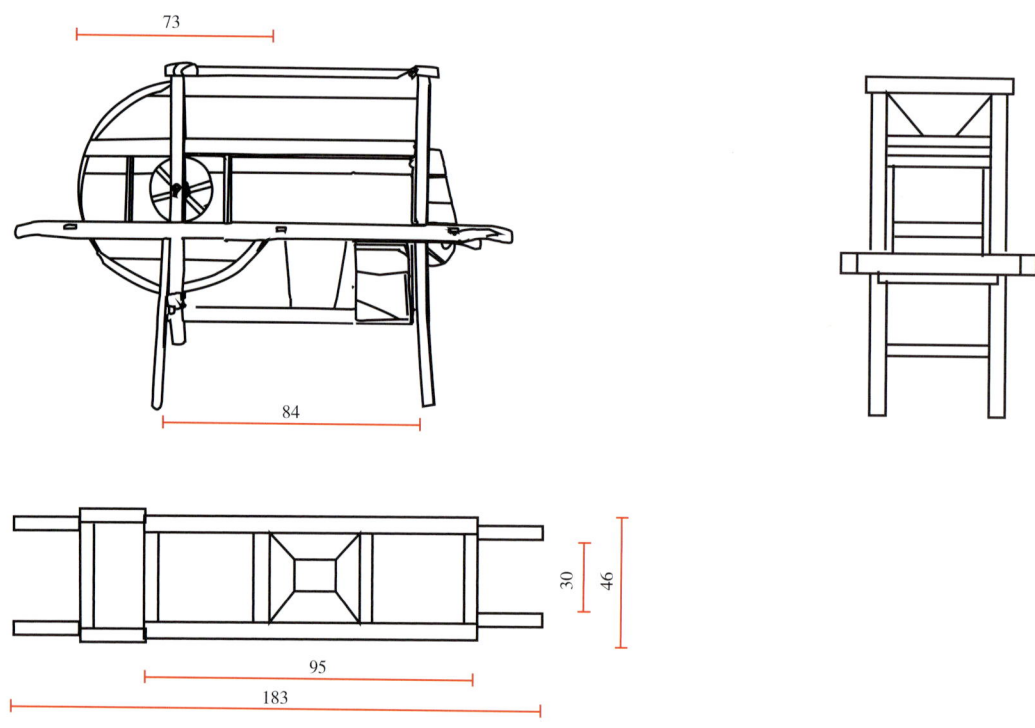

图三　仡佬族木制风簸三视、尺寸图（单位：cm）

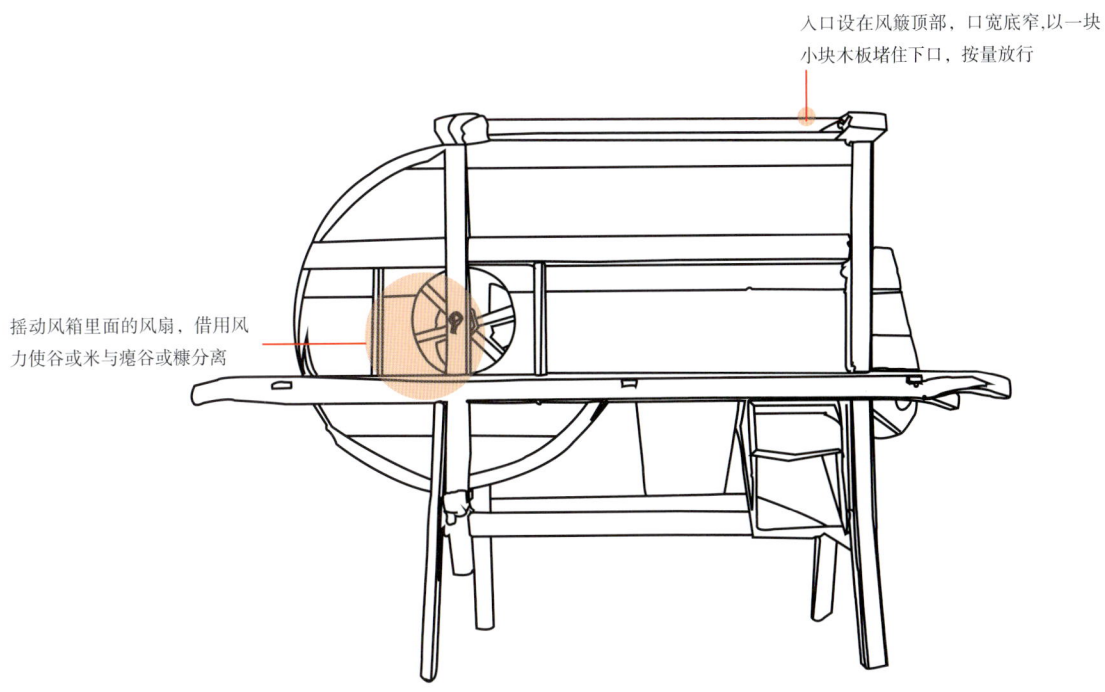

入口设在风簸顶部，口宽底窄，以一块小块木板堵住下口，按量放行

摇动风箱里面的风扇，借用风力使谷或米与瘪谷或糠分离

图四　仡佬族木制风簸分析图

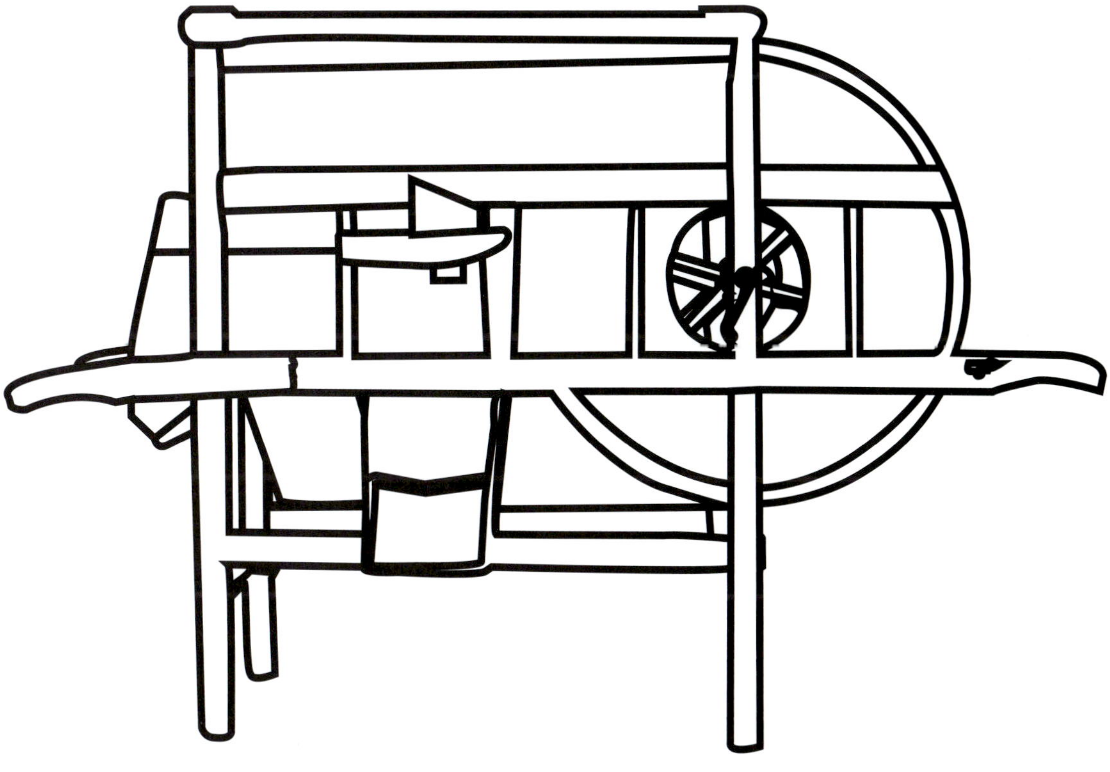

图五　仡佬族木制风簸反面线描图

第六章 仡佬族传统民俗和宗教造像

仡佬族"护蛋"用具"篾蛋"

图一 仡佬族"护蛋"用具"篾蛋"主图

"护蛋"是仡佬族一项传统的民族体育竞技运动，这项运动以 5 人或 7 人为一队，分两队展开，每队男女人数一致。运动中使用 11 个篾制的"蛋"，每队轮流派人护蛋，不让对方把自己怀下提篮中的蛋抢走，故称"护蛋"。

护蛋的器具很普通，除了篾蛋之外就是一个碳筛和两个提篮。在这项运动举行时，碳筛和篾蛋放在正中间，由对方派一人护住筛子中的蛋，另一队人马将其四周围住，可采取偷袭、声东击西或其他招式将护住的蛋抢走。护蛋在一定的时间内进行，其规则相当简单，护蛋者只要用脚接触到抢蛋者的身体，抢蛋者此时抢出的蛋无效，需放回去；而抢蛋一方的女孩子如果在偷袭时，骑到护蛋者的背上，护蛋者自愿交出一个篾蛋。抢护之间的博弈直至时间结束，然后双方队员轮换，最后以抢到篾蛋最多的队获胜。

护蛋竞技中的"蛋"是用软韧的竹篾编织而成，其编制的手法不同篾鸡蛋编织手法，它与"推石靶"运动中篾蛋的编织方式相似，以细小成线的经篾和较粗的纬篾交织编制，体积仅有成人拳头般大小，呈椭圆形状。本案例篾蛋采自务川县大坪镇。径宽在 9 厘米左右，大小适合单手抓握，契合这项运动要求。因为篾蛋体积较小，用篾较多，因此其制作工艺要求较高，出篾和收篾都相当有难度，需要一定的篾编制作技艺。为了增加用具的美感，一些工艺师还在制成的篾蛋上涂上一些色彩。

图片来源
图一、图三 梁宏信 摄影
图二 王文娟 制图

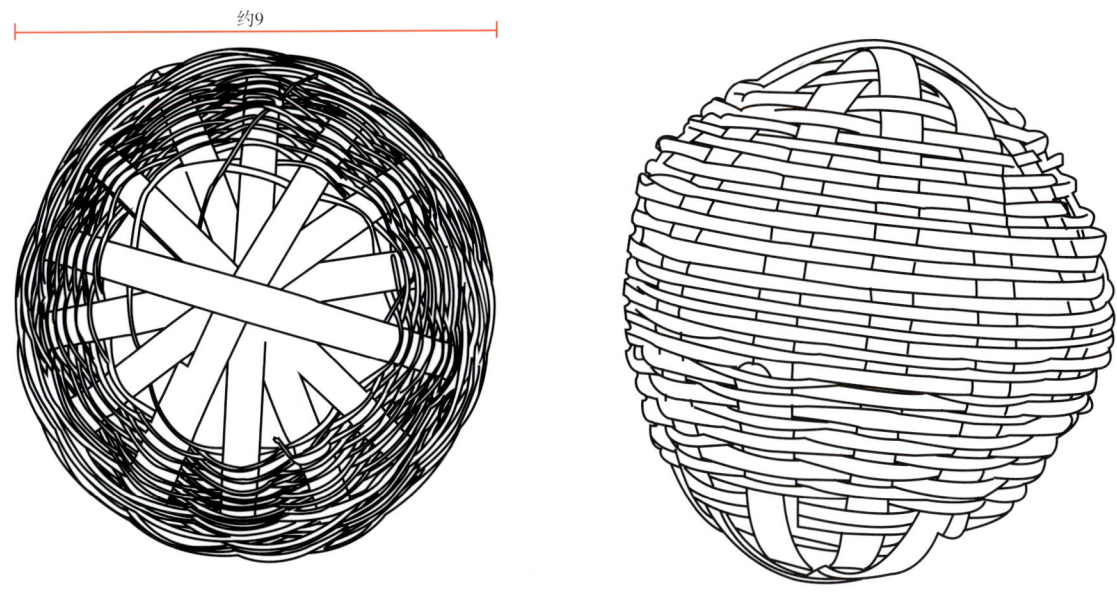

图二　仡佬族"护蛋"用具"篾蛋"视角、尺寸图（单位：cm）

图三　仡佬族"护蛋"用具"篾蛋"器具全图

仡佬族"打篾鸡蛋"用具"篾鸡蛋"

图一 仡佬族"打篾鸡蛋"用具"篾鸡蛋"主图

"打篾鸡蛋"是流传于贵州省务川、道真、正安、遵义、大方、怀仁等县的仡佬族群体中的一项传统的民族体育运动,也称打鹅蛋包、打篾团子。一般在农历正月初一至十五期间举行,也有在农闲时间举行的。这项运动主要器具"篾鸡蛋"呈椭圆形状,似鸡蛋或鹅蛋,因此取名"篾鸡蛋"或"鹅蛋包",用竹篾编织成空心或实心小球,大小不等,一般有成人拳头般大小。

篾鸡蛋以当地易取的竹篾为原料,以篾条交叉方式编织而成,呈椭圆形状,其长宽相差不大,一般长为10厘米、径宽9厘米。本案例采自务川县大坪镇。在使用过程中双手抱握或单手抓握"蛋"身,以抛接的方式进行传递。打篾鸡蛋时一般分为两队人马,每对6～8人,其中配备一个女选手(称"公主"),女选手负责持箩和指挥全队,五名男选手彼此配合将篾鸡蛋投进自己的竹箩得分。

"打篾鸡蛋"这项民族体育运动起源于宋代。最早见载于南宋朱辅的《溪蛮丛笑》:"仡佬土俗,于岁节数日,人赴野外,男女分两队,各以五色彩囊豆粟往来抛接,名飞絚。"2009年在务川自治县的首届民族运动会上,打篾鸡蛋成为最受欢迎的一项民族体育运动。现今道真、务川等县民族高中都设置有打篾鸡蛋、护蛋和推石靶的民族体育课程,向广大青年学生传授打篾鸡蛋的规则,弘扬民族体育精神。

图片来源
图一、图三 梁宏信 摄影
图二 王文娟 制图

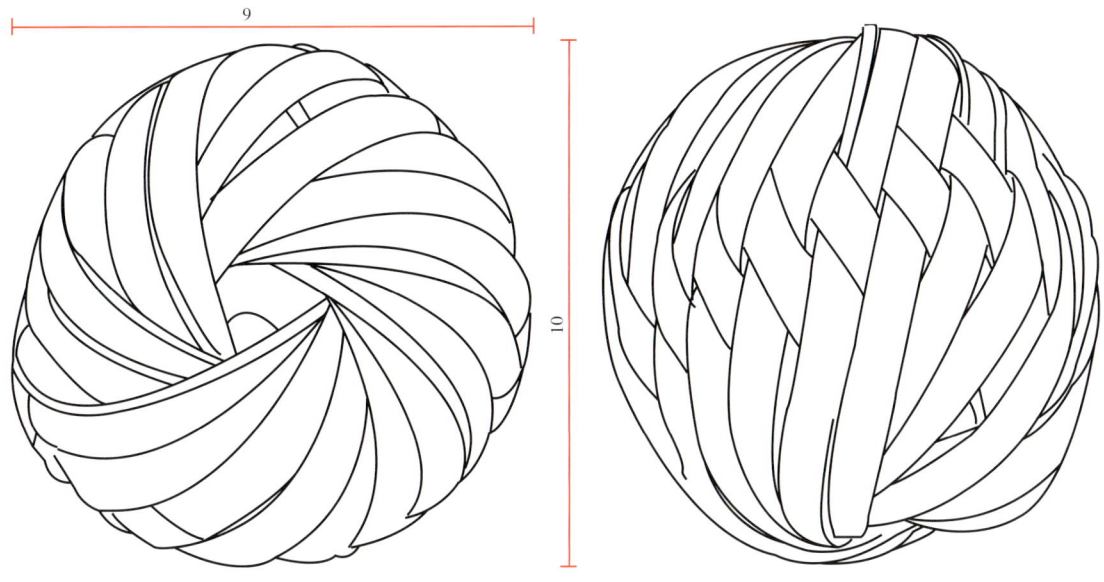

图二 仡佬族"打篾鸡蛋"用具"篾鸡蛋"视角、尺寸图(单位:cm)

图三 仡佬族"打篾鸡蛋"用具"篾鸡蛋"器具全图

第六章 仡佬族传统民俗和宗教造像

仡佬族"推石靶"用具"竹篾球"

图一　仡佬族"推石靶"用具"竹篾球"主图

"推石靶"是道真、务川一带仡佬族传统的民族体育竞技活动，它使用的道具是7~9股竹篾编成的空心"竹篾球"及两个大箩筐，是一项青少年男女互娱的室外竞技活动。该运动一般每两人一小对，8人或10人一组，分两个小组进行抢球比赛。在竞技过程中，组成一小对的两人双腿缠住对方的腰，以手代足移动，由一人将球推进竹箩之中，以抢得多者获胜，因此而取名为"推石靶"。

推石靶中使用的竹篾球有足球般大小，直径在20~21厘米之间，比仡佬族传统"篾鸡蛋"大许多，且编制的方式也不一样，主要以经纬交织的方式编织而成。经篾较粗，取7股制成环状相叠作为球架子，而纬篾比较细软，穿插在经篾之间扎成球面，球面可以涂上颜色。

推石靶源于青年男女日常在草地上娱乐时互相推抢篾球活动，随着后来的改进而形成一项具有民族特色的竞技运动。这项运动目前在道真、务川等县的初高中体育课教学中开展，深受青年学生的热爱。

图片来源
图一、图四　梁宏信　摄影
图二、图三　王文娟　制图

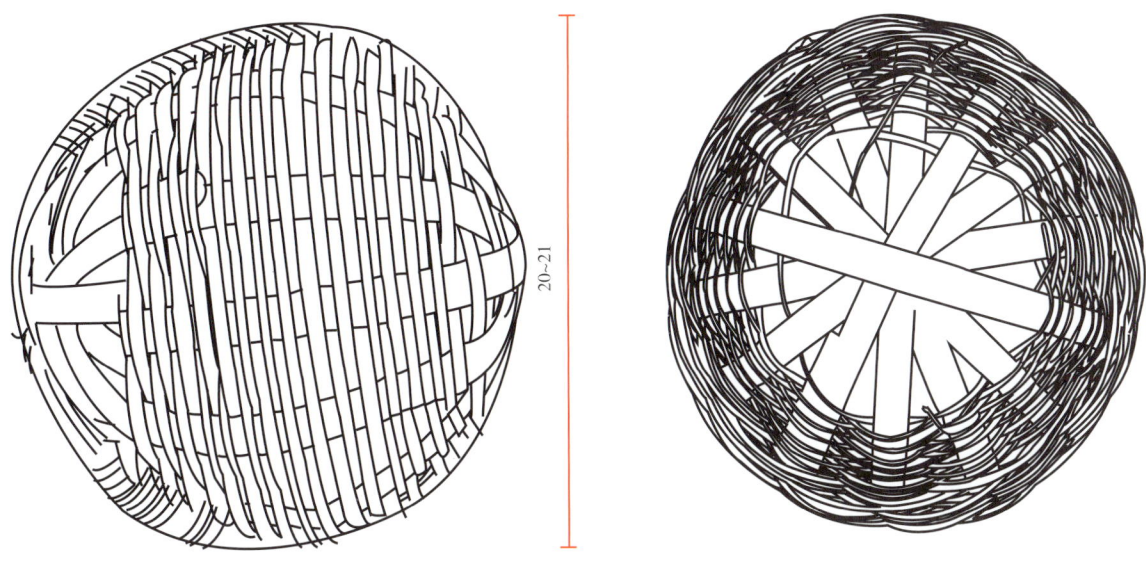

图二 仡佬族"推石靶"用具"竹篾球"视角、尺寸图（单位：cm）

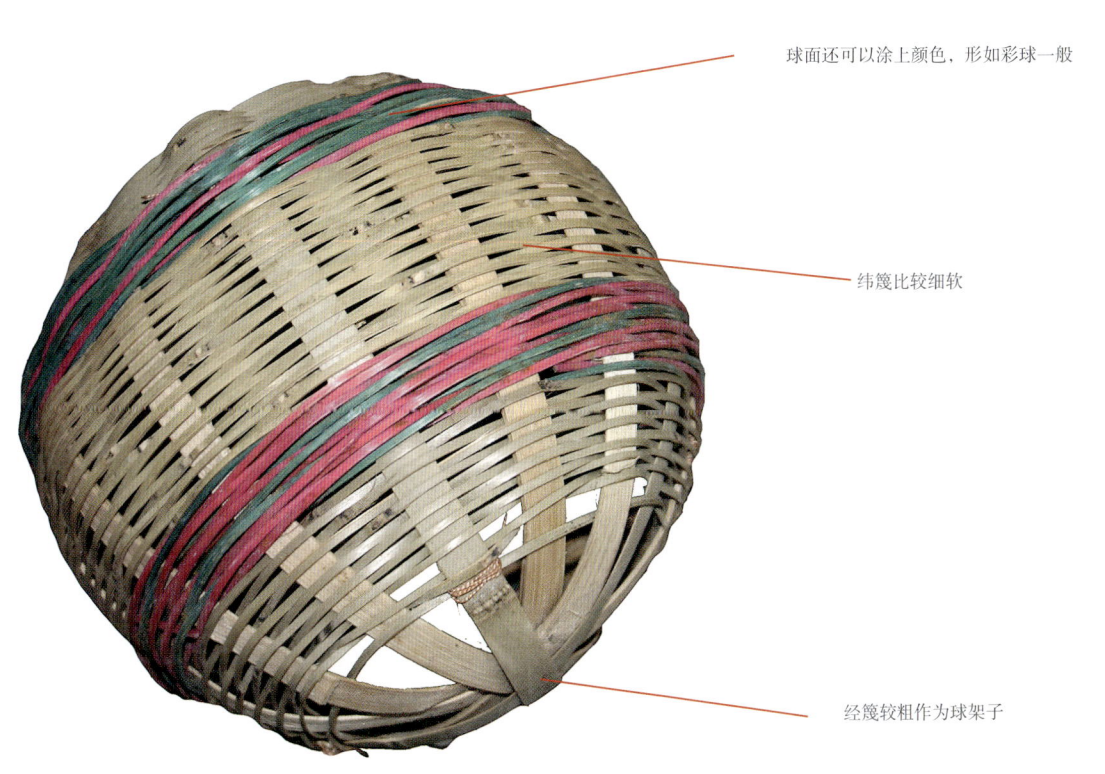

球面还可以涂上颜色，形如彩球一般

纬篾比较细软

经篾较粗作为球架子

图三 仡佬族"推石靶"用具"竹篾球"材质分析图

第六章 仡佬族传统民俗和宗教造像

231

图四　仡佬族"推石靶"器具全图

仡佬族务川大贰纸牌

图一 仡佬族务川大贰纸牌主图

务川大贰纸牌起源较早，自清朝的时候就有明确的文字记载。务川地区无论城镇还是乡村都可以看到玩大贰的人。早些年制作不方便，人们以木料雕刻自己印刷，现在大多都是印刷品，由工厂大批量生产，在务川境内销售使用。

务川大贰纸牌是从实写的大贰牌变化而来，这一套牌共有20种不同的图案，每种四张，共80张。牌的组成是二十个数字，即大写的壹贰叁肆伍陆柒捌玖拾和小写的一二三四五六七八九十，各四张组成一副。其中"贰"在字牌中的地位特别重要，它与打牌的"油子"关系极大，因而一般称这种纸牌为"大贰牌"。

务川大贰纸牌别具一格，与世界上其他任何纸牌不同。其基本特点是，纸牌的数字字形由书法的行书演变而来，形成艺术字，通过历代制牌师们的不断修改，艺术感越来越强，看起来美观、大方，可谓是务川仡佬先民无数艺术家的集体创作，在一定程度上反映着仡佬民族的审美意识，已成为一种独特的仡佬文化，深刻影响着务川仡佬族人民的生活。因此，2011年3月1日，务川大贰纸牌入选县级非物质文化遗产。现今，一些仡佬人家以大贰纸牌上的字作为窗花，设计别具一格，凸显了当地文化特征。

图片来源
图一　梁宏信　摄影
图二、图三　王文娟　制图

"贰"在字牌中的地位特别重要，它与打牌的"油子"关系极大，因而一般称这种纸牌为"大贰牌"

图二　仡佬族务川大贰分析图

图三　仡佬族务川大贰纸牌对比图

仡佬族泥高傩戏伏羲木雕神头

图一 仡佬族泥高傩戏伏羲木雕神头主图

在黔北、黔东北地区傩戏中，伏羲与女娲并称"二帝君王"，是傩神祇的核心神，亦称傩公傩母，居于神坛的最重要位置。在民间传说中，伏羲与女娲是赋予仡佬族人民以生命的神灵，对它们的格外重视是祖先崇拜和神灵崇拜、巫术崇拜的集中体现。

仡佬族傩戏中的伏羲与女娲神像都是白杨材质的木雕神像，两者面容端详、个头大小极其相似。其中伏羲木雕神像红面长须、双目圆瞪、嘴唇微张，配上饱满面部及突出的双颊，突显了其威严而又不失慈祥的男神形象。本案例采自务川县泥高乡竹园村法坛师陈洪喜处。实物高29厘米，脸面部长宽分别为11厘米和10厘米，头部顶有帽冠，冠高10厘米、宽14厘米，木雕神像的底部为管状，径7.5厘米。从实物中可见，伏羲木雕神像蕴含其巫术—宗教独有的神韵同时，其雕刻艺术也是独具特色。该木雕神像从正面看，宽额突颊，面部表情丰富；从侧面看，更突显了帽冠精湛而细腻的雕刻艺术，整体协调；而从背面看，其以五个圆洞为入口，采以极其灵巧的镂空雕手法来完成这个神头的镂空雕刻，不留额外的破损痕迹。

泥高傩戏伏羲木雕神像使用年久，但依然可以从中"读出"该神祇独特、丰富、生动的表情，突出地体现了仡佬族民间艺人木雕技艺的高超；同时，该神像代表着仡佬族傩戏的核心神祇，从木雕之中亦能明显地感受到浓重巫术—宗教特征，是该民族精神文化的物化。

图片来源

图一　梁宏信　摄影
图二至图四　王文娟　制图

图二　仡佬族泥高傩戏伏羲木雕神头线描图

图三　仡佬族泥高傩戏伏羲木雕神头造型分析图

图四　仡佬族泥高傩戏伏羲木雕神头背面图

仡佬族泥高傩戏女娲木雕神头

图一　仡佬族泥高傩戏女娲木雕神头主图

傩公、傩母是傩戏的焦点神，在傩事活动中居于重要位置，始终供奉在"三清殿"前的神案之上。

傩公傩母神像是白杨木材质的木雕神头，两者面容端详，栩栩如生，雕工细腻。在神祇个性的展现上，男的红面长须、圆目直瞪，女的白净大耳、慈眉善目，神态间突显了神的威严和神的慈祥。傩母女娲木雕神像面部丰润，圆脸肥颔加之弯眉凤眼，突显了其母性的慈祥形象。本案例采自务川县泥高乡竹园村法坛师陈洪喜处。木雕神像高30厘米，其中脸长11厘米、宽10厘米，凤冠高10厘米、宽14厘米，底部为管状，径7厘米。单从工艺学的角度来看，木雕神像在其面部与凤冠上下了很大的功夫。其面部表情严肃，而细腻的雕工使得其眉宇间流露出一股神灵独有的韵味和高雅气质；而凤冠则采用镂空雕与浮雕手法相结合的方式，同时将一只神鸟作为凤冠主题，以一种飞翔的姿态装饰于冠顶之上，使整个木雕神像都处于这一种"活"的状态之中。再从侧面看，凤冠与女性的发髻富有唐代女性的特征，成熟女性的唯美姿态得以完美地展现出来。

女娲木雕神像是巫术—宗教性与工艺艺术性的结合物。通过工艺的精妙表现，神祇"人形"化具象化。它充分地反映出仡佬族人民心中的女娲形象，这也是仡佬族人民艺术想象力的充分体现。

图片来源
图一　梁宏信　摄影
图二至图四　王文娟　制图

图三　仡佬族泥高傩戏女娲木雕神像造型分析图

图二　仡佬族泥高傩戏女娲木雕神像线描图

图四　仡佬族泥高傩戏女娲木雕神像背面图

仡佬族泥高傩戏木雕报事官面具

图一　仡佬族泥高傩戏木雕报事官面具主图

报事官简称报事,在傩坛"勾簿判官"法事中出现,专司报事的神祇,伴随在勾簿判官左右。傩坛正戏《勾簿判官》演出时,由报事官先出场汇报勾簿判官的行程,他左手拿着大令旗,将神锣扛在左肩膀上,右手持锣槌,一边敲锣一边直呼"报,报,报"进场。与法师通报完判官行程后,他又与勾簿判官出场,摇旗摇锣请东、西、南、北、中五路判官快马加鞭赶来勾愿。到了傩堂之中,给勾簿判官看簿时,报事官连摆"挂角将军"与"独马一条枪"都不是判官的座位,最后才摆出"一品当朝"。勾簿判官坐定,报事官肩扛令旗,敲起小锣,游街串巷喊人前来申冤。

本案例采自务川县泥高乡竹园村,是一枚以漆黄色为主调的木雕面具。面具长26厘米,宽17厘米,厚7厘米,整个面部散布着整齐的黑色小斑点。该面具雕刻的巧妙之处在于其双眼和嘴巴,均采用镂空雕的手法进行雕刻,雕刻时,一对"眼球"被留下,用黑墨白漆圈绘出来,使其双眼看起来格外炯炯有神,有洞穿世事的感觉,达到"画龙点睛"的效果。而在报事官的嘴巴雕刻上用笔也是极为巧妙,宽嘴薄唇配上整齐的牙齿,让人一看就知道该面具代表的是一个伶牙俐齿的角色,形象巧妙地刻画出了报事官的身份及特征。

图片来源
图一　梁宏信　摄影
图二、图三　王文娟　制图

图二 仡佬族泥高傩戏木雕报事官面具线描图

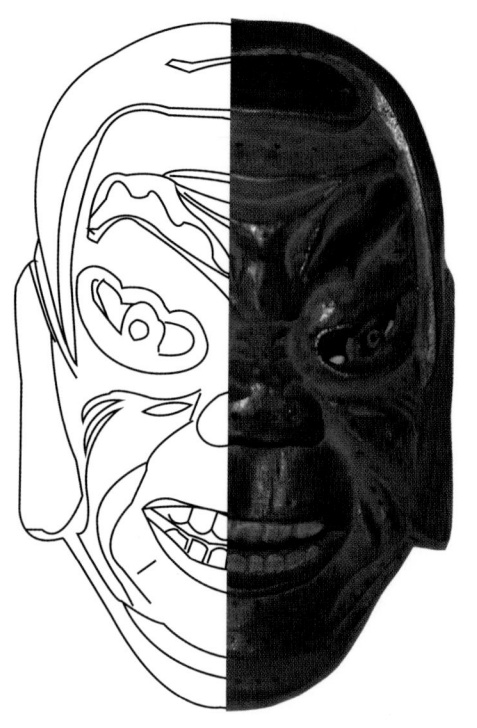

图三 仡佬族泥高傩戏木雕报事官面具对比图

仡佬族泥高傩戏木雕炳灵面具

图一　仡佬族泥高傩戏木雕炳灵面具主图

傩面具也叫脸壳，是一种源于古代社会驱鬼逐疫而扮饰鬼、神、兽的装扮道具，仡佬族傩戏至今仍在使用。在艺术造型上，傩戏面具通常是根据神祇的性别、年龄及其个性来进行塑造，同时融入民间艺人们的审美情感，在雕刀之下很好地展现出所代表神祇的个性特征。从务川县泥高乡竹园村傩戏面具来看，炳灵面具为正神形象。他头顶黑色小冠，面容饱满、面色呈深黄色，加之一张弯月小嘴，以一副微笑小生面相示人，显得淳朴、忠诚而厚实，显然与其在傩戏中的地位、身份、个性及司职有关。

炳灵又称"炳灵侯王"，职司是为愿主勾愿了愿，领牲判牲。本案例采自务川县泥高乡竹园村，为小生造型。面具厚9厘米，冠高15厘米，脸长18厘米、宽18厘米，额宽10厘米，额头饱满圆润，面部干净整齐、眉清目秀、五官端正，表现出书生形象。

在黔北、黔东北仡佬族傩戏中的炳灵侯王即是《封神演义》中的黄天化，他本为商朝武成王黄飞虎长子，三岁时被清虚道人收为弟子，修行于紫阳洞中。后多次下山助武王讨纣有功，被姜子牙封为管领三山正神炳灵公。因此，仡佬族傩戏中的炳灵公统领七十七司、八十一案，白天管生死簿，夜晚管万人魂，并为愿主勾愿了愿，领牲判牲。

图片来源
图一　梁宏信　摄影
图二、图三　王文娟　制图

图二　仡佬族泥高傩戏木雕炳灵面具线描图

▨ 帽型轮廓
▨ 脸部轮廓

图四　仡佬族泥高傩戏木雕炳灵面具造型分析图

仡佬族泥高傩戏木雕勾簿判官面具

图一　仡佬族泥高傩戏木雕勾簿判官面具主图

勾簿判官亦称"勾愿判官"，简称"判官"，是傩坛中的主要神祇之一。其在"勾簿判官"的法事中出现，职司是为愿主勾还良愿，并惩治坏人和邪神。在仡佬族傩坛法事中，还愿仪式基本结束时，都要由勾簿判官来对愿文一一清查、一一勾销，有"头戴紫金冠，身披衮龙袍，判官来到此，正是勾愿时"之说。判官勾过愿文后，将勾簿书放入牒桶内，然后以鸡冠血画讳封存，再以鸡毛封住桶口，按上"印"章便可百事大吉。

本案例采自务川县泥高乡竹园村。面具头戴礼冠、面色黝黑，其嘴吐一对獠牙，火红烈焰般的浓眉，加上圆瞪大眼，使其相貌看起来极其凶恶，渗透出一股人神皆畏的威慑力，生动地刻画出判官的公正无私、疾恶如仇、铁面无情形象。该面具长27厘米，宽16.5厘米，其中脸长及一对侧耳长均为21厘米，面具整体以黑色为主调，在眉毛、鼻子、下颌及两颊处用深红的颜色区别出来，使得整个面具处于一种暗黑的色调之中，喻示判官的铁面无私。

在傩坛正戏《勾簿判官》演出时，勾簿判官身穿衮龙袍，左手托起勾簿牒，右手提着羊毫，骑白马而来。他自报："家住南昌十字县，崔坪村内我家门。父亲当朝为宰相，母亲堆金积玉人。……大哥南朝当天子，二哥东海做龙王。我今名叫崔玉判，十方门下勾愿文。"在他一一清查且勾愿完成后，便会点兵护驾返回华山向二帝君王缴旨,此阶段的法事也就结束。

图片来源
图一　梁宏信　摄影
图二、图三　王文娟　制图

图二　仡佬族泥高傩戏木雕勾簿判官面具线描图

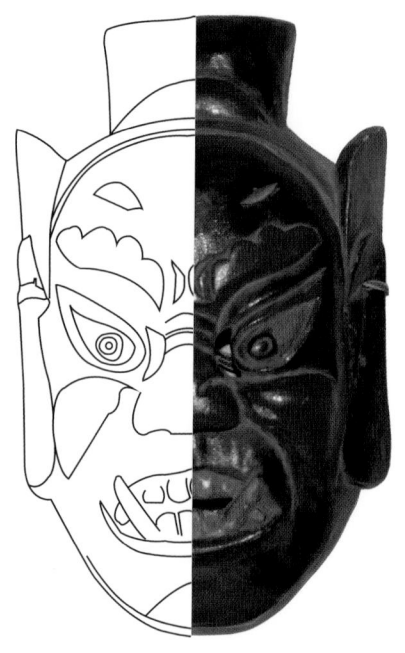

图三　仡佬族泥高傩戏木雕勾簿判官面具对比图

仡佬族泥高傩戏木雕和尚面具

图一 仡佬族泥高傩戏木雕和尚面具主图

和尚也称"检斋和尚",或"笑和尚",主要在"和尚检斋"的法事中出现。和尚职司是专门检查还愿东家是否诚心、其品德好不好、法事的各种礼品是否齐全、准备工作是否符合要求等,在傩戏表演过程中通常以其滑稽的表演和幽默的言辞博得众人的喝彩。

本案例采自务川县泥高乡竹园村,是一副圆脸秃头的笑脸造型。面具长22.5厘米,宽16厘米,涂成肉色。其额前皱纹堆积,额上还长着一个硕大的红色福包,他咧嘴嬉笑,露出的牙齿残缺不全,眼睛笑成弯月状,整体造型表现出的是一个亲切可爱、幽默诙谐的笑脸老和尚形象。因此在傩戏中,和尚的出场通常是未见其人先闻其哈哈大笑的声音,进场后每说一句话也都免不了带着夸张的大笑声。

和尚是一个从佛教中引进的角色,具有明显的佛教特征。在务川仡佬族苗族自治县泥高乡竹园村收集傩面具时,法坛师陈洪喜会将文魁、和尚与老道摆放在一起作为一组进行拍摄,这三个角色分别代表了儒、释、道三个宗教教派,"三者放在一起作为一组"进行展示也即表现了仡佬族傩戏的一个最突出的特征——儒释道三教合一的特征。"三教合一"不仅是仡佬族傩戏的突出特征,其他民族的傩戏也同样如此,这一特征除了文魁、和尚与老道在表演中都会出现外,在各个傩坛敬奉的傩坛神案(师坛图)上也有明显的体现。

图片来源
图一 梁宏信 摄影
图二、图三 王文娟 制图

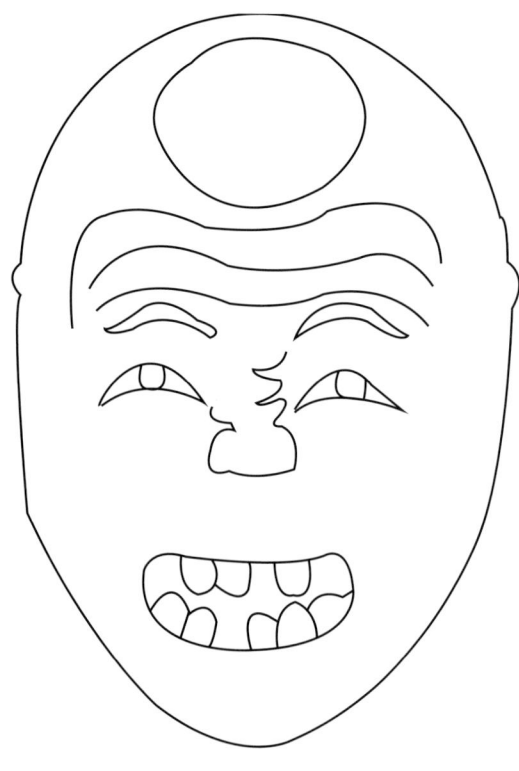
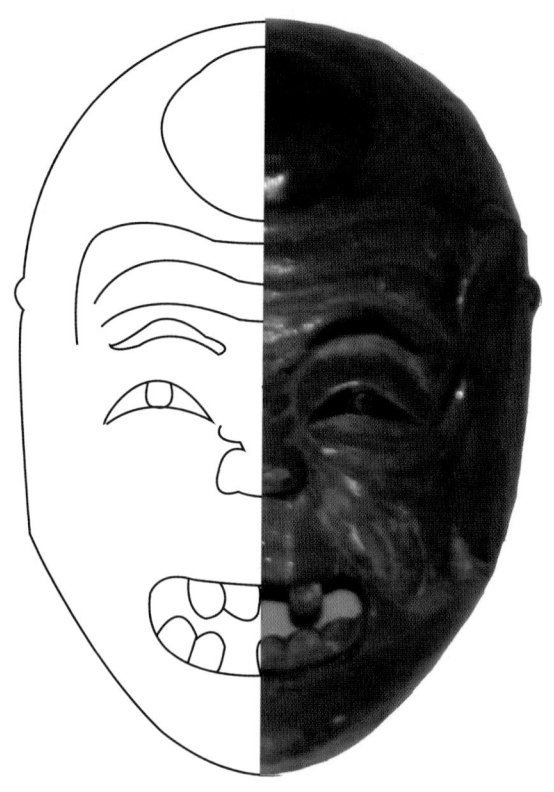

图二　仡佬族泥高傩戏木雕和尚面具线描图　　　　图三　仡佬族泥高傩戏木雕和尚面具对比图

仡佬族泥高傩戏木雕将军面具

图一　仡佬族泥高傩戏木雕将军面具主图

将军常称"汉朝将军"，在"统兵回山"（又叫"将军统兵"）法事中出现，专司检查阴兵所收魂魄是否已经交还失魂人，是傩坛的重要神祇之一。关于将军的身世扑朔迷离，民间通常有两种说法：一种认为他是天上的菖蒲星，一种认为他是汉将樊哙，而后一种说法较为流行。尽管黔北仡佬族傩坛把将军附会为樊哙，但传说与史书记载完全不同，在顾朴光、吴秋林编著的《贵州少数民族面具文化》一书中载：相传樊哙原是一个凶神，经常危害地方，百姓还需定期以童男童女供奉之。后经笑和尚与孙悟空劝说，樊哙尽管不再兴妖作怪，但要求"以后大户人家祭我，要用三十六牲；中户人家祭我，要用猪、羊、鸡三牲；小户人家祭我，用一块肉、一只鸡、一瓶酒就行。"改邪归正后的樊哙成为傩坛神祇，为韩信牵马带路。而在法事"统兵回山"中，通常是将军先道明身世，然后接受法师差遣外出寻找阴兵并引回傩堂中，检查阴兵收回的魂魄是否已经交予失魂人，最终接受愿主参拜。最后将阴兵押出坛门，返回华山。

本案例采自务川县泥高乡竹园村，为武将形象，与上述的人物形象相符。面具脸部长24厘米、宽17.5厘米，头冠高12厘米、宽22厘米，其面具造型颇为夸张，且运用的线条多以刚劲直线为主。面具冠部雕刻精美，两侧分别雕刻有三支五色箭羽，中部为镂空架构冠顶，且其冠沿上还绘制有符讳图案；在其脸部的雕刻用笔极其夸张，大鼻子及双颊均以大红色进行装饰，覆盖整个白色面颊的大部分，略显突兀；裂开的宽大嘴巴直接开至近耳处，夸张地占据了面部的1/3，再配以直立粗眉、暴突虎眼，形象十分威猛，人神皆畏。

图片来源
图一　梁宏信　摄影
图二、图三　王文娟　制图

图二　仡佬族泥高傩戏木雕将军面具线描图

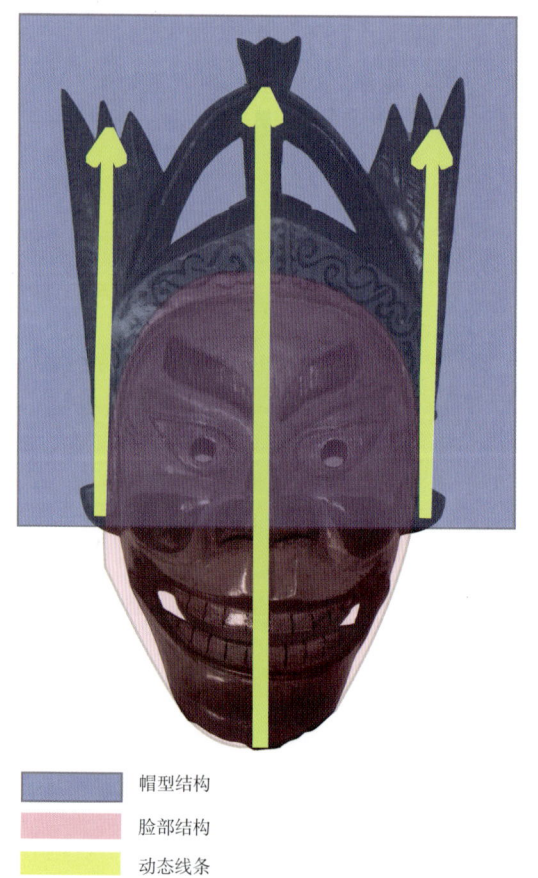

图三　仡佬族泥高傩戏木雕将军面具造型分析图

仡佬族泥高傩戏木雕先锋小姐面具

图一　仡佬族泥高傩戏木雕先锋小姐面具主图

　　先锋小姐又称"仙锋小姐"，泥高仡佬族傩戏中称其为"催愿先锋"，专司傩堂催愿和勾愿之职。先锋小姐是正戏《大王抢先锋》中的主角，据说其真名叫崔良玉，江西南昌棋盘县苦竹坪人。父亲崔其君，母亲崔黄氏，崔良玉在家中排行第九，是家中的小妹。她六岁时被送到玉皇门出家，长大后被傩公傩母封为傩神，为人们驱邪纳吉、勾还良愿。《大王抢先锋》剧目主要讲述的是，先锋小姐返回桃园洞途中路经南垭口时遇山贼阻拦，其与山大王斗智斗勇将其擒获，经过一番审讯后得知这山大王竟是自己的三哥崔洪。先锋小姐苦心劝说，崔洪改邪归正，率众与先锋小姐一道归了桃园洞的过程。故事感人的同时也展示出女神的睿智与韬略，具有为人们驱邪纳吉与勾还良愿的能力。

　　几乎每个傩坛都设有先锋小姐一职，从面具到服饰都极为考究。除穿戴华贵之外，其动作也是非常优美，咏唱更是悦耳动听，通常以最靓丽的姿态出现。据《黔北仡佬族傩仪式大观》中记录的一段唱词可以看出先锋小姐"高贵典雅"："日月山水放毫光，山上站着美娇娘。头上青丝鱼尾髻，珠宝耳环坠两旁。眉毛弯弯龙戏水，银牙小口白如霜。腰中紧扎神裙带，龙凤花鞋踏风云。双手高举先锋旗，金童玉女排两边。收拾打扮多齐整，赛过南海观世音。"

本案例采自务川县泥高乡竹园村，傩戏木雕先锋小姐面具为小旦的造型，其特征与上述描述相似。面具长32厘米，其中面部长26厘米，面宽15厘米。先锋小姐面容丰润饱满且装饰成粉红色，弯眉秀目、樱桃朱唇，再配上雕刻精美的头冠，整体呈现端庄、美丽、大方的形象。傩面具制作工匠在这枚面具上下了极大的工夫，特别是头冠的装饰及雕刻，显得整体大方但线条细腻柔和，在用色上也是极为协调，红、绿、黄、橙、黑等五色搭配起来将头冠上的三只神鸟描绘得栩栩如生，展示了仡佬族傩面具工匠的高超工艺制作水平。

图片来源
图一　梁宏信　摄影
图二、图三　王文娟　制图

图二　仡佬族泥高傩戏木雕先锋小姐面具线描图

帽型轮廓
脸部轮廓

图三　仡佬族泥高傩戏木雕先锋小姐面具造型分析图

仡佬族泥高傩戏木雕歪嘴秦童面具

图一　仡佬族泥高傩戏木雕歪嘴秦童面具主图

歪嘴秦童又称"歪嘴秦头",是仡佬族傩戏中一个幽默风趣的神祇,为傩坛正戏《甘生赶考》中的"丑角"。在傩戏《甘生赶考》一戏中,秦童伶牙俐齿、机智幽默,有时还耍一点点小无赖,是一个充满喜剧色彩的人物形象。他本是陪甘生进京赶考书童,一路上因拈花惹草而闹出了不少的笑话。最终满腹经纶的甘生考试失利,名落孙山,秦童却对对子奇绝反而高中皇榜。不论故事情节还是角色形象,都给人们留下一种诙谐的印象。

歪嘴秦童在泥高傩戏中占据极高的地位,是仡佬族傩坛正戏《炳灵领牲》中的主要角色。据陈洪喜法坛师介绍,秦童在其傩坛法事中有时可代替炳灵为愿主还愿领牲,在道真一带的傩戏中甚至有直接用秦童代为勾愿的情况。黔北仡佬族傩戏表演《炳灵领牲》时,秦童改为替炳灵挑担,该戏出场人物主要包括炳灵、炳灵侍从、度关王母、秦

251

童及歪三等五个角色,戏中主要描述的是炳灵和秦童领牲判牲的过程,同时加入了度关王母为人们送子赐福的一些内容。

傩戏表演中,秦童极受仡佬族民众喜爱。纵观道真民俗博物馆所收集到的秦童面具来看,其形象都为歪髻歪嘴歪鼻梁,只是有些面具外向左边,有些向右边,但都突出地刻画的是一个小丑人物形象。本案例采自务川县泥高乡竹园村。此面具同样为小丑造型,嘴歪朝右,整个面具的脸部长宽均为18厘米、额宽为10厘米,厚9厘米,头梳五色15厘米高的歪髻,生得满面皱纹、歪嘴斜眼,逗人发笑。

图片来源
图一 梁宏信 摄影
图二、图三 王文娟 制图

图二 仡佬族泥高傩戏木雕歪嘴秦童面具线描图

帽型轮廓
脸部轮廓

图三 仡佬族泥高傩戏木雕歪嘴秦童面具造型分析图

仡佬族泥高傩戏木雕山王面具

图一　仡佬族泥高傩戏木雕山王面具主图

"山王"与"开山"的称谓在仡佬族傩戏研究中颇有"争议",其原因是黔北、黔东及黔东北一带傩坛对"山王"与"开山"的称呼混乱——一部分傩坛称之为"山王",而一部分傩坛称之为"开山"。故有学者认为,称谓的不同与民族有关,山王是仡佬族的傩面具,而开山是土家族的傩面具;也有学者认为,这与傩戏流布的地域有关,黔北一带称其为山王,黔东及黔东北一带称之为开山。而程大利的《中国民间美术全集演具》一书认为,"三王一作山王,是初开天地的神祇,在傩堂戏中的职司与开山相似,故凡有三王面具的傩坛均无开山面具。"尽管这样的描述仍未能清楚回答问题,但却是对前述两种观点的一个平衡。

称谓的混乱并不影响"山王"或"开山"的傩神功能。在傩坛中,其为凶猛的镇妖神祇之一,除充当净扫傩坛的猛将之外,还肩负驱邪收妖、追回失落魂魄之职。本案例采自务川县泥高乡竹园村。此地傩坛称其"山王",山王面具脸长25厘米,宽24厘米,其中下颚宽7.5厘米,帽高12.5厘米。山王面具以红黑为主调，用绳子和下颚链接、可活动，是一个活口面具。面具头上长一对尖角，嘴吐两颗獠牙，双目突出，眉如烈焰，造型夸张、怪诞，形象极为骇人。

泥高傩戏木雕山王面具为一凶神形象，其冠部正前方还书写有三个"王"的字样。除此之外，这个面具最特殊的地方是其耳部，左右分别雕刻有两个肥头大脸的面像，民间称这种雕像为"抱耳神"。整个面具集三个神祇之像于一身，加之其面目狰狞可怖，渗透出一股阴森恐怖的气息，以达到威震四方妖魔鬼怪的效果。

图片来源
图一　梁宏信　摄影
图二、图三　王文娟　制图

图二　仡佬族泥高傩戏木雕山王面具线描图

图三　仡佬族泥高傩戏木雕山王面具对比图

仡佬族泥高傩戏木雕唐氏太婆面具

图一　仡佬族泥高傩戏木雕唐氏太婆面具主图

仡佬族傩戏面具相传锁于桃园三洞之中，傩戏举行时需由唐氏太婆打开桃园三洞，请出洞中的面具及神祇才能进行驱傩仪式。因此，各傩坛在"申文发牒""立楼扎寨""迎兵接圣"等法事后都要演出《开洞》一戏，搬请出洞中的12个或24个傩戏面具（代表12或24个神祇），才开始演出正戏和插戏。

唐氏太婆或称唐氏仙娘，是贵州仡佬族傩堂戏的重要神祇之一，其职司是掌管桃园三洞的钥匙，部分傩坛又将唐氏太婆与唐氏仙娘分为两个角色。本案例采自务川县泥高乡竹园村。面具脸壳长15厘米，耳长为9厘米，其额宽10厘米，发髻高11厘米，是一个白发苍苍的老妪造型，可见其头梳发髻，满面皱纹，长耳宽唇，大嘴中两颗雪白的门牙完全展露在外边，加上面颊上堆起的笑容，展现出唐氏的慈祥老妇形象。

仡佬族傩戏木雕面具通常为白杨木材质，雕刻时没有统一模板，完全根据雕刻者的记忆与想象来完成。为突出唐氏太婆的女性形象，面具工匠将其面部涂成乳白色调，再配上出笔干净利落的黑色小弯眉及性感的朱唇，使得其女性形象突显出来。除此之外，为了更形象地展示唐氏的老妪形象，设计者

第六章　仡佬族传统民俗和宗教造像

还专门取一些白色毛发作成苍苍白发捆绑在唐氏的发髻之上。

图片来源
图一　梁宏信　摄影
图二、图三　王文娟　制图

图二　仡佬族泥高傩戏木雕唐氏太婆面具线描图

▉ 帽型轮廓
▉ 头发轮廓
▉ 脸部轮廓

图三　仡佬族泥高傩戏木雕唐氏太婆面具造型分析图

仡佬族泥高傩戏木雕土地婆面具

图一 仡佬族泥高傩戏木雕土地婆面具主图

土地婆又称"土地婆婆",属土地神信仰系统中的神祇,傩坛中专司招财进宝之职。在民间信仰中,祭祀土地婆的习俗最早约在南宋时期,土地婆为土地公的伴侣,与土地同住一间庙宇。在仡佬族傩坛中,土地婆也同样与土地一起出现,在勾簿判官勾完所有良愿之后,法坛师通常会请出洪门土地为东家打扫房舍,驱鬼逐疫;随后再由土地婆为愿主家庭招财纳吉、祈求平安,整个了愿的法事才算完结,从此愿主一家诸事大吉。

本案例采自务川县泥高乡竹园村,为小旦模样。面具长约 28 厘米,宽 15 厘米,厚 7 厘米,其中人物脸部长 17 厘米。该面具在脸谱造型上与木雕先锋小姐面具神似,都为丰腴面容、肥长大耳、秀目弯眉、樱桃朱唇造型,不同之处在于土地婆面具的双颊更加突出,赘肉明显,表现出一副老妇人面相。除此之外,土地婆面具在凤冠及面色上的表现也与先锋小姐不同,首先其凤冠雕刻为立耳小冠,以黑、橙、暗红三色相间绘染,显得老气和庸俗,在外观上比不上先锋小姐的凤冠高贵与精美;其次,其面色以奶黄色为主调，有别于先锋小姐的粉红色调。由此可见，整个面具从造型到色调上，都突出地刻画了一个老妇人的形象。

驱傩仪式是仡佬族以驱鬼逐疫、了愿纳吉、祈求平安为目的的民间信仰习俗，了愿傩仪是该信仰系统中的一个支系统，在该法事之末端请出土地神为愿主打扫与招财，很大程度上正是体现了傩事活动的这种基本功能。与此同时，土地神是一方的乡神，掌管着地方的各种事务，愿主脱离上苍神灵的庇佑之后转而寻找地方神的保佑，是一种"回归"，更是一种范·热内普式的"聚合仪式"体现。

图片来源
图一　梁宏信　摄影
图二、图三　王文娟　制图

图二　仡佬族泥高傩戏木雕土地婆面具线描图

帽型轮廓
脸部轮廓

图三　仡佬族泥高傩戏木雕土地婆面具造型分析图

仡佬族泥高傩戏木雕引兵土地面具

图一　仡佬族泥高傩戏木雕引兵土地面具主图

土地也称土地神、土地公、土地爷爷，是主管一方的乡神，在傩戏中属正神形象。土地神源于远古时期的土地崇拜，赖以生存的土地是人们衣食住行的基础，因此凡有人烟之处就会有土地神信仰的痕迹。仡佬族傩坛中同样设有土地一职，下分梁山土地、引兵土地、青苗土地、洪门土地等多个角色，但泥高竹园村仡佬族傩戏中仅出现洪门土地与引兵土地两副面具。

引兵土地在"引兵土地"法事中出现，主要受命二帝君王，二帝君王让其将桃园洞中的兵马引到傩堂中受祭，并听候差遣。因此在傩堂正戏《引兵土地》（或《押兵先师》）中，引兵土地先将兵将点好后交予押兵先师统领到傩堂中候命。该戏表演时，引兵土地说话俚俗，诙谐风趣，是一个随和风趣的乡间小老头形象。

本案例采自务川县泥高乡竹园村，为乡绅造型。该面具属典型的罩式面具，尺寸与人脸大小相当，长28厘米，宽18厘米，帽高8厘米，面具呈深褐色，由于年代久远而出现脱色现象。引兵土地弯眉细眼，头戴黑色官帽，几缕白须虚掩嘴唇，额前皱纹深陷，俨然一个宽脸肥耳、满面笑容的小老头形象。

该面具用笔精妙之处在于面部表情的刻画上，雕刻者特意勾勒出一对外鼓的面颊，配上呈弯月形状的嘴型和眼袋纹，将引兵土地的慈眉善目形象表现得淋漓尽致，给人一种亲近感。

图片来源
图一　梁宏信　摄影
图二、图三　王文娟　制图

图二　仡佬族泥高傩戏木雕引兵土地面具线描图

帽型轮廓
胡子轮廓
脸部轮廓

图三　仡佬族泥高傩戏木雕引兵土地面具造型分析图

仡佬族泥高傩戏木雕李龙面具

图一　仡佬族泥高傩戏木雕李龙面具主图

李龙又称"李龙神"，或名"李龙叫花子"，是一个要饭的角色，为正戏《李龙》中的主角。在《李龙》一戏中，李龙自报家门为"家住湖广肖阳府，小阳村寨我家门"。李家共有三兄弟，大哥卖柴，二哥卖水，只有李龙"漂流浪荡不成人"，后来玉帝见其生活凄惨，差其到傩堂里边做一个减灾人。因此，李龙在傩坛中专为愿主减灾减难，唱尽好词好句为愿主祈福纳吉，靠愿主施舍为生。

本案例采自务川县泥高乡竹园村，为一枚断颌面具，颌口宽4.5厘米，面具以肉黄色为主调，帽高9厘米，脸长16厘米，宽16厘米，厚7厘米。李龙前额皱纹堆积，双眼深陷无神，为一副老态龙钟模样。而其头顶一副官帽，帽子两侧分别绘有一朵黄花，帽子以黄、红、黑三色相间涂染，又给其增添了几分"神"韵。

图片来源
图一　梁宏信　摄影
图二、图三　王文娟　制图

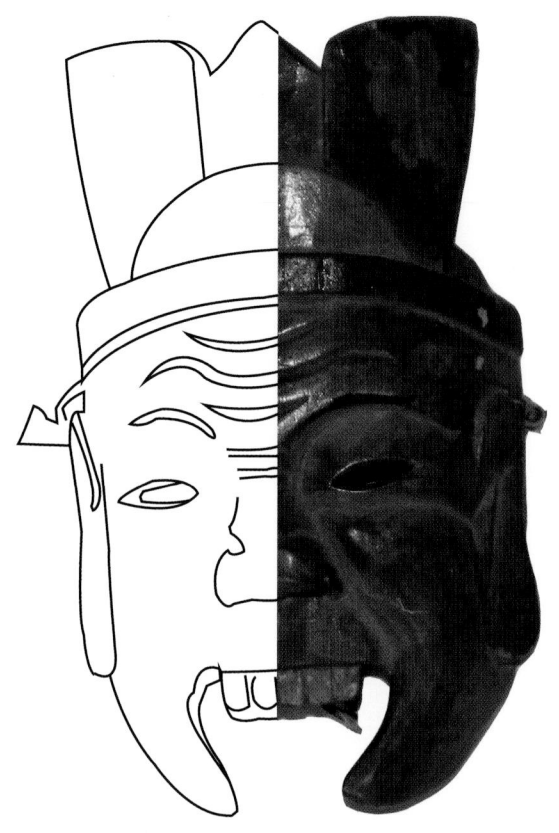

图二　仡佬族泥高傩戏木雕李龙面具线描图　　　　　图三　仡佬族泥高傩戏木雕李龙面具对比图

申 明

本书编写时收入的个别图片,因条件所限,未能同相关著作权人取得联系,获得授权,敬请谅解。请相关著作权人及时与编者联系,以便奉上稿酬。谢谢!